人 文 社 会 科 学 类 学 术 丛 书

本书为国家社科基金重大招标项目"丝绸之路出土各族契约文献整理及其与汉文契约的比较研究"（14ZDB030）研究成果之一

唐代西域
民间借贷秩序研究

王梦颖　著

WUHAN UNIVERSITY PRESS
武汉大学出版社

图书在版编目(CIP)数据

唐代西域民间借贷秩序研究/王梦颖著.—武汉：武汉大学出版社，
2023.5(2023.11重印)
人文社会科学类学术丛书
ISBN 978-7-307-23681-3

Ⅰ.唐⋯　Ⅱ.王⋯　Ⅲ.民间借贷—研究—中国—唐代　Ⅳ.F832.942

中国国家版本馆 CIP 数据核字(2023)第 053361 号

责任编辑:唐　伟　　　责任校对:汪欣怡　　　版式设计:马　佳

出版发行:武汉大学出版社　　(430072　武昌　珞珈山)
　　　　　(电子邮箱:cbs22@whu.edu.cn　网址:www.wdp.com.cn)
印刷:武汉邮科印务有限公司
开本:720×1000　1/16　印张:16.75　字数:301 千字　插页:1
版次:2023 年 5 月第 1 版　　2023 年 11 月第 2 次印刷
ISBN 978-7-307-23681-3　　定价:68.00 元

序

  新疆古称"西域"，位于中国西北边陲、亚欧腹地，著名的"丝绸之路"在此将古代中国与世界联系起来，使这里成为多种文明的荟萃之地。"丝绸之路"（the Silk Road）一词，见诸于德国地理学家李希霍芬（Ferdinand Freiherr von Richthofen）的著作《中国》（1877 年）。自 20 世纪初，敦煌藏经洞被打开，西北地区出土的古代文书就开始受到广泛的关注。这些文书不仅包括大量的宗教类文书，也有相当数量的非宗教类的社会经济文书以及文学作品抄本，其中，社会经济类文书，特别是反映人们在社会中的交往以及关系的契约文书，对于研究古代边疆地区人民的社会经济生活有着重要的意义。

  西北地区出土的契约文书主要分为两类，一类反映的是人与人之间的经济交往及关系，比如买卖契、借贷契、租赁契、雇佣契等；另一类反映的是人与人之间的非经济交往及关系，如养子女契、众会契等。契约文书在出土文献中所占的比例不高，但其内容对于历史学、法学、经济学等学科的研究有着重要的意义，因而吸引了众多学者从不同的角度对其进行研究，进而产生了丰硕的成果。

  王梦颖撰写的《唐代西域民间借贷秩序研究》是国家社科重大项目"丝绸之路出土各族契约文献整理及其与汉文契约的比较研究（14ZDB030）"的阶段性成果。这一项目的首席专家（乜小红、陈国灿、颜鹏飞）可谓"前仆后继"，令人感慨不已。王梦颖的研究得益于该项目推出的《古藏文卷》《回鹘文卷》《汉文卷》以及《西夏卷》，正是基于上述对丝绸之路出土的汉文以及少数民族文契约文书的最新翻译、校订成果，结合借贷契约订立的时代背景，对唐代敦煌和吐鲁番地区民间借贷秩序进行了考察，并对其运行机制进行了理论分析。要完成这一工作，除了要具有较好的古汉语水平，还需要能够较好地运用博弈论等相关分析工具，从而将传世文献中的法律规范、文化传统和出土文书所反映的社会风俗贯通融合。唯其如此，才算是完成了对唐代西域民间借贷秩序的形成、特征和运行机制的研究。

  在完成这一专题研究的过程中，王梦颖充分考虑到了传统文化影响下的民间秩序在唐代西域民间借贷活动中的作用。本书第五章着重分析了唐代律令及其执行在民间借贷管理过程中的局限性，进而引出第六章民间秩序对于律令的补充以及律令对民间秩序的让步，并揭示出唐代西域地区民间借贷的秩序是由百姓对法律的敬畏以及对正义的朴素追求共同构成的。

"出乎史，入乎道。欲知大道，必先为史"（龚自珍，《尊史》）。而辩证唯物史观是收集、整理和运用历史文献尤其是经典文本的一把"钥匙"，提倡"下一番功夫去钻研经济学、经济学史、商业史、工业史、农业史和社会形态发展史"（恩格斯，1890 年）。党的十八大以来，以习近平同志为核心的党中央把学习党史、新中国史、改革开放史和社会主义发展史相统一，重视从"四史"中把握规律，增强定力，增强道路自信、理论自信、制度自信、文化自信、历史自信。

有鉴于此，王梦颖的《唐代西域民间借贷秩序研究》从新的角度对丝绸之路出土的借贷契约进行了解读，并以较高的质量呈现出这一交叉学科研究的成果，有助于增强历史自觉、坚定文化自信。作为她的博士生导师，希望她能够继续保持严谨的治学态度，在未来取得更为丰硕的成果。

是为序。

颜鹏飞

2023 年 2 月

前　言

　　"西域"，《汉书》中对其范围的划定为东出玉门、阳关，西至葱岭，即今敦煌西北至帕米尔高原之间。因此古代敦煌地区是中原通往西域的咽喉之地，距其一千多里的吐鲁番地区在古代也有"西域门户"之称，两地因其重要的交通位置与特殊的自然环境，保存了大量中古时期，特别是唐代的反映当地社会经济生活的契约文书，本书以敦煌和吐鲁番及其周边地区出土的私人借贷契约及相关文书为基础，考察唐代敦煌西域地区私人借贷的民间秩序。

　　私人借贷活动起源于原始社会人与人之间的互助行为，在先秦时就已经完成了无偿施舍、无息借贷和有息借贷这三个发展阶段。随着生产力的发展和社会经济发展水平的提高，借贷活动中的放贷主体阶层由国家统治者逐渐下移，最终成为民间经济活动的一个重要组成部分。确定并记录借贷关系的文件即为借贷契约，借贷契约同时也反映了受到借贷双方认可的借贷规则。以借贷契约文本为依据，可以将我国古代的私人借贷活动规则的发展划分为三个发展阶段——简单、完善和简约。唐代正是私人借贷民间秩序发展的完善阶段，这一时期的借贷契约格式统一、内容丰富，极大地还原了当时民间私人借贷活动的基本规则，本书将通过梳理契约规则并与当时的社会文化传统和法律制度进行对照的方式探寻唐代敦煌和吐鲁番地区私人借贷民间秩序的形成和运作机制。

　　本书主要分为四部分，由七个章节构成。第一部分为第一和第二章，首先是对国内外关于唐代汉文和吐蕃文借贷契约研究相关成果的梳理，并在此基础上提出本书所要研究的问题；然后是对本书理论基础的梳理，包括马克思主义信用理论、西方制度经济学以及社会学的相关理论。

　　第二部分为敦煌和吐鲁番地区的私人借贷活动在唐以前的发展情况。第三章以敦煌和吐鲁番及其周边地区出土的唐以前的借贷契约所反映的内容为基础，梳理唐以前两地私人借贷活动的特征与规则，并结合传世文献分析两地私人借贷活动产生的原因。第四章以秦代和汉代的法律为基础，整理唐以前各王朝对民间私人借贷活动的管理以及这些法律制度的影响。

　　第三部分为主体部分，以私人借贷民间秩序的形成和确立为线索，论述唐代敦煌和吐鲁番地区私人借贷民间秩序的运作机制。第五章从唐代律令出发，结合敦煌和吐鲁番地区出土私人借贷契约的相关内容分析律令对民间借贷活动的干预以及效果，在此基础上，分析官方干预与民间需求的错位是如何促使乡法，也就是非正式制度形成的。第六章首先梳理了私人借贷活动民间秩序的另一个重要组成部分——社会风俗中与激励债务人履约相关的内容，并以债务人的行为选择为中心，通过博弈分析说明民间秩序在履约中发挥的作用。而后回到私人借贷契约的文本中，对比理论分析与事实的差异，由此引出民间秩序对唐代律令的另一重补充，即在契约执行过程中对于债权人行为的约束。

最后一部分是对唐以后各王朝的私人借贷活动发展、变化的简要梳理。第七章主要以契约文本和对应朝代的法律为线索，梳理了唐代以后契约文本由完善走向简约的过程，与之相对应的是，宋、西夏、回鹘、元、明、清等各王朝和政权的法律条文中与借贷活动相关的内容逐渐增多并细化，这样的变化符合马克思关于契约关系隶属于生产关系范畴的论述。

就唐代敦煌和吐鲁番地区私人借贷契约所反映的历史事实来看，尽管私人借贷的民间秩序是在以乡规俗约为代表的非正式制度的基础上融合了以法律为代表的正式制度的部分内容，但其看似兼顾借贷双方各自权益的表象依然不能掩盖这一秩序的建立是由强势方，也就是债权人一方作为主导的事实。因此，尽管民间秩序在私人借贷契约的执行过程中所起到的作用已经十分全面，但它依然不能取代国家法律在私人借贷活动中应有的地位。

目　　录

第一章 导 论

一、选题背景与意义

(一) 选题背景与研究问题的提出

中国古代的借贷活动始于互助与救济，而后无息借贷、有息借贷相继产生并行于民间，随着社会经济的发展，部分有息借贷利率不断提升或以复利的方式计息又成为了高利贷。这三种计息方式不同的借贷自诞生之初，就始终与人们的日常生活紧密相关，并且广泛存在于唐代的私人借贷活动中。借贷契约是在放贷人与借贷人双方自愿原则的基础上，将这种债务人与债权人的关系确定下来，达成对双方都具有约束力的文字记录。① 借贷契约格式与内容的发展在唐代达到完善，随着后世经济的发展，国家法律对民间借贷以及私人借贷的管理愈加全面、具体，借贷契约文书的格式与内容随着这些变化日趋简约，直至成为今日可见的"欠条""借据"。时至今日，这些文书所记录的不仅是某一次借贷活动当事人的约定，更反映了私人借贷活动民间秩序的传承与演变。以唐代敦煌和吐鲁番地区私人借贷活动的民间秩序入手，分析正式制度对私人借贷活动的影响以及非正式制度在其中发挥的作用，不仅有助于我们研究唐代敦煌和吐鲁番地区民间私人借贷的履约机制，也能借助这一视角，对唐代边疆地区人民的社会经济生活进行更深入的了解。

敦煌和吐鲁番地区地处丝绸之路交通要津，受自然环境影响，此地出土契约文书数量较多、保存较好。这一地区在历史上受中原文化影响甚深，虽然历经北凉、高昌、唐、吐蕃和归义军等政权的统治，然而各时期的借贷契约文书在形式上却保持着一定程度的统一性，由此可见该地区也在较长的历史时期内保持着相对稳定的文化传统。通过对唐代私人与佛寺、道观、药方邑等组织机

---

① 乜小红．中国古代契约发展简史 [M]．北京：中华书局，2017：55.

构以及私人之间所签订的大量汉文和吐蕃文借贷契约的梳理与对照，笔者发现，由于宗教信仰、人际关系等因素，私人之间的借贷契约对债务人履约的约束力并不像私人与组织机构之间的借贷契约那样强，也就是说，发生在私人间的借贷活动的风险性在民间借贷活动中是比较高的，但这并未妨碍私人间借贷活动的频繁发生，并且无息的信用借贷在其中占有很高的比例。这一现象说明唐代的私人借贷活动在实践中存在着一个有效的履约机制，使得放贷人能够对借贷人给予足够的信任，因此才能够促使私人间的借贷活动在唐代的敦煌和吐鲁番地区成为百姓日常经济生活的一个重要组成部分。

基于上述原因，本书将以唐代敦煌和吐鲁番地区的民间私人借贷契约文书为基础，探讨唐代民间私人借贷契约民间秩序下的履约机制的形成和执行，对这一问题的研究，拟从以下两个方面入手：

第一，考察民间借贷契约的履约机制是如何建立的。唐代律令对私人借贷活动的直接干预主要集中于违约阶段，借贷契约的订立仅需借贷双方合意即可完成，因而不在律令的管理和官府的干预范围内。而私人债务纠纷在历代均被视为“细故”，即琐碎小事，唐代的地方官府面对此类纠纷时，往往优先采取调解的处理方式。因此可以说，私人借贷契约从订立到执行几乎全部属于借贷双方的自发行为，在这种情况下，受到法律、民俗等影响的民间秩序的形成与完善对履约机制的建立就显得尤为重要。

第二，考察民间秩序下的履约机制是如何运作的。尽管唐代律令中与私人借贷相关的条款覆盖了契约订立的前提条件和契约执行阶段的规则等方面，但现有的契约文书以及债务纠纷相关判例显示，大多数情况下，律令并没有在私人借贷活动的实践中得到严格遵守，甚至借贷契约中公然存在违背律令的条款；与此同时，相关资料也显示，即使是作为民间秩序成文部分的契约文书，文本内容与实际执行情况也存在一定的出入。上述两点说明，对唐代敦煌和吐鲁番地区私人借贷活动规则产生影响的包括三个部分，即律令、契约和民间秩序的不成文部分。因此还需要厘清这三个部分的性质、关系以及它们在民间私人借贷机制的运行中所发挥的作用。

（二）研究意义

从现实意义出发，唐代私人借贷民间秩序的产生、完善与律令的刻板和滞后性，以及律令在被执行时的不完全性密切相关。尽管私人借贷活动存在的历史悠久，但从敦煌和吐鲁番地区出土的借贷契约来看，在事实上支配着私人借贷活动运行的民间秩序是在唐代进入完善阶段的，这一时期，相对缺位的正式制度与其时已经臻于完善的非正式制度达成了一种平衡。这种官方监管缺失、法律滞后的情况与中国当前转型期，新兴行业不断涌现与监管相对滞后的情况相似，在正式制度缺失的情况下，行业内部非正式制度势必在一段时间内充当行业规则、规范。而非正式制度的形成，必然催生出维护这一非正式制度的既得利益者，本书对唐代民间借贷活动民间秩序的形成与运行的分析将对如何处理正式制度与非正式制度之间的关系提供新的思考。

从理论意义出发，以往学界对敦煌和吐鲁番地区出土的唐代借贷契约文书的研究方向主要集中于文献研究、法律制度研究和社会史研究这三个方面，从经济学视角出发，针对契约及其背后的民间秩序的研究则较为鲜见，本书选择这一研究视角，涉及经济学、历史学、社会学和法制史等学科，以私人借贷契约为基础，探究唐代边疆地区普通百姓的经济生活，以期能够为相关领域的研究作出一定的贡献。

二、研究范围界定

(一) 私人借贷活动

敦煌和吐鲁番地区出土的唐代借贷契约按照当事人类型来划分包括私人之间的借贷、私人与寺院和道观之间的借贷以及私人与社邑之间的借贷等不同种类，后两者由于在民间秩序之外另有其他规则来支持履约机制的运行，因此不在本文的讨论范围之内。本书研究私人借贷活动履约机制的文献基础为敦煌和吐鲁番地区出土的私人借贷契约，它是指契约所记录的债务关系的双方当事人均是以个人名义参与借贷活动，不涉及以寺院、药方邑等组织机构作为出借主体的民间借贷契约。本书所涉及的私人借贷契约主要来自于"丝绸之路出土各族契约文献整理及其与汉文契约的比较研究"（14ZDB030）项目组成果《丝绸之路出土民族契约文献集成（汉文卷）》和《丝绸之路出土民族契约文献集成（吐蕃文卷）》，以及《中国历代契约粹编》《敦煌社会经济文献真迹释录》《吐鲁番出土文书》，包括汉文契约 28 件，吐蕃文契约 17 件。

(二) 研究对象所处的时空范围

本书所涉及的时间范围为唐代延续的时间，但对于敦煌和吐鲁番地区而言，在这一时期实际统治该地区的政权先后有唐、吐蕃和张氏归义军，只不过政权虽有变动且在吐蕃统治时期两地曾改换吐蕃的语言和制度风俗，但两地的民间秩序和文化传承并未断绝，且在归义军统治时期恢复唐代旧俗，因此为方便起见，本书在标题上未对这三个阶段作出区分。

　　本书所使用的汉文与吐蕃文私人借贷契约分属不同的时间段，但两者在时间上具有连续性，上述 45 件契约文书始于 659 年的《唐显庆四年高昌白僧定贷麦契》，止于约 905 年的《乙丑年敦煌索猪苟便麦契》，即唐高宗显庆四年至唐哀帝天祐二年，时间跨度从初唐至晚唐。其中，汉文契约中所记录的借贷活动主要发生在唐代的西州，即今天的吐鲁番地区；吐蕃文契约所记录的借贷活动主要发生在沙州，即今天的敦煌。

三、文献综述

　　本书所研究的唐代敦煌和吐鲁番地区的民间私人借贷活动涉及的契约从书写语言上分为汉文和吐蕃文两类，其中唐代前中期的汉文契约主要出土于吐鲁番地区，敦煌地区出土的多为唐中后期，即吐蕃统治敦煌时期和归义军时期的契约，书写契约的文种以吐蕃文为主，因此本节将国内外的契约研究成果按文种分为两部分，分别进行梳理。

（一）汉文民间借贷契约研究

　　学界对汉文契约文书的研究包括了文献的整理、刊布以及综合性和各项专题研究等方面，成果丰硕。针对上述浩繁的研究成果，本小节将以唐代汉文民间借贷契约为中心进行梳理。

1. 汉文借贷契约的整理与刊布

　　唐代民间汉文借贷契约主要出土地为以敦煌和吐鲁番地区为主的丝绸之路沿线。由于历史原因，部分契约文书流散海外，其中敦煌地区出土的文书主要被收藏于英、法、中、俄等国。我国学者对敦煌文书的收集和刊布工作开始较早，刘复于 1925 年出版的三卷本《敦煌掇琐》① 中辑的 "社会契约类" 一节中，刊布了来自法藏敦煌写本的 10 件契约，其中包括借贷契约 6 件，标的物有粮食、牲畜和纺织物三类。1937 年出版的《敦煌石室写经题记与敦煌杂录》② 中刊布了北京图书馆所藏契约文书约 17 件，其中借贷契约 10 件。1961

---

① 刘复. 敦煌掇琐 [M]. 国立中央研究院历史语言研究所专刊之二, 1925.
② 许国霖. 敦煌石室写经题记与敦煌杂录 [M]. 上海：商务印书馆, 1937.

年中华书局出版的《敦煌资料（第一辑）》① 整理刊布的契约文书共 114 组，其中借贷契约 31 组，共 49 件。除了上述契约的整理刊布工作，刘恕铭和王崇民各自的编目成果《斯坦因劫经录》和《伯希和劫经录》作为《敦煌遗书总目》② 的第二和第三部分于 1962 年出版，王崇民在《伯希和劫经录》中为法国国立图书馆所藏的文献按编号顺序订题并为部分文书做了提要；刘恕铭根据英国博物馆所藏文献的微缩胶片，按原编号顺序订题、转录部分原文以及对文书作出简要说明。1958 年，东洋文库的榎一雄将收藏于大英博物馆的敦煌汉文文书中已整理完成的部分以微缩胶卷的形式带回日本，东洋文库又于 1987年出版了《敦煌吐鲁番社会经济文献：三（契约）》③。《俄藏敦煌汉文写卷叙录》④ 以内容提要的形式公布了借贷契约 4 件；《俄藏敦煌契约文书研究》⑤收录了 80 余件未公布契约文书，其中借贷契约有 10 余件。

吐鲁番文书的整理、刊布成果首先于 1981 年至 1991 年间出版完成十册《吐鲁番出土文书》⑥，丛书整理了新疆博物馆考古队对吐鲁番阿斯塔纳和哈拉和卓墓葬区的 13 次考古发掘成果，契约文书 200 余件，其中借贷契约 45件。由于这些契约的载体多被制成纸帽、纸鞋等随葬品，因此其中包括为数不少的残契。另一主要刊布吐鲁番出土文书的成果是法藏馆出版的《大谷文书集成》⑦，收录唐代契约文书 32 件，其中借贷契约 9 件，以先图版后录文的形式刊布。《敦煌资料（第一辑）》的附录部分也收录了 8 组，共 11 件出土于新疆的借贷契约。

随着国内外收藏的汉文契约文书的陆续刊布，更方便研究者检索和使用契约文书的辑录也陆续出版。以敦煌地区出土文书为主的《敦煌社会经济文献真迹释录》⑧（以下简称《释录》）一至五辑于 1986 年至 1990 年四年间相继

---

① 中国科学院历史研究所资料室. 敦煌资料（第一辑）［M］. 北京：中华书局，1961.

② 王崇民. 敦煌遗书总目［M］. 北京：商务印书馆，1962.

③ 乜小红. 中国古代契约发展简史［M］. 北京：中华书局，2017：11.

④ 孟列夫（Л. Н. 缅希科夫）. 俄藏敦煌汉文写卷叙录［M］. 袁度箴，陈华平，译. 上海：上海古籍出版社，1999.

⑤ 乜小红. 俄藏敦煌契约文书研究［M］. 上海：上海古籍出版社，2009.

⑥ 国家文物局古文献研究室、新疆维吾尔自治区博物馆、武汉大学历史系. 吐鲁番出土文书（1—10 册）［M］. 北京：文物出版社，1981—1991.

⑦ ［日］小田义久. 大谷文书集成［M］. 京都：法藏馆，1984.

⑧ 唐耕耦，陆弘基. 敦煌社会经济文献真迹释录（1—5 辑）［M］. 北京：书目文献出版社，1986—1990.

出版，唐、五代至宋初的契约被收录于《释录》第二辑，约 186 件契约文书中，借贷契以及便物历合计约 66 件，《释录》中所收录契约大部分配有图版，并对部分转录文字做了说明。1995 年，张传玺主编的《中国历代契约会编考释》① 出版，书中按朝代和契约性质进行分类，较为全面地收录了当时国内外收藏的中国历代汉文契约文书，时间跨度从西周至民国，契约数量约为 1402 件，书中未附图版，但编者对契约的来源、背景以及契约中的关键名词、术语做了考释。2014 年，《中国历代契约会编考释》的增补本《中国历代契约粹编》② 出版，增补版在原版的基础上，增加契约千余件，收录总数为 2519 件，其中唐代借贷契约约 80 件，比原版多出了约 9 件。在 1998 年出版的《敦煌契约文书辑校》③ 中，主编沙知对 300 余件契约文书做了文字校录和说明，其中便贷类契约为 89 件，正文未附图版。陈国灿主编的《丝绸之路出土民族契约文献集成（汉文卷）》（待出版）收录丝绸之路沿线出土的汉文借贷契约 90 余件，部分契约附有图版，编者在前人成果的基础上，对契约内容进行了进一步的考释。

上述汉文契约的整理与刊布成果为研究者对契约的使用提供了便利，并为研究工作打下了坚实的基础。

2. 国内外学者对汉文借贷契约及借贷活动的研究

在汉文契约早期的整理与刊布阶段，学者们同时也对契约文书做了初步的断代和分类工作，但这一时期的成果往往是契约刊布的辅助性工作，因此对借贷契约的分类、内容和形式的总结归纳是唐代敦煌和吐鲁番地区的借贷契约研究的重要组成部分，这一阶段的成果也成为后来者研究的基础和依据。

唐耕耦在 1985 年和 1986 年发表的《唐五代时期的高利贷——敦煌吐鲁番出土借贷文书初探》④ 和《唐五代时期的高利贷——敦煌吐鲁番出土借贷文书初探（连载）》⑤ 中，以敦煌和吐鲁番地区出土的借贷契约以及相关文书

---

① 张传玺. 中国历代契约会编考释（上、下册）［M］. 北京：北京大学出版社，1995.

② 张传玺. 中国历代契约粹编（上、中、下册）［M］. 北京：中华书局，2014.

③ 沙知. 敦煌契约文书辑校［M］. 南京：江苏古籍出版社，1998.

④ 唐耕耦. 唐五代时期的高利贷——敦煌吐鲁番出土借贷文书初探［J］. 敦煌学辑刊，1985（2）：11-21.

⑤ 唐耕耦. 唐五代时期的高利贷——敦煌吐鲁番出土借贷文书初探（连载）［J］. 敦煌学辑刊，1986（1）：134-154.

的文本内容为核心，对借贷文书的内容、类别、借贷双方身份、借贷原因、利率、违约处罚、担保及高利贷后果等问题做了全面的考察。作者将借贷文书分为契约与非契约两类，其中契约类包括借贷契约以及包含借贷内容的其他契约。通过对敦煌、吐鲁番两地出土契约基本内容的对比，作者认为在借贷原因方面，敦煌出土契约通常会做专门阐述，而吐鲁番出土契约则通常不包括这部分内容；而两地契约在对借贷双方的称谓上表现出繁杂、不确定的特征，作者认为这是由于两地对于称谓并未形成惯例或统一规定。在契约的分类问题上，早期涉及这一内容研究的日本学者，如玉井是博按标的物将之分为借钱契、借粮契、借绢契、借地契以及雇驼契五类；仁井田陞则将其总称为消费借贷文书，其下又分为豆麦褐绢贷借文书、不动产典押、动产典押和人身典押文书四类；① 堀敏一则是按标的物和文书性质将其分类为粮食借贷、布帛借贷以及诸色破除历和请便牒四类。② 上述分类标准不够清晰，适用范围具有局限性，因此唐耕耦按照借贷契约文书的形态，将其分为原生契约、次生契约、预支预卖先取租价后佃种契约以及与借贷活动相关的文书四类，其中预支预卖先取租价后佃种类契约，在内容中并无利息、利率相关内容，但作者认为此类契约的无息仅是表面现象，实际上，利息已经通过折算工价、货价等方式被债权人获取。在对借贷双方的身份考察上，作者依然通过对敦煌和吐鲁番地区各自出土的契约进行了对比，发现两地的债务人均以小生产者，特别是农民为主，但在债权人的身份上有所差别，吐鲁番地区出土借贷契约中的债权人多为社会地位不高但比较富有的平民（地主）和道观，而敦煌地区出土契约中的平民债权人比较少见，多为寺院、高级僧侣、低级官吏以及当地耆寿。借贷原因则有粮食缺乏（包括口粮和种子）、履行徭役、交纳赋税、经商、觅官赴任以及偿还债务等。在利息率方面，作者认为唐五代时期的敦煌和吐鲁番地区不存在较为固定的利率，不同的时间和地区之间的利率差别较大。除了以契约内容为出发点的敦煌、吐鲁番两地出土契约的比较，作者还从时间维度对契约末尾的债权人署名方式进行了对比，债权人从署名、只署姓氏或身份到完全不在契尾出现，反映了契约的形式与内容的变化关系，以及契约对债权人约束力逐渐减弱的规律。在违约处罚方面，玉井是博总结了敦煌、吐鲁番两地契约的共同内

---

① ［日］仁井田陞. 中国法制史研究——土地法、交易法 ［M］. 东京：东京大学出版社，1960.

② ［日］堀敏一. 唐宋消费借贷文书私见 ［A］//东洋史论丛——铃木俊教授还暦记念. 铃木俊教授还暦记念会，1975.

容，即违限生利、牵掣家资和保人代偿。唐耕耦重点对高利贷的后果和性质进行了分析："高利贷者根本不满足于只榨取债务人的剩余劳动，而且要夺取家资杂物、口分田园、牛畜，即夺取劳动条件本身，使小生产者与生产资料分离；更甚者，还要把小生产者本身降为依附人口，据为己有。"① 因此，作者对唐五代时期的高利贷的作用，特别是对小生产者的影响持负面评价。

法国学者童丕认为借贷行为"是一项调动了经济机器中所有成员的复杂活动。……交换双方，自然人或法人，是社会生活的主角。……活动准则是规定和惯例，以及社会存在所决定的力量对比关系"②。因此，他在其著作《敦煌的借贷：中国中古时代的物质生活与社会》中，将经济学和社会学知识与研究方法引入了对敦煌借贷契约的研究。该书研究的重点是敦煌地区出土的借贷契约所反映出的彼时当地社会生活相关的信息。作者同样在早期研究成果之外另设一套分类标准，即时间和标的物相结合的分类方法，敦煌地区出土的汉文契约就被分为 9 世纪（吐蕃统治时期）的粮食借贷契约和 10 世纪（曹氏政权统治时期）的织物借贷契约。通过时间和标的物的变化，以及与吐鲁番等地出土的借贷契约标的物进行比较后，作者指出，在 9 至 10 世纪，敦煌地区经历了一个货币与商业发展从衰落到复苏的过程。而这两个阶段的契约又各自反映了不同的社会现象。如从粮食借贷的标的物以及契约订立和偿还期限反映了当时敦煌地区的农业种植情况，而随后的织物借贷契约的订立时间不再集中于青黄不接之时，而是在一年之中较为均匀地出现，则反映出商业活动的复苏与债务人主体身份的变化，这样的变化又反映了政权更迭为社会生活带来的影响。值得注意的是，童丕在书中提到的契约法与国家法律的关系："中国的契约法具有独立性。借贷一般只是一种私人行为。法律仅在特殊情况下起作用：公法基本条款面临被破坏的危险、公共秩序被扰乱、保护家庭或个人权益的完整性。"③ 作者还对比了借贷契约在敦煌和吐鲁番出土契约中各自所占的比例，认为敦煌佛教势力的强大造成了敦煌的借贷多于租佃这种与吐鲁番地区完全不同的现象。在对契约格式的分析方面，童丕指出，敦煌地区的契约的同一性实际上反映的是敦煌地区居民相对封闭的社会生活。

---

① 唐耕耦. 唐五代时期的高利贷——敦煌吐鲁番出土借贷文书初探（连载）[J]. 敦煌学辑刊，1986（1）：134-154.

② ［法］童丕. 敦煌的借贷：中国中古时代的物质生活与社会 ［M］. 余欣，陈建伟，译. 北京：中华书局，2003：16.

③ ［法］童丕. 敦煌的借贷：中国中古时代的物质生活与社会 ［M］. 余欣，陈建伟，译. 北京：中华书局，2003：125.

罗彤华的《唐代民间借贷之研究》① 则是以传世文献为主要依据，从经济和法律两方面对唐代的借贷活动进行研究。罗彤华按质押物将接待分为信用借贷、质押借贷和特殊形态借贷三种，民间放贷来源被定义为非宗教的个人与团体。在此基础上，作者通过出土契约与传世文献相结合的方式，对借贷的原因、期限、数量、利息以及不履行之处分别做了归纳。在借贷活动的影响方面，罗彤华的看法是中性的："借贷在人们明知其弊，而又不能否定其价值的矛盾状况下存在。……在传统农业社会中，借贷行为常非穷乏之因，而是其果。……故借贷问题不是单纯的资金供需关系，它还是民生疾苦的风向球，是社会秩序的指标。"② 因此，政府对民间借贷活动的处理所造成的影响也就不仅局限于经济领域，"公权力涉入程度与处理态度，无疑在考验司法的公信力，及其维护法令尊严的能力"③。然而由于唐政府对官方放贷的错误认知导致其未能构建出合理的借贷制度，导致民间借贷需求的缺口只能由民间业者去填补，但民间借贷活动毕竟仅由各地乡规俗约主导，且受限于生产力发展水平，因此民间借贷活动"离专业的、跨地区的、制度化的程度还甚远"④。因此，唐代的民间借贷一方面补充了融资渠道，另一方面又存在着剥削榨取与吏治腐败的弊端。

除了上述论著中对借贷契约的分类方式，陈国灿在《唐代的民间借贷——吐鲁番敦煌等地所出唐代借贷契券初探》⑤ 一文中，又提出了以"剥削的内容和手段"为标准对借贷契约进行分类，据此，敦煌吐鲁番等地出土的借贷契约可被分为生息举取、质押借贷和无息借贷三类。本书重点在于分析民间借贷对债务人的剥削问题，因此它们的利息就是研究的重点。其中，生息借贷根据标的物可以分为货币（银钱）、粮食和织物三类，作者根据出土契约的记录和相关资料提供的旁证进行推算，根据统计，唐前期西州的银钱借贷月利率多为10%左右，年利率约为120%，部分举钱契并未直接注明利息，而是以"乡法"为准，作者将这一标准推定为月利率10%；粮食借贷的期限多为春借秋还，为期约半年，利率通常为50%左右，即年利率100%；织物借贷中的绢的利率在契约中的表述通常为20%，但借绢契的偿还时间大多未明确表

① 罗彤华. 唐代民间借贷之研究 [M]. 北京：北京大学出版社，2009.
② 罗彤华. 唐代民间借贷之研究 [M]. 北京：北京大学出版社，2009：1.
③ 罗彤华. 唐代民间借贷之研究 [M]. 北京：北京大学出版社，2009：1.
④ 罗彤华. 唐代民间借贷之研究 [M]. 北京：北京大学出版社，2009：366.
⑤ 陈国灿. 唐代的民间借贷——吐鲁番敦煌等地所出唐代借贷契券初探 [M] //唐长孺. 敦煌吐鲁番文书初探. 武汉：武汉大学出版社，1983：217-274.

述，作者推算为月利11%左右。质押借贷和无息借贷中的以物、力抵偿的契约的实际利率难以测算，但作者从借贷双方的关系入手，对这两类契约的剥削程度做了分析，认为它们对债务人的剥削更甚于生息借贷。其后关于借贷契约的分类基本未脱离上述几种模式，并且对借贷利率的讨论也有了进一步的深入。在出土契约中，利率通常以利息的方式表述，但在相关律令中常采取"六分利""五分利"这样的表述方式，"分"这个利率单位的内涵曾经在学界有过一定的争议，这是由于宋神宗以后，"分"常作为十分率使用，其下增设了"厘"作为百分率。黄向阳认为，唐代的利率单位中不存在"厘"这一表述，他根据传世文献中记载的法定官私利率和利息的相关信息进行计算，确认"分"在唐代仅指百分率。[①] 余欣则提出了另一种借贷契约分类方式，并在此基础上分析了物价与利率的关系以及政府行为对利率的影响。余欣首先根据借贷关系成立的条件和利率的确定机制，将契约分为信用借贷和质押借贷两大类，其中信用借贷是指"借贷关系间建立在个人信用基础上，不需抵押物的借贷"。[②] 信用借贷之下则可分为有息借贷和无息借贷，再分则有实物借贷和货币借贷，文中提醒人们注意的是由于织物在唐代同时兼有货币的功能，因此织物借贷兼跨货币、实物借贷两类。质押借贷的细分则与前代观点一致，为动产质押、不动产质押和人身质押三类。随后，作者又通过比对有息借贷的利率与唐代物价（安史之乱前以米价为基准，安史之乱后以绢价为基准）的变化，认为两者大致同步；除了物价，作者认为对民间借贷利率影响最大的因素是政府行为，其中包括形成直接影响的财政立法、间接影响的物价宏观调控以及公廨本钱这一导致民间借贷利率始终居高不下的直接原因。但作者研究发现，财政立法由于执行不力，实际上对民间借贷利率的影响是最小的。《西域借贷契约中的债务偿还方式》[③] 则是以唐代前中期的借贷契约为主要研究对象，按照债务偿还方式将其分为每月付息随时还本、本息随时偿还、等额本息分期偿还和本息到期偿还四类。作者认为，这四种偿还方式同时也反映了债务人与债权人之间的关系，按照上述顺序，它们对债务人的剥削程度是逐渐减弱的，换言之，本息到期偿还是四种偿还方式中对债务人最有利的，它有明确的

---

① 黄向阳. 关于唐宋借贷利率的计算问题 [J]. 中国社会经济史研究, 1994 (4): 13.

② 余欣. 唐代民间信用借贷之利率问题——敦煌吐鲁番出土借贷契券研究 [J]. 敦煌研究, 1997 (4): 16.

③ 薛艳丽, 王祥伟. 西域借贷契约中的债务偿还方式 [J]. 西域研究, 2016 (4): 8.

偿还时间而且债务人承担的利息是其中最少的，从现有材料来看，本息到期偿还也是四种偿还方式中所占比例最高的。

随着敦煌和吐鲁番地区出土契约文献的刊布以及其他时期契约文书的发现，中国契约史的发展过程也受到了学界的关注。张传玺按照历史时期划分为西周至春秋时期、战国至西晋时期、东晋至五代时期、北宋至明清时期这四个阶段，这四个时期的契约特征为第一阶段邦国约与万民约并用，第二阶段私约开始使用，第三阶段为使用文券（红契）时期，第四阶段为使用官版契纸和契尾时期，期间，文契的程式经历了由简单到复杂、由不完善到完善的过程。① 乜小红的论著《中国古代契约发展简史》② 中的"民间的借贷契券"一节侧重对我国古代的民间借贷的类型、特征及发展的综合性论述，认为契约文书在形式和内容的发展方面经历了"简单—完善—简约"的进程，而唐代正处于我国古代借贷契约发展的完善期，因此唐代的借贷契约比起其他时期，形式更加完备，内容也更为丰富。《敦煌吐鲁番借贷契约比较研究》③ 专注于敦煌、吐鲁番两地出土契约的关系的研究，作者从自然环境和社会环境两方面出发，考察了敦煌、吐鲁番两地借贷契约的起源和性质，对两地契约文书进行了形式和内容上的比较。在两地契约的形式上具有一定联系性这个特征上，作者认为这一方面是两地契约自身逻辑发展的结果，另一方面又是两地契约相互影响的结果。鉴于两地自然条件、地缘与文化的相似性，作者将两地定义为一个"大历史地理单位"，同时，两地出土的契约在时间上具有连续性，因此，作者认为两地的契约可以突破地理区域的限制与政权影响的隔阂，而被纳入同一个时间坐标中进行研究。作者其后又在《论古代丝绸之路上的契约文明——以敦煌吐鲁番借贷契约条款形式研究为中心》④ 一文中对这一论点进行了更为详尽的论述。

学界对于敦煌吐鲁番出土唐代借贷契约的研究随着时间的推进不断细化、深入，多学科视角的引入使得这部分研究成果尤为丰富。这部分成果主要包括四个方面的内容：民间借贷活动的外部干预、内部秩序、内外沟通以及内部秩序与外部干预的关系。

① 张传玺. 秦汉问题研究 [M]. 北京：北京大学出版社，1995.
② 乜小红. 中国古代契约发展简史 [M]. 北京：中华书局，2017.
③ 燕海雄. 敦煌吐鲁番借贷契约比较研究 [D]. 陕西师范大学，2006.
④ 燕海雄. 论古代丝绸之路上的契约文明——以敦煌吐鲁番借贷契约条款形式研究为中心 [J]. 贵州民族大学学报（哲学社会科学版），2018（4）：25-43.

在民间借贷活动的外部干预研究中，契约主要作为借贷纠纷发生时的凭证。研究者们将契约要件与国家律令内容进行关联，探讨借贷纠纷发生时契约所发挥的作用，以及契约内容中与律令精神相契合的部分。

《论隋唐五代借贷契约及其法律控制》① 从法律视角出发，以唐代律令为核心探讨了隋唐五代的国家法律对民间借贷活动的管理。作者认为借贷契约有效成立的要件包括以下三点：一是双方合意，但在实际情况中，债务人处于弱势地位，因此这种合意仅存在于形式上；二是提供担保，这一要件多见于私人间借贷；第三，双方达成的协议被制成书面契约，这也是契约成立的重要条件。作者将契约主要内容划分为借贷事由条款、借贷事实条款、还贷约定条款、违约责任条款以及契约订立参与人的签字画押五个部分，从中可以明显看出敦煌和吐鲁番地区出土的借贷契约更倾向于债务人的单方面书面保证，"表现出强烈的权利义务不对等"，这也证明了在借贷关系中，债务人与债权人之间"合意"事实上是几乎不存在的。而国家对于借贷活动的管理，即律令中有关借贷的条款内容主要包括以下三个方面：首先是借贷活动的主体，各级官员及其亲属不得参与放贷活动，子孙弟侄等无财产支配权力的人不得借贷，而对借贷人资格的辨别属于放贷者和保人的义务；其次是利率，官方对民间借贷利率设置上限；最后是对履约阶段的管理，针对当时常见的延迟、不履行或不如约履行以及欺诈等借贷活动中常见的违约行为，官方从民事和刑事两个方面针对违约者进行处罚，民事处罚包括罚金、力役抵偿和保人代偿等，刑事处罚则按违约严重程度设有笞刑、杖刑和有期徒刑三种类别，比较特殊的处罚还有当违约者为官员及其亲属时，涉事官员要承担行政责任。《唐代借贷契约论析》② 的侧重点在于国家法律对民间借贷契约的态度。文章将唐代借贷契约分为计息借贷和不计息借贷两类，作者认为，唐代官方法律对待这两类借贷的双方当事人的权利保护存在差异。由于当时计息借贷利率普遍高于官方规定利率，因此官方对债权人强制要求违约债务人支付利息的要求通常采取回避态度，以避免激化社会矛盾；而不计息借贷由于其符合儒家传统道德要求以及统治者对于社会稳定的追求，因此，在此类借贷的违约纠纷中，官府则会选择维护债权人的基本权利。同时，官府对于契约中的担保条款采取的也是承认和支

① 岳纯之. 论隋唐五代借贷契约及其法律控制 [J]. 中国社会经济史研究，2004 (3)：7.

② 梁凤荣. 唐代借贷契约论析 [J]. 郑州大学学报（哲学社会科学版），2005 (4)：3.

持的态度。换言之，唐政府对于当时已经臻于完善的民间借贷契约，采取的态度是对契约条款中符合其维护社会稳定的统治目标的内容予以肯定和支持，对于存在破坏社会稳定风险的条款加以约束和限制。

除了借贷双方订立契约和债务人到期履约，担保也是借贷活动中不可或缺的一环，唐代官方对民间借贷活动的管理同样涉及担保环节。在交易中，担保通常存在人保与物保两类，但在敦煌和吐鲁番地区出土的契约中，人保所占比例远远超过物保，因此针对担保的研究成果也多集中在人保上。

《敦煌契约文书中的保人、见人、口承人、同便人、同取人》① 一文以吐蕃和归义军统治时期的敦煌民间私契为基础，对契约文书中借贷双方以外的契约订立参与人进行研究。上述称呼均是在契尾签字画押中出现的称谓，其中"保人""口承人""同便人"和"同取人"被作者认为具有相似的职能，只是在契约中被广泛使用的时间不同，如"保人"在契约中出现的时间较早，而直到 10 世纪初，"口承人"这一称谓才开始出现。他们在借贷活动中，均是为债务人的履约提供保证的人，并且他们在与被保人的关系上也具有相似性，多为债务人的直系亲属，以男性为主，年龄跨度较大，下到 8 岁上至 60 岁，但都在唐律中规定的承担民事责任的年龄范围内；"见人"在契约中也称证人、知见人、见证人、人证等，是目睹契约订立过程并作证的人，见人的社会身份尽管也多种多样，但与保人相比，他们身上更被重视的要素是社会地位和威望。作者认为这反映了当时敦煌地区"浓厚的家族观念和宗法思想"。《担保法律制度与习俗的文化解读——以中国史上的"人的担保"为中心》② 则是以法律制度为基础，从文化视角分析保人在契约中的角色。在作者对保人的分类中，唐代借贷契约中的保人主要有事实保人和约定保人两类，其中事实保人主要为被保人的直系亲属，是民事责任的主要且被动的承担者，约定保人多为被保人的邻里亲友，他们在是否成为保人这一点上具有更多的选择权。唐代借贷契约中的保人承担着当债务人逃亡或不能偿还债务时的代偿义务，作者认为这两类义务的意义经历了从留住保证过渡到支付保证的过程。由于保人的主要义务是代偿，因此成为保人最基本的资质是具有清偿能力，这就意味着他首先要是唐律中所认可的"人"，不具有主体权利能力的奴婢不可能成为保

① 杨惠玲. 敦煌契约文书中的保人、见人、口承人、同便人、同取人 [J]. 敦煌研究，2002（6）：8.

② 张城. 担保法律制度与习俗的文化解读——以中国史上的"人的担保"为中心 [D]. 吉林大学，2007.

人，同时保人也要具有对财产的处置权利，因此子孙弟侄等家族中的"卑幼"成员也不具有成为保人的资格。作者在文中也对具有担保职能的"同取人"的责任进行了考察，认为同取人要承担连带责任，因此责任范围大于留住保证的范畴。而人保在契约中大量存在的原因，作者从文化因素的角度进行了分析，认为人保具有比物保更容易获得、灵活性更强和适用范围更大的特征。但对保人本身而言，他的存在就比较尴尬了，唐代的法律文本中，人保的存在和物保一样，都是为了维护债权人的利益，保人的权益保护完全不在律令的范围内，但与此同时，契约实践中大量的保人，特别是约定保人的参与，反映了当时社会中互助、互信的风气。《唐宋时期买卖契约与借贷契约中的人保制度探析》① 将保人在借贷契约中的责任归纳为偿还责任和谨慎作保责任两类，尽管偿还责任中包括留住保证与补充支付义务，但作者经过对契约和法律文书的考察后认为，在实际执行过程中，保人代偿的情况并不多见。从文化角度出发，作者认为传统中国人更倾向于选择人保的担保方式的原因与中国的家庭结构、社会组织、风俗习惯、思想观念有紧密的联系，与中国传统社会主要是一个人情社会有很深的渊源。

　　上述从法律视角出发的对唐代借贷活动的研究都将借贷契约作为唐律的延伸，是唐代律令的意志在民间借贷活动中的体现。与此同时，学界也存在着另一种观点："平民百姓们订立契约，并非预先即准备诉诸法庭。"② 契约仅是百姓在日常参与经济活动的过程中自发形成一种秩序以及交易凭证。韩森（Valerie Hansen）认为，唐律中并不存在专门的契约类条款，与此相关的少数条款被置于一个包罗众多事项的类目之下，说明这些条款很可能是后加上去的，这"反映出当时朝廷不愿干预民间交易，而与此同时，契约越来越多地被用于记录这些交易"③。这一观点在国内学界虽未被专门提出，但从国内对唐代借贷活动的研究范围也同时向着民间契约所属的乡规俗约拓展这一现象来看，学界对于这种民间契约与国家法令分属两个系统的观点也是认可的。

　　《互动视角下唐代西州基层社会研究》④ 以吐鲁番地区出土的相关契约为

　　① 张姗姗，陈雷．唐宋时期买卖契约与借贷契约中的人保制度探析 [J]．当代法学，2011（5）：9．

　　② ［美］韩森．传统中国日常生活中的协商：中古契约研究 [M]．鲁西奇，译．南京：江苏人民出版社，2008：41．

　　③ ［美］韩森．传统中国日常生活中的协商：中古契约研究 [M]．鲁西奇，译．南京：江苏人民出版社，2008：17．

　　④ 赵晓芳．互动视角下唐代西州基层社会研究 [D]．兰州大学，2012．

基础，研究内容涉及唐代西州的钱债纠纷。作者在对相关文书进行梳理时发现，国法并未阻止违背其规定的乡法的执行，事实上，国家律令对民间纠纷的干预是非常有限的，这是由于当地民间有一套固有的纷争冲突解决机制。当纠纷发生时，乡民的首选往往是自行调解，在调解无果的情况下才会选择则诉诸法律。与之相对的是，官府将这种民间纠纷称为"细故"，即琐碎小事，官府在介入此类纠纷时，以调解为主，主要扮演调停人、中间协商者或解决方案提出者以及公证人、违约惩罚执行者等角色。这样的民间秩序更加明确体现在契约中的"套语"上。《我国传统契约文书"恐后无凭"套语的证据实质意义》① 主要考察的是"恐后无凭"以及相似含义的套语的起源、作用和意义。作者将中国传统契约文书的内容分为实质要件和形式要件两类，套语属于形式要件的组成部分。对套语的分析离不开其所依附的契约的作用，即证据。因此套语起源于"信"，在发展中经历了从相信人守信到预防人无信的过程。这一看似没有约束力的套语，在契约中却发挥着明确双方权利义务、排除他人干涉，担保标的物所有权无瑕疵或契约订立双方彼此认同，以及保有财产、督促履约这三重作用。这一套语在传统契约文中的广泛存在，也表明了书面契约的效力高于口头承诺，以及契约文书具有证据的作用与效力。《"和合而同"——论中国古代契约的"贵和"思想》② 则是以"两和立契"这类表达契约合意含义的套语为核心，分析其中所反映的"贵和"思想。在唐代，这一套语通常被表述为"两共对面平章"，或简写为"两共平章"。作者认为这一套语具有三重含义，一是表明了契约主体的平等性；二是表达了契约订立的自愿性；三是反映了契约目的的互利性。这也是契约作为止讼工具的事前预防机制在内容上的体现。③

除了以套语为核心考察民间借贷活动的秩序，契约文书与传世文献的结合也为民间借贷活动的产生和发展提供了研究素材。《唐代的民间高利贷》④ 将高于官方规定利率的民间借贷统称为高利贷，以此为基础总结了唐代民间需求旺盛的三个原因：首先，作为借贷群体主要组成部分的小生产者，他们的借贷

① 祖伟. 我国传统契约文书"恐后无凭"套语的证据实质意义 [J]. 社会科学辑刊，2016（6）：8.

② 李洪涛，陈国灿. "和合而同"——论中国古代契约的"贵和"思想 [J]. 中国经济史研究，2018（4）：13.

③ 乔洪武，李洪涛. "结信止讼"——论我国古代契约的止讼功能 [J]. 孔子研究，2018（2）：8.

④ 耿雪敏. 唐代的民间高利贷 [D]. 云南师范大学，2007.

需求主要来自于维持生活和生产、官府催征或提前征收租役以及服兵役出征。其次，在出土契约中极少出现的权贵、地主等社会中上层全体，他们借贷则多是为了满足自己奢华生活的需求以及行贿。《我国传统社会民间借贷类型与债务人之行为选择——从借贷成本角度的分析》① 从经济学视角出发，以借贷成本为基础分析债务人的行为选择，阐明了高利贷存在的必然性。影响借贷成本的因素包括债务人的社会地位、社会关系和担保，仅就借贷成本而言，债务人选择借贷对象的倾向性应为：家族内部>亲戚朋友>常住地较近的富户>当铺等金融机构，这四种借贷选择的利率通常也是递增的。但借贷成本实际上仅是影响债务人行为选择的一个方面。作者将影响债务人行为选择的因素分为经济因素、非经济因素和选择度，其中经济因素包括借贷成本（即利率）、借贷期限和信用要求等；非经济因素包括面子、人情和人身依附关系等；选择度包括可选择范围、借贷的急迫性、借贷规模和用途以及借贷双方数量对比。在这三种因素的叠加下，即使是高利贷，也会成为债务人的最优选择。更何况，在中国传统社会中，由于普遍的资金短缺和流通渠道不畅，民间借贷利率畸高也是特定时空下的常见情况。《从关系型信用到契约型信用：唐代农村借贷关系演进的经济史考察》② 以唐代农村借贷关系的类型为切入点，梳理了唐代农村借贷关系的演变及其特征。作者认为唐代处于借贷关系由关系型借贷到契约型借贷的过渡时期，血缘和地缘的影响在这一时期的借贷关系中逐渐减弱。与此同时，唐代农村的借贷活动特征还包括以下两个方面，一是从借贷人角度出发，借贷由外部因素引发的被动型借贷变为以结社方式进行互助或预防性质的主动型借贷；二是，从债权人角度出发，放贷行为则经历着从重义轻利到逐利的过渡期。

正是由于借贷活动的民间秩序在发展过程中已经从国家法律中相对独立出来，因此国家法律与民间秩序之间的关系以及国家法律的干预作用也在学界得到广泛的讨论。在国家法律与民间秩序的关系方面，学界普遍认可国家法律和民间秩序在民间契约活动的规则构建上共同发挥着作用，可称得上分歧点的地方在于两者是谁发挥着主导作用。霍存福认为，私契的权威性来自于法律的承认。这是因为唐代以立法的形式对契约自由进行了一定的限制，并且在实践

---

① 刘春杰. 我国传统社会民间借贷类型与债务人之行为选择——从借贷成本角度的分析［J］. 贵州社会科学, 2012（11）: 6.

② 吴巧霞, 樊志民. 从关系型信用到契约型信用：唐代农村借贷关系演进的经济史考察［J］. 唐山学院学报, 2016（1）: 6.

中，契约的内容和实践都是在法律的规制下进行的。① 而百姓对契约的敬畏以及将其等同于法律的态度也正是源自国家法对私契的承认。在其《再论中国古代契约与国家法的关系——以唐代田宅、奴婢卖买契约为中心》② 一文中，通过对唐代买卖活动相关法律和契约的对比，作者指出，唐代的买卖契约基本是按照国家法律的规定订立的，即买卖活动的民间秩序是在法律的指导下形成的，买卖类契约活动的主要依据为国家法律而非民间秩序。但这并不意味着民间秩序是完全顺从于国家法律的，借贷契约中的"抵赦条款"被霍存福视作民间秩序对国家法律的对抗。除却民间秩序与国家法律的这一点分歧，契约被视作一项制度性安排，其价值体现在它的止讼功能上，借贷双方以诚信为基础，平等地订立并履行契约，也反映了中国古代是一个契约社会。③

另一类观点则是国家法律与民间秩序二者各有界限，具有相对独立又互相影响的关系。如孟宪实在《国法与乡法——以吐鲁番、敦煌文书为中心》④ 一文中所指出的，国法对民间借贷活动的管理由唐令中所明示的"官为理"和"官不为理"两个部分构成，而乡法在民间借贷活动中的效力则由契约中的套语"官有政法，人从私契"来表述，不同于其他将这一套语诠释为强调私契独立性的观点，孟宪实将之解释为"遵从私契如同国法"，即私契在民间有着与国法等同的权威性，但民间这种以乡法为重的立场也并不意味着乡法与国法的关系是对立的，这种情况只是民间传统的自然存在。孟宪实认为国法与乡法分别属于两个不同的体系，"告官"这一行为是它们唯一的连接点，也正因如此，两者均有针对对方的应对方式，国法中"官为理"的内容就是国法干预乡法的条件；乡法的执行有时需要借助国法的强制力，同时乡法中存在的"抵赦条款"又反映了对国法过度干预的预防。乜小红认为，契约的法理基础由民间习惯法和国家律令共同构成，二者同出一源，即中国传统文化中处理人际关系的基本准则——诚信。⑤ 同时，国家法令是在民间习惯法则的基础上建

① 霍存福. 论中国古代契约与国家法的关系——以唐代法律与借贷契约的关系为中心 [J]. 当代法学，2005（1）：44-56.

② 霍存福. 再论中国古代契约与国家法的关系——以唐代田宅、奴婢卖买契约为中心 [J]. 法制与社会发展，2006（6）：125-135.

③ 霍存福. 中国古代契约精神的内涵及其现代价值——敬畏契约、尊重契约与对契约的制度性安排之理解 [J]. 吉林大学社会科学学报，2008，48（5）：8.

④ 孟宪实. 国法与乡法——以吐鲁番、敦煌文书为中心 [J]. 新疆师范大学学报（哲学社会科学版），2006（1）：99-105.

⑤ 乜小红. 论我国古代契约的法理基础 [J]. 中国社会经济史研究，2009（2）：6.

立的，官方契约制度最初源于民间的乡规俗约，只不过在其后的时间里两者沿着各自的轨迹发展、演进，但这并不妨碍它们依然保持最初的内核，即共同维护诚信原则。田振洪在《唐代契约实践中的国家法律与民间规则：以民间借贷契约违约责任为视角》①一文中，从四个方面对官方立法与契约条款及其实际运行进行对比，认为在违约赔偿金方面，官方不做具体规定，以双方合意为准；在保人责任方面，两者存在互动，契约相关内容受法令的影响，处于动态变化之中；恩赦效力方面，契约中的抵赦条款是债权人面对官方随意性时的自保措施；两者的对抗性主要体现在牵掣财物的规定与执行上。因此，作者的结论为国家法律与民间规则受制于各自不同的原则和立场，两者的关系在一致与相悖之外，还存在着交叉和互动。《国家法在乡土社会的尴尬处境》②站在现代视角下论述乡土社会对国家法律的消解，即将国家法律与民间秩序置于完全对立面。作者基于国家法律和乡土社会民间秩序的差异性对此观点进行了论述。首先，两者的价值指向不同，民间秩序为义务本位，国家法律为权利本位；其次，两者的适用范围不同，民间秩序为非理性主导，对个案的处理存在差异化，国家法律则为一般性规范；最后则是两者处理民间事务的成本不同，国家法律由于其程序正义的特征，在处理民间的民事纠纷时，成本更高。这些差异最终会造成法律规避、司法效果与社会效果冲突以及司法公信力削弱等问题。

可见，民间秩序对国家法律的对抗性主要集中在契约中的抵赦条款方面，这一专题的研究成果不多，主要集中于抵赦条款的发展历程和抵赦条款的效力。霍存福以《敦煌吐鲁番借贷契约的抵赦条款与国家对民间债负的赦免》③一文梳理了中国古代政府对私债的越界干预的历史，认为国家对私人债务的干预源于中国古代人不习惯于将赦免债务看作法律上的权利，而是以其他概念或范畴进行表述，比如通过道德范畴的"义"和"乐善好施"来反映，或通过政治手腕的"权术"，即施恩的形式来表征。国家对于私债的赦免始于北魏、终于明清，而契约中的抵赦条款也出现于北魏与明清之间，作者认为这反映了民间防御意识的增强和民间高利贷与国家控制的博弈。《唐宋敦煌契约"恩

---

①　田振洪. 唐代契约实践中的国家法律与民间规则：以民间借贷契约违约责任为视角［J］. 东南学术，2012（4）：12.

②　鄢德奎. 国家法在乡土社会的尴尬处境［J］. 法制与社会，2014（19）：235-236，239.

③　霍存福. 敦煌吐鲁番借贷契约的抵赦条款与国家对民间债负的赦免——唐宋时期民间高利贷与国家控制的博弈［J］. 甘肃政法学院学报，2007（2）：11.

赦"条款考论》① 则是以敦煌出土的唐宋时期的买卖和借贷契约为基础,梳理了契约中有关抵赦条款的具体表述。作者认为"恩赦"条款是对国家法律效力的排除和否定,因此只能依靠当事人的自觉才能履行,实际上并没有国家强制力,并以《乙亥年(915 年?)金银匠翟信子等三人状》的判决结果为例,证明契约中抵赦条款的效力低于中央政府以及地方官府发布的恩赦的效力。《论唐代恩赦中的免债》② 从理论和现实两方面归纳了官方赦免公、私债务的原因。在理论方面,恩赦的依据来源于中国古代的仁政思想、天人感应思想、家国同构理论以及佛、道等宗教理论;现实因素则主要出自于统治者维护统治的需要,如巩固皇权、遏制民间高利贷以及促进农业生产等。但不可忽视的是,尽管赦免私债在一定程度上减轻了小生产者的债务负担,但此类政令实际上是公权力对私权利的践踏,因此民间才会以抵赦条款的形式对其进行抵抗。

在上述研究成果的基础上,也出现了关于唐政府干预民间借贷活动效果与评价类的综合研究。《唐代借贷契约国家干预制度研究》③ 归纳了唐政府干预借贷契约的三个特征,首先是通过法律手段进行干预,但其中存在着立法结构不系统和刑事性与行政性混淆的问题;其次是将礼作为立法和司法的精神内核;最后是民事立法附属于刑事立法。上述特征造成了藐视个人财产权利、以刑事手段处理民事法律关系以及国家干预的非经济性等局限性,这些局限性导致国家干预借贷活动所期望达成的保护借贷双方利益、维护社会稳定和朝廷统治、保障国家财政税收等目标在实践中难以得到充分的实现。《试论唐代借贷的国家干预》④ 提出,唐政府在尊重私契自治的原则下,对民间借贷活动从限制借贷主体、压制利率水平和干预履约过程这三个方面进行干预,但干预效果并不尽如人意。作者认为这是由于民间长期以来形成的"官有政法,人从私契"的理念以及利益相关的执行者造成的执行效率低下导致的。

除了上述以唐代借贷契约和中国古代的借贷活动为中心的研究成果,中西方信用文化和契约思想的比较构成了借贷活动研究领域的拓展,也较为集中地

① 罗海山. 唐宋敦煌契约"恩赦"条款考论 [J]. 当代法学, 2013 (2): 7.
② 王栋. 论唐代恩赦中的免债 [J]. 湖北警官学院学报, 2014 (1): 4.
③ 王乔敏. 唐代借贷契约国家干预制度研究 [D]. 南京师范大学, 2011.
④ 李洪涛. 试论唐代借贷契约的国家干预 [J]. 中国社会经济史研究, 2017 (4): 10.

体现了中国古代契约思想的特征。《从"人伦"到"契约"：中西方信用文化的比较分析及法律调整》① 认为中国传统文化中的信用属于由人格信任和亲缘信任所构成的伦理范畴，它产生的基础是封建社会自给自足的小农经济，主要在血缘和地缘所构成的熟人社会中发挥作用，约束机制主要依靠个人自律。因此，相较于不同文化背景下，更早突破了血缘、地缘等社会系的西方信用文化，中国传统文化中的信用适用范围相对狭窄，故而对于当今社会的发展而言，应尽快完成信用从人伦关系到契约关系的转变。《中西古代契约制度、观念的比较——以借贷契约为中心》② 在中国和古罗马的契约制度方面做了"债"的概念、借贷契约种类和契约成立要件三个方面的比较，作者认为其中反映了中国古代契约精神的特征，即儒家的"仁、义、礼、智、信"思想对契约制度有着深远的影响，并且儒家文化的影响也蔓延到诉讼实践中，儒家"无讼"的社会理想使得官方和民间都存在厌讼的情绪。《古代中国的"契约自由"：文本与实践的考察》③ 从自由与管制这一线索出发，从法律制度、契约实践和司法实践三个方面分析中国古代的契约自由思想，作者认为，尽管彼时尚未出现"契约自由"这一说法，但它实质上已广泛存在于契约活动的各个环节之中。《古中国与古罗马的契约观念及实践的比较研究》④ 认为中国古代契约实践所构建的话语体系是"公平"，因此不同于古罗马应对债务纠纷所采取的细化法律条款的方式，古代中国采取的是强化"公正"的观念这一非法律性质的措施。并且，面对契约观念和实践中的"情理"化内涵，古代中国没有选择通过细化借贷规则的方式来调整契约实践，而是沿着情理化的方向持续发展，最终将其作为一种解释方法，在契约实践中充当裁判和规则的角色。正因如此，古代中国法律对于"私权"的概念也与由官方或法学家进行定义和阐释的古罗马法律不同，古代中国的"私权"意识是在民间逐步自发形成的。

---

① 涂永珍.从"人伦"到"契约"：中西方信用文化的比较分析及法律调整 [J].河南大学学报（社会科学版），2004（2）：111-115.

② 夏婷婷.中国古代契约制度，观念的比较——以借贷契约为中心 [D].吉林大学，2006.

③ 张姗姗.古代中国的"契约自由"文本与实践的考察 [M].长春：吉林人民出版社，2011.

④ 武航宇.古中国与古罗马契约观念及实践的比较研究 [D].吉林大学，2014.

（二）吐蕃文私人借贷契约的国内外研究

1. 文书的整理与刊布

自 20 世纪初，吐蕃文文献在丝绸之路沿线被发现以来，大量文献流散海外，这些文献主要收藏于英国和法国，分别由英国探险者斯坦因于 1900 年至 1915 年分三次掠取，以及法国探险者伯希和在 1906 年至 1908 年获得。这批文献主要出土于敦煌莫高窟，也有一部分来自于新疆地区。从内容上来看，这批文献以佛教类为主，其中也包含部分非佛教类的社会经济以及文学类文献，下文对吐蕃文契约研究的梳理将以其中的社会经济文献，特别是借贷契约相关内容为主；以时间和出土地划分，唐代的吐蕃文契约文书多发现于敦煌地区。这些文献的整理与刊布工作首先在海外展开。

英国和法国的收藏品均按照内容划分为佛教文书和非佛教文书两大类，其中英藏吐蕃文文书的非佛教部分由曾担任印度事务部图书馆馆长（1903—1927年）的托马斯（Frederick William Thomas）负责整理，定名为《有关西域的藏文文献和文书》并从 1935 年开始分为四卷出版，在学界引起巨大反响的第二卷内容为敦煌、新疆两地出土的吐蕃文社会历史文书。第二次世界大战后，日本也加入了对英藏吐蕃文出土文献的研究工作，20 世纪 70 年代，在藏学家山口瑞凤的领导下，新的编目《斯坦因搜集藏语文献解题目录》分十二册，由东洋文库陆续出版。① 其后，武内绍人又补充了 60 件由托马斯收录的、主要出土于和田麻札塔格的文书，收录于其主持编撰的《英国图书馆藏斯坦因收集品中的新疆出土古藏文写本》，该书收录出自麻札塔格、米兰、安得悦等地的古藏文写本共计 702 件，其中借贷契约 27 件。法国收藏品最初由法国学者巴考（Jacques Bacot）和拉露（Marcelle Lalou）共同完成，成果为 1939 年至1961 年陆续出版的三卷本《国立图书馆所藏敦煌藏文写本注记目录》，在此基础上，法国学者埃·麦克唐纳和今枝由郎将上述文献按佛教文书和非佛教文书两类编辑了《国立图书馆所藏藏文文书选刊》两卷。

2. 文书的翻译与研究

文献的整理和目录编写工作不断展开，海外学者对吐蕃文文书的翻译和研究工作也随之进行。托马斯将其考释成果结集成册，于 1951 年出版，书名为

---

① 侯文昌. 敦煌出土吐蕃文契约文书研究述评 [J]. 陇东学院学报，2015（6）：5.

《有关西域的藏文文献和文书》，书中刊布吐蕃文写本 121 件、简牍 380 件，在 121 件写本中，契约文书 16 件，其中借贷契约 9 件。在契约研究方面，日本学者武内绍人的成果最为重要，他的代表性成果有《中亚出土古藏文家畜买卖文书》① 以及《中亚的古藏文契约文书》② 等，其中《中亚的古藏文契约文书》共转写、译注了包括英、法、俄、德等国收藏的吐蕃文契约 58 件，内含借贷契约 25 件。该书包括对契约的分类和综合论述以及转写和译注两部分，为学界提供了第一手的实物资料和系统的研究成果。③ 除此之外，武内绍人通过对吐蕃文和汉文契约的比较，认为汉文契约的格式促成了吐蕃文契约的诞生，④ 两者间的差别在于日期记录方式、吐蕃语对术语的表达方式以及印章使用的吐蕃化等。⑤

由于受到历史原因和资料限制的影响，国内对于吐蕃文契约的翻译与研究工作起步较晚，20 世纪 80 年代才开始进行。早期成果以对国外刊布成果的汉译为主，王尧和陈践最早着手这方面的工作。二人于 1980 年完成了对 *Documents de Touen-Rouang: relatifs à l'histoire du Tibét*⑥ 的翻译，将该书的中文名定为《敦煌本吐蕃历史文书》⑦；二人在《敦煌吐蕃文献选》⑧ 中，又翻译了 28 件法藏吐蕃文文书；在 1986 年出版的《吐蕃简牍综录》⑨ 中，翻译了 464 支于新疆出土的吐蕃文简牍；1999 年出版的《法藏敦煌藏文文书题解目录》⑩ 包含了法藏的全部敦煌吐蕃文文书目录。其后，刘忠、杨铭对托马斯

---

① ［日］武内绍人. 中央アジア出土古チベット語家畜売買文書［J］. 神戸市外国語大学外国学研究，1990，21：33-67.

② Takeuchi T. Old Tibetan Contracts from Central Asia［M］. Tokyo：Daizo Shuppan，1995.

③ 马筑. 国外有关英藏敦煌和田等地出土吐蕃文写本的研究［J］. 敦煌研究，2005（2）：86-87.

④ Takeuchi T. Old Tibetan Contracts from Central Asia［M］. Tokyo：Daizo Shuppan，1995：116.

⑤ Takeuchi T. Old Tibetan Contracts from Central Asia［M］. Tokyo：Daizo Shuppan，1995：112-115.

⑥ Bacot J，Thomas F W，Toussaint G C. Documents de Touen-Rouang: relatifs à l'histoire du Tibét［C］//Annales du Musée Guimet/Bibliothèque d'études. Geuthner，1940.

⑦ 王尧，陈践. 敦煌本吐蕃历史文书［M］. 北京：民族出版社，1980.

⑧ 王尧，陈践. 敦煌吐蕃文献选［M］. 成都：四川民族出版社，1983.

⑨ 王尧，陈践. 吐蕃简牍综录［M］. 北京：文物出版社，1986.

⑩ 王尧，陈践. 法藏敦煌藏文文书解题目录［M］. 北京：民族出版社，1999.

《有关西域的藏文文献和文书》的第二卷进行翻译，并定名为《敦煌西域古藏文社会历史文献》① 于 2003 年出版。《法国国家图书馆藏敦煌藏文文献》在法国国家图书馆、西北民族大学和上海古籍出版社的合作下，于 2006 年开始陆续出版，共计 35 册，囊括了全部法藏敦煌吐蕃文文献，于 2020 年完成全部出版工作；由英国国家图书馆、西北民族大学和上海古籍出版社三方合作的《英国国家图书馆藏敦煌西域藏文文献》于 2011 年开始出版，到 2021 年已出版至第 15 册。另有杨铭、贡保扎西在武内绍人 *Old Tibetan Contracts from Central Asia* 一书中 58 个编号的吐蕃文契约文书的基础上，进行了再搜集和整理，并编撰了《丝绸之路出土民族契约文献集成·吐蕃文卷》（待出版），其中共收集吐蕃文契约文书及相关文献 101 件，其中包括借贷契约 56 件。②

在针对契约的具体研究方面，国外对吐蕃文出土文献的研究多集中在历史、宗教、语言学等领域，契约多作为其研究所涉及的内容出现，如德国学者 Gertraud Taenzer 所著的国外第一部系统探讨吐蕃统治时期敦煌历史专著 *The Dunhuang Region during Tibetan Rule*（787-848）: *a Study of the Secular Manuscripts Discovered in Mogao Caves* 第三部分就涉及对英藏和法藏吐蕃文借贷、租赁、土地耕作、雇佣和买卖契约文书的说明和探讨。③

国内在对吐蕃文契约，特别是借贷契约的研究方面，研究内容更为细致，成果也较多。首先是对国外学者重要研究成果的翻译与介绍，如上文所提到的武内绍人著作 *Old Tibetan Contracts from Central Asia* 是在文书整理、翻译的基础上，对契约文书进行了文本方面的综合性研究。该书由杨铭等学者译成中文出版，定名为《敦煌西域出土的古藏文契约文书》④。武内绍人将其收集到的25 件文本，按照标的物分为小物品和牲畜借贷契约以及粮食借贷契约两类，并提出小物品和牲畜借贷契约在归还形式上也可称为租赁借贷契约，而粮食借贷契约也可被归入消费借贷契约中。小物品和牲畜借贷契约均是以常规的契约

① [英] F·W. 托马斯. 敦煌西域古藏文社会历史文献 [M]. 刘忠，杨铭，译注. 北京：民族出版社，2003.

② 贡保扎西. 敦煌西域出土古藏文契约文书的相关问题研究 [J]. 西南民族大学学报（人文社会科学版），2021（9）：9.

③ Taenzer G. The Dunhuang Region during Tibetan Rule（787-848）: A Study of the Secular Manuscripts Discovered in the Mogao Caves [M]. Wiesbaden: Harrasowits Verlag Press, 2012.

④ [日] 武内绍人. 敦煌西域出土的古藏文契约文书 [M]. 杨铭，杨公卫，赵晓艺，译. 乌鲁木齐：新疆人民出版社，2016.

格式书写，而粮食借贷契约中还包括分类账簿，即便物历的形式，采取这种形式的贷方通常为寺院。在契约的格式方面，武内绍人将其归纳为契约日期、契约主体、偿还条款、违约处罚条款、罚金的支付保证、签章以及附录七个部分。

汉文契约的日期大多以年号记录，而吐蕃文契约以及遵循吐蕃文契约书写习惯的契约使用的则是十二生肖纪年，生肖纪年法不同于中原王朝年号的确定性，在时间的表述上不具有唯一性，这一差异使得在汉文契约研究中主要针对残卷进行的年代推定工作，在吐蕃文契约文书的研究中普遍存在。山口瑞凤、王尧、陈践、武内绍人等中外学者，在刊布、引用、考释英、法等国所藏的古藏文契约文书时，均对它们的书写年代进行了推定。① 近年来，陈国灿又根据敦煌永寿寺系列文书所反映的当时社会的情况，认为吐蕃政权曾在832年，即鼠年，进行了一次改汉文为吐蕃文作为民间契约书写语言的变革，据此在吐蕃文契约文书的断代问题方面提出了新的观点，② 并在《丝绸之路出土民族契约文献集成·汉文卷》（待出版）中对部分书写于吐蕃统治敦煌时期的生肖纪年的汉文契约的立契时间做出了更为明确的推断。

由于契约文书所属的非佛教文献在已发现的吐蕃文文献中占比较小，其中年代推定为816年至907年间的借贷契约的数量更少，因此以往的成果中少有针对吐蕃文借贷契约的专项研究，对吐蕃文借贷契约和吐蕃统治敦煌时期民间借贷活动的研究多见于针对契约文书整体的研究。在契约的内容方面，《敦煌吐蕃文契约文书研究》③ 中的借贷契约一章将其所收录的21件吐蕃文借贷契约分为有息借贷、质押借贷和谷物借贷契约三类，并将它们与同时期的汉文借贷契约的格式和内容做了详尽的比较。两件有息借贷，一件是利率低于汉文借贷契约的互助性借贷，另一件则是反映唐代敦煌地区高利贷现象的利率高于唐政府法定利率的借贷。质押借贷在程式上与无质押借贷的区别仅在于有抵押物作担保的条款，书中收录的两件质押借贷的抵押物均为动产，这一点与汉文契约一致，且抵押物的价值远高于债务，而在抵押物的处分上，从契约内容来看，吐蕃文契约与汉文契约同样违背唐律，即债权人可以不经官府而自行出售

① 杨铭，贡保扎西.丝绸之路沿线所出古藏文契约文书概说［J］.西南民族大学学报（人文社会科学版），2017（7）：6.

② 陈国灿.试论吐蕃占领敦煌后期的鼠年变革——敦煌"永寿寺文书"研究［J］.敦煌研究，2017（3）：7.

③ 侯文昌.敦煌吐蕃文契约文书研究［M］.北京：法律出版社，2015.

抵押物。吐蕃文的谷物借贷契约都是无息的，债权人有寺院也有个人，因此，这也佐证了王尧对于此类借贷的"互通有无，调剂生活用度"① 的性质的评价。在《试析敦煌吐蕃文契约文书的资料价值》② 一文中，作者在比较了吐蕃统治时期和归义军时期的借贷契约的内容之后，认为标的物由吐蕃统治时期的粮食为主变为归义军时期纺织物的出现，反映了敦煌地区在归义军时期商业活动的恢复，同时，借贷契约的标的物、偿还时间等内容也反映了敦煌地区主要农作物、农业周期以及当地百姓的家计生活等社会经济问题。在契约的形式方面，《论敦煌西域出土古藏文契约文书的结构格式与语言风格》③ 一文将吐蕃文借贷契约分为无息借贷和质押借贷两类，分别系统地分析了它们的结构内容、文体格式和语言表达，并认为现今关于契约的大部分术语在这些文书中均已出现，作者认为这些文书的结构格式和语言风格反映出彼时的吐蕃文契约作为法律文书的专业性正逐渐走向成熟，且其同时兼具专业性、严谨性、民族性和地方性的特征。武内绍人在《敦煌西域古藏文契约文书中的印章》④ 中介绍了古藏文契约中存在的被用作个人确认方法的七种不同形式的印章和签名，它们在功能上并无差异，通常存在于契约文书的末尾，作为债务人、保人和见证人确认契约内容表示认同的凭证。《吐蕃契约文书之习惯法研究——以敦煌出土文书为中心》⑤ 认为生肖纪年和印章签名是吐蕃文契约的格式特征。在汉文和吐蕃文契约的比较研究方面，研究视角多从汉文契约对民族文契约的影响出发，佐证了学界吐蕃文契约受汉文契约影响的观点。侯文昌的《中古西域民族文契约之立契时间程式研究》⑥ 探讨了汉族历法对吐蕃文契约的影响；《藏族牧区债务清理习惯及其当代价值》⑦ 和《新疆发现契约文书与中古西域

---

① 王尧，陈践. 吐蕃简牍综录 [M]. 北京：文物出版社，1986：39.

② 侯文昌. 试析敦煌吐蕃文契约文书的资料价值 [J]. 齐齐哈尔师范高等专科学校学报，2013（6）：88-89.

③ 高莲芳，贡保扎西. 论敦煌西域出土古藏文契约文书的结构格式与语言风格 [J]. 西藏大学学报（社会科学版），2020（2）：11.

④ 武内绍人，杨铭，杨公卫. 敦煌西域古藏文契约文书中的印章 [J]. 魏晋南北朝隋唐史资料，2014（00）：264-272.

⑤ 韩树伟. 吐蕃契约文书之习惯法研究——以敦煌出土文书为中心 [J]. 西藏大学学报（社会科学版），2018，33（2）：75-81.

⑥ 侯文昌. 中古西域民族文契约之立契时间程式研究 [J]. 陇东学院学报，2019，30（1）：71-79.

⑦ 陈徐奉. 藏族牧区债务清理习惯及其当代价值 [J]. 中央民族大学学报（哲学社会科学版），2019，46（3）：67-76.

的契约实践》① 分别从法律和契约格式、程式两个角度探究了汉文契约对吐蕃文契约的影响。除了民间契约所反映的百姓间的经济生活秩序，吐蕃统治时期的敦煌佛寺也依然奉行唐人习惯，对这一现象的考证由王尧通过《从一张借契看宗教的社会作用——P. T. 1297（1）号敦煌吐蕃文书译解》② 和《敦煌吐蕃文书 P. T. 1297 号再释——兼谈敦煌地区佛教寺院在缓和社会矛盾中的作用》③ 两篇文章完成。

（三）小结

通过对国内外相关研究成果的梳理，我们可以看到，汉文借贷契约的研究成果在数量、深度和广度等方面都要超过吐蕃文借贷契约研究。造成这一现象的原因，一方面是吐蕃文文献主要为佛教文献，反映社会经济生活的文献在出土的吐蕃文文献中不仅占比低而且数量少，再具体到借贷契约，数量就更为稀少；另一方面则是由于历史原因和语言限制，国内对吐蕃文契约的研究起步较晚，而国外的研究方向则侧重于佛教类文献，主要涉及宗教学、语言学等领域。总的来说，造成这一现象的最主要的原因还是研究材料获取难度的限制。汉文与吐蕃文借贷契约文书研究的发展顺序大致相同，在基础研究阶段，均经历了整理、刊布、定名、断代、分类等步骤，在这之后，研究者们则是从经济史、社会史、法制史等不同领域进行推进，力图填补王侯将相之外，我国古代普通百姓的生活图景，以及进一步还原传世文献之下，唐代社会经济生活的真实面貌。

除了不同语种的契约研究成果的差异，国内外研究情况也存在不同。首先，国外，特别是西方国家学者的研究资料来源极少涉及我国的相关研究成果，导致部分研究存在片面性；其次，国外研究成果主要集中于契约的整理、刊布、分类等基础研究，相较于国内研究的发展速度，进展缓慢；最后，国外研究成果极少涉及对借贷活动，或者说高利贷的性质评价，而国内学者在这一方面至少有两种不同的主流观点，一种以唐耕耦为代表，对唐代的借贷活动，特别是高利贷持完全负面观点，这部分学者认为尽管民间借贷在一定程度上能够缓解小生产者的燃眉之急，但其本质依然是权贵地主阶级对小生产者的剥

---

① 刘文锁. 新疆发现契约文书与中古西域的契约实践 [J]. 西部蒙古论坛，2018（3）：11-21，126.

② 王尧. 从一张借契看宗教的社会作用——P. T. 1297（1）号敦煌吐蕃文书译解 [M] //王尧. 王尧藏学文集 4：敦煌吐蕃文书译释. 北京：中国藏学出版社，2012：67-75.

③ 王尧. 敦煌吐蕃文书 P. T. 1297 号再释——兼谈敦煌地区佛教寺院在缓和社会矛盾中的作用 [J]. 中国藏学，1998（1）：95-98.

削，最终致使小生产者破产直至失去人身自由，这同时也是对封建社会统治基础的破坏；另一种则以刘秋根①为代表，也是后来研究者们的主要观点，对高利贷的积极一面，即高利贷对商业、手工业等领域发展的促进作用加以认可，但同时也不否认其对小生产者残酷的一面，总体而言，这部分学者对唐代的借贷活动以及高利贷的评价更趋向于中性。

以往的研究在各自领域都取得了较大的进展，不过值得注意的是，以往的研究者已经将敦煌、吐鲁番乃至于阗、鄯善等来自不同地理空间的契约置于同一时间轴上作为一个整体进行研究，但这样的研究通常仅限于单一语种。敦煌、吐鲁番等地历来就是多民族交汇之地，仅在唐代，这些地区就相继出现汉文和吐蕃文两种主要语言，但少有研究者将这两个文种的契约收入同一时间轴进行整体研究，同时涉及汉文和吐蕃文契约的研究成果主要集中于不同文种契约间的比较研究，且研究视角多为汉文契约或汉文化对民族文契约的影响。产生这一现象的主要原因是吐蕃文契约主要出现在吐蕃政权统治敦煌的约 60 年中，学界普遍认为汉文化或者说是汉文化的影响力在这一时期出现了中断，并且吐蕃政权的相关法律制度远远落后于唐王朝，换句话说，吐蕃政权对敦煌和吐鲁番地区的统治带来的是两地制度、经济和文化的倒退，因此学者们在进行宏观性研究时，通常将两个文种的契约分离开来，更多地从社会文化和法律背景的角度分析两者的差异。然而，从制度演进的角度来看，正式制度或者说官方法律或许会随着政权的更迭而产生颠覆性的变化，但民间秩序在惯性的影响下究竟会受到何种程度的影响却是有待商榷的，更何况对于敦煌和吐鲁番地区来说，在归义军结束了吐蕃政权 60 余年统治之后，两地很快再次恢复唐制。因此本书将从私人借贷活动参与者的微观行为入手，将汉文和吐蕃文契约按时间顺序合并在一起，尝试从中归纳唐、吐蕃以及张氏归义军治下的敦煌和吐鲁番地区的私人借贷活动的民间秩序并对其效果进行分析。

四、研究思路与创新

（一）研究思路

本书在经济学、历史学、社会学、法学学科相关理论和研究方法的基础

---

① 刘秋根. 关于中国古代高利贷资本的历史作用——读《资本论》第三卷第五编 [J]. 史学月刊, 2000（3）: 12-18.

上，对唐代敦煌和吐鲁番地区的私人借贷活动的内容、特征进行梳理归纳，分析社会文化、宗教习俗、过往的法律法规对非正式制度形成与完善的影响。通过比较历史制度分析法对私人借贷活动中的个体行为进行分析，从而探究在正式制度与非正式制度基础上形成的私人借贷活动民间秩序的运作机制。本书遵循"论从史出，史论结合"的原则，所研究的内容主要分为三大部分：

（1）敦煌和吐鲁番地区的私人借贷活动在唐以前的发展情况，即第三章和第四章。第三章对敦煌地区出土的两汉时期的契约和吐鲁番地区出土的两晋至高昌国时期的借贷契约的主要内容进行梳理，并结合传世文献分析导致民间借贷活动发生的原因——供需矛盾；第四章以秦代和汉代的法律为基础，梳理唐以前各王朝对民间私人借贷活动的管理以及这些法律制度在唐代私人借贷活动中遗留的影响。

（2）以私人借贷民间秩序的形成和确立为线索，论述唐代敦煌和吐鲁番地区私人借贷民间秩序的运作机制，即第五章和第六章。第五章以唐代律令为中心，结合敦煌和吐鲁番地区出土私人借贷契约的相关内容分析律令对民间借贷活动的干预以及效果。律令对私人借贷活动的干预包括三个方面，首先是为官方干预私人借贷纠纷提供了基础条件，唐代的土地和户籍制度将百姓的常规活动区域限制在一定范围内，这就使得当借贷双方因产生纠纷而需要地方官府介入时，地方官府能够较为顺利地传唤当事人；其次是律令对借贷契约中债务人和债权人以外的参与人的责任划分带来的对私人借贷活动的间接干预；最后，也是最重要的部分，即律令通过明确债务人和债权人各自的权利、义务以及违令的惩罚，对私人借贷活动进行直接干预，而律令对民间借贷活动干预效果也主要在这一部分体现。通过对律令干预民间借贷活动效果的分析，我们可以发现，唐政府用以规范民间借贷活动的律令在内容和执行上存在着缺陷，因此，第五章的最后一部分将着重分析民间秩序是如何因为这些缺陷而形成的。

唐代敦煌和吐鲁番地区私人借贷的民间秩序并非完全意义上的非正式制度，它是以乡规俗约等非正式制度为基础，融合了以国家法律为代表的正式制度的部分内容而形成的。第六章首先梳理了私人借贷活动民间秩序的另一个重要组成部分——社会风俗中与激励债务人履约相关的内容，并以债务人的行为选择为中心，通过博弈分析说明民间秩序对债务人履约的激励作用。而后回到私人借贷契约以及借贷纠纷诉讼中，对比理论分析与实践的差异，由此引出民间秩序对唐代律令的另一重补充，即在契约执行过程中对于债权人行为的约束，正是这一约束在一定程度上保障了身为弱势一方的债务人的权益。

（3）对唐以后各王朝的私人借贷活动发展、变化的简要梳理，即第七章。

第七章主要以契约文本和对应朝代的法律为线索，梳理了唐代以后契约文本由完善走向简约的过程，与之相对应的是，宋、西夏、回鹘、元、明、清等各王朝和政权的法律条文中与借贷活动相关的内容逐渐增多并细化，而这样的变化符合马克思关于契约关系隶属于生产关系范畴的论述。

（二）创新与展望

本书以史料为基准，对唐代敦煌和吐鲁番地区私人借贷活动的民间秩序在履约保证方面发挥的作用进行了实证研究，丰富了以往的研究成果；从多学科相结合的视角，对唐代敦煌和吐鲁番地区私人借贷活动民间秩序的成因进行研究，得出了较为客观、全面的结论，对借贷活动中的社会道德和个人行为选择之间的关系进行了模型化处理，拓展了研究思路；通过系统总结非正式制度和正式制度在唐代敦煌和吐鲁番地区的私人借贷活动中的地位和作用，提炼并总结出了其中的积极因素和负面影响，为如何干预民间秩序，促进其向好的方面演变提供了另一种视角。

唐代的私人借贷契约及其所代表的民间秩序的完善性是中国古代私人借贷活动发展过程中的一个重要节点，本书基本完成了对这一时期民间秩序与国家法律的关系以及民间秩序的作用和效果的分析，笔者在今后的研究中将致力于探索中国古代私人借贷契约由完善到简约这一过程中的正式制度与非正式制度的变化，以及它们如何促成了契约形式的变化以及对履约机制的影响，从而对中国古代的民间私人借贷活动的变化和发展形成更深刻的认识。

第二章　私人借贷活动研究相关理论

本书对唐代敦煌和吐鲁番地区民间私人借贷活动的研究，从国家法律即律令（正式制度）和民间传统（非正式制度）两方面出发，主要涉及三个方面，即私人借贷活动的运行机制、影响因素以及唐代民间私人借贷活动的性质问题。故而所涉及的理论主要包括马克思信用理论、制度经济学中对制度的定义、制度的实施机制以及社会学中的差序格局理论。本章将结合后文研究的内容对上述理论进行梳理。

一、马克思信用理论

马克思关于信用理论的论述主要集中于《资本论》的第三卷中，以生息资本为核心进行阐发，主要包括资本主义生产中的信用、信用制度的二重性质以及生息资本在资本主义生产方式出现以前的状态。本书的研究对象是唐代敦煌和吐鲁番地区的私人借贷活动，一方面，研究离不开记录私人借贷活动的契约；另一方面，当时的私人借贷活动多为信用借贷，因此在对借贷的概念和借贷行为进行论述，特别是对唐代敦煌及吐鲁番地区的私人借贷活动的性质以及历史作用进行分析时，就需要借助马克思信用理论的相关论述。

首先，马克思引用了图克的关于"信用一般"的观点："信用，在它最简单的表现上，是一种适当的或不适当的信任，它使一个人把一定的资本额，以货币或以估计为一定货币价值的商品形式，委托给另一个人，这个资本额到期后一定要偿还。……这种信用通常立有文契，记载着确定的支付日期。"[1] 从中可以看出，信用表现为人与人之间的各种信任关系，它存在于借贷活动中，且有文契对约定进行记录。这里的文契或者说契约的重要内容包括记录双方约定的偿还日期。至于信用建立的基础，是个人所拥有的资本，马克思指出：

---

[1]　中央编译局 . 马克思恩格斯文集 7 · 资本论（第三卷）[M]. 北京：人民出版社，2009：452.

"一个人实际拥有的或公众认为他拥有的资本本身，只是成为信用这个上层建筑的基础。"① 在借贷关系中，债权人对债务人给予信任的基础是债务人所拥有的资本，或者说是债务人的偿付能力，但债务人所拥有的资本也只是双方能够建立起信任关系的一个方面。而图克的观点中提到的"货币"，马克思在1857—1858年的《政治经济学批判》手稿中有着其与价值、契约之间关系的更具体的论述："至于谈到货币作为始终不变的等价物，即作为价值本身，因而作为一切契约的材料，那么，表现货币的那种材料的价值的变动，必然会在异国的不同阶级之间引起一些巨大的革命。"② 这段话反映了两个观点，一是价值是契约的材料，换句话说，契约是劳务关系的价值表现；二是契约价值变动引发巨大革命的原因在于它是生产关系的具体表现形式，即契约是生产关系的载体或者说是表现。

其次，关于信用制度的二重性质，马克思指出："一方面，把资本主义生产的动力——用剥削他人劳动的办法来发财致富——发展成为最纯粹最巨大的赌博欺诈制度，并且使剥削社会财富的少数人的人数越来越少；另一方面，造成一种转到新生产方式的过渡形式。"③ 即信用制度一方面加速了生产力的发展和世界市场的形成，另一方面，也同时加速了资本主义经济危机的产生与爆发，进而促进了旧生产方式的瓦解与新生产方式的形成。尽管本书的研究对象存在的历史时期并未发生生产力的根本性变革，但唐代敦煌及吐鲁番地区的私人借贷活动中同样存在着剥削的现象，并且借贷双方之间也存在着动摇唐王朝统治的矛盾。

最后便是马克思在《资本论》第三卷中论述的资本主义生产方式出现以前的信用或者说是生息资本的状态。马克思将前资本主义社会的生息资本称作"高利贷资本"，《资本论》中对高利贷资本的探讨是作为资本主义生产方式起源的一部分出现的，马克思对高利贷资本的研究和论述主要集中于它的历史作用。

马克思按照放贷对象的不同，划分了高利贷资本的两种类型："第一是对那些大肆挥霍的显贵，主要是对地主放的高利贷；第二是对那些自己拥有

① 中央编译局. 马克思恩格斯文集7·资本论（第三卷）[M]. 北京：人民出版社，2009：498.

② 中央编译局. 马克思恩格斯全集（第46卷下）[M]. 北京：人民出版社，1980：332.

③ 中央编译局. 马克思恩格斯文集7·资本论（第三卷）[M]. 北京：人民出版社，2009：500.

劳动条件的小生产者放的高利贷。这种小生产者包括手工业者，但主要是农民。"① 本书所研究的私人借贷活动主要为第二类，即债务人主要为小农，但对于这两类放贷对象而言，高利贷资本都是具有剥削性质的。据此，高利贷资本的历史作用也包括两个方面："一方面，高利贷对于古代的和封建的财富，对于古代的和封建的所有制，发生破坏和解体的作用。另一方面，它又破坏和毁灭小农民和小市民的生产。……高利贷在生产资料分散的地方，把货币财产集中起来。"② 高利贷资本一方面破坏了封建社会的根基，另一方面使得分散的财富变得集中，为资本主义生产方式的形成做了准备。马克思将前资本主义时期的高利贷的作用总结为两点："第一，总的来说，它同商人财产并列形成独立的货币财产，第二，它把劳动条件据为己有，也就是说，使旧劳动条件的所有者破产，因此它对形成产业资本的前提是一个有力的杠杆。"③

不同于对于高利贷资本的双重性质的评价，马克思对于高利贷的历史作用的评价是消极的，甚至特别针对亚洲提出："在亚洲的各种形式下，高利贷能够长期延续，这除了造成经济的衰落和政治的腐败以外，没有造成别的结果。"④ 这是由于"高利贷有资本的剥削方式，但没有资本的生产方式。"⑤ "高利贷和商业一样，是剥削已有的生产方式，而不是创造这种生产方式，它是从外部和这种生产方式发生关系。高利贷力图直接维持这种生产方式，是为了不断重新对它进行剥削。"⑥

结合中国古代经济生活中高利贷活动的实际情况，国内也有学者在肯定中国古代的高利贷资本对小农经济的破坏以及在商业活动中的负面作用的同时，

---

① 中央编译局. 马克思恩格斯文集 7·资本论（第三卷）[M]. 北京：人民出版社，2009：672.

② 中央编译局. 马克思恩格斯文集 7·资本论（第三卷）[M]. 北京：人民出版社，2009：674.

③ 中央编译局. 马克思恩格斯文集 7·资本论（第三卷）[M]. 北京：人民出版社，2009：690.

④ 中央编译局. 马克思恩格斯文集 7·资本论（第三卷）[M]. 北京：人民出版社，2009：675.

⑤ 中央编译局. 马克思恩格斯文集 7·资本论（第三卷）[M]. 北京：人民出版社，2009：676.

⑥ 中央编译局. 马克思恩格斯文集 7·资本论（第三卷）[M]. 北京：人民出版社，2009：689.

指出高利贷资本在手工业、商业、矿业等领域中存在着一定的积极作用。① 同时，如果按照利息划分唐代敦煌及吐鲁番地区的民间私人借贷类型的话，其中除了高利贷，还有占比很高的无息借贷，它们在当时的社会经济生活中所发挥的作用也不尽相同。因此，对于唐代敦煌和吐鲁番地区的私人借贷活动性质的认识，不能片面地强调其积极或消极的一面，而是要回到历史场景中去分析不同类型的私人借贷所发挥的作用。

二、制度经济学

(一) 制度的定义

公认的制度经济学派（Neo Institutional Economics）创始人为美国经济学家凡勃伦。这一学派的思想基础为德国历史学派并在一定程度上受到了马克思主义学说的影响，其研究方法摒弃了古典经济理论的研究范式，将社会学、心理学等学科的分析方法引入经济分析。凡勃伦提出经济学的研究对象应当是制度，并且以 19 世纪职能心理学和社会达尔文主义为理论依据，来分析制度的性质、来源以及演进，其研究方法注重历史演进和整体主义。凡勃伦认为人的本能促成了他们的行为，长期的稳定行为形成了人的思维习惯，制度便是产生于人的思维习惯中。因此凡勃伦将制度定义为："个人或社会对有关的某些关系或者某些作用的一般思想习惯。"② 而一般思想习惯是经历过淘汰适应过程，在过去的渐进中形成的，于是，"制度是以往过程的产物，同过去的环境相适应，因此同现在的要求绝不会完全一致"③，故而制度也具有保守性，在无外部环境压迫的情况下，人们通常不会对现有的思想习惯作出主动改变。制度经济学的另一代表人物康芒斯则将制度解释为"集体行动控制个体行动"④，又将"集体"分为无组织的习俗和有组织的，包括家庭在内的"运行中的机

---

① 刘秋根．关于中国古代高利贷资本的历史作用——读《资本论》第三卷第五编 [J]．史学月刊，2000（3）：12-18.
② ［美］凡勃伦．有闲阶级论 [M]．蔡受百，译．北京：商务印书馆，2011：148.
③ ［美］凡勃伦．有闲阶级论 [M]．蔡受百，译．北京：商务印书馆，2011：149.
④ ［美］康芒斯著．制度经济学（上册）[M]．于树生，译．北京：商务印书馆，1997：87.

构"①，并且制度通过对个体行为的约束，达到有利于集体中其他个体的目的。同时，康芒斯又将集体行动控制个体行动的方式称为由集体制定和实施的"业务规则"②。不过，很显然，康芒斯对于制度的定义未能体现制度的来源。

由于制度经济学的观点和理论始终游离于主流经济学之外，加之自身的理论缺陷，最终被新制度经济学（New Institutional Economics）所取代。尽管科斯不承认新制度经济学与旧制度经济学之间存在任何理论上的渊源，③ 但两者同样以制度为研究对象，并且都对主流经济学中的"经济人"假设持批判态度。当然，两者最大的不同在于新制度经济学的研究方法继承了包括古典理论在内的主流经济学理论，并且从交易成本和费用等内生角度对制度的起源、构成和演变进行分析。

由于两个制度学派对主流经济学理论的接纳程度不同，两者在对制度的定义方面有着不同侧重点，如舒尔茨在将制度定义为"涉及社会、政治及经济行为的一种行为规则"④ 时，指出这一概念所阐释的制度是"为经济提供服务的制度"。将制度视作一套行为规则是新制度学派对制度定义的普遍共识，学者们在各自的论述中又对这一基础进行了各自的理解和补充。拉坦认为制度作为一套行为规则，"被用于支配特定的行为模式与相互关系"⑤，并且控制着资源的组织作为一个决策单位，也包含在制度当中。菲吕博顿对制度的定义朝着主流经济学的方向又迈进了一步，他将制度理解为"与具体行为集有关的规范体系"⑥。青木昌彦在诺思提出的"制度是一个社会的博弈规则，是塑

---

① ［美］康芒斯. 制度经济学（上册）［M］. 于树生，译. 北京：商务印书馆，1997：87.

② ［美］康芒斯. 制度经济学（上册）［M］. 于树生，译. 北京：商务印书馆，1997：88.

③ 卢现祥. 西方新制度经济学［M］. 北京：中国发展出版社，1996：3.

④ ［美］T. W. 舒尔茨. 制度与人的经济价值的不断提高［M］// ［美］科斯，阿尔钦，诺思，等. 财产权利与制度变迁：产权学派与新制度学派译文集. 刘守英，等，译. 上海：上海人民出版社，1994：253.

⑤ ［美］V. W. 拉坦. 诱致性制度变迁理论［M］// ［美］科斯，阿尔钦，诺思，等. 财产权利与制度变迁：产权学派与新制度学派译文集. 刘守英，等，译. 上海：上海人民出版社，1994：329.

⑥ ［美］埃瑞克·菲吕博顿，鲁道夫·瑞切特. 制度经济学：一个评价［M］// ［美］埃瑞克·菲吕博顿，鲁道夫·瑞切特. 新制度经济学. 孙经纬，译. 上海：上海财经大学出版社，1991：2.

造人际互动关系的人为约束"① 的基础上，做出了制度同时也是"博弈均衡"② 的补充。

除了制度的含义，新制度经济学对制度的构成、影响和特征也给出了见解。诺思认为制度是"规则、惯例、习俗和行为信念的混合物，它们一起构成了我们日常的行为选择方式，并决定了我们达到预期目标的路径"③，并且指出非正式约束（informal constraints）的构成包括习惯、习俗和行为信念，即制度由正式规则和非正式约束以及这两者的实施特征组成。④ 现在，非正式约束被定义为："在人们长期交往中无意识形成的，具有持久的生命力，并构成代代相传的文化的一部分，主要包括：价值信念、伦理规范、道德观念、风俗习性、意识形态等。"⑤ 正式规则或者说正式约束（formal constraints）被定义为："人们有意识创造的一系列政策法规，包括政治规则、经济规则和契约，以及由这一系列的规则构成的一种等级结构，从宪法到成文法和不成文法，到特殊的细则，最后到个别契约。"⑥

在制度的特征方面，凡勃伦曾提出制度是过往的产物，舒尔茨将这一特征概括为"滞后性"⑦；青木昌彦基于其对制度的定义提出作为博弈内生规则的制度具有双重性质，它"既是参与人持续不断的战略互动产物，同时又稳定地独立于个体参与人的行动选择"⑧，简言之，个体参与人能够从制度中获取相关信息，同时他们的行动也受到制度的制约。诺思所提出的制度的实施具有不完全性的特征："没有任何一套规则和非正式约束可以被完全实施，总存在

① D. C. North. Institutions, Institutional Change and Economic Performance ［M］. Cambridge：Cambridge University Press，1990：3.

② 青木昌彦. 沿着均衡点演进的制度变迁 ［M］// ［法］梅纳尔，等. 制度、契约与组织：从新制度经济学角度的透视. 刘刚，等，译. 北京：经济科学出版社，2003：22.

③ 诺思. 对制度的理解 ［M］// ［法］梅纳尔，等. 制度、契约与组织：从新制度经济学角度的透视. 刘刚，等，译. 北京：经济科学出版社，2003：15.

④ D. C. North. Institutional Change and Economic History ［J］. Journal of Institutional and Theoretical Economics（JITE），1989：238-245.

⑤ 卢现祥. 西方新制度经济学 ［M］. 北京：中国发展出版社，1996：21.

⑥ 卢现祥. 西方新制度经济学 ［M］. 北京：中国发展出版社，1996：24.

⑦ ［美］T. W. 舒尔茨. 制度与人的经济价值的不断提高 ［M］// ［美］科斯，阿尔钦，诺思，等. 财产权利与制度变迁：产权学派与新制度学派译文集. 刘守英，等，译. 上海：上海人民出版社，1994：260.

⑧ 青木昌彦. 沿着均衡点演进的制度变迁 ［M］// ［法］梅纳尔，等. 制度、契约与组织：从新制度经济学角度的透视. 刘刚，等，译. 北京：经济科学出版社，2003：25.

一个不完全的程度。"①

（二）制度的实施机制

除了在上一小节中被提到的正式约束和非正式约束，实施机制及有效性也是制度的重要组成部分。诺思认为有效且低成本的契约实施机制对社会经济的发展具有重要的影响，② 而满足上述两个条件的机制的特征便是自我实施。

自我实施在诺思论述非正式约束时就已作为其特征③被提及，而在现实的经济活动中，制度的存在是正式约束和非正式约束交织构成的，自我实施机制需要人为设计才能存在。随着契约理论的发展，自我实施机制成为了不完全契约理论中用于解决契约的不完全性带来的缺口所导致的机会主义行为的机制，是不完全契约治理手段中的市场机制之一。④ 与此同时，由于第三方干预下的契约的履行会带来更高的履约成本，因此设计一种可以排除第三方干预、仅依赖契约参与人的履约成本约束即可完成的机制也能极大降低交易成本。

上述需求注定了自我实施机制需要具有非第三方性、隐性契约以及市场依赖性等特征。并且，作为隐性契约，自我实施契约的表现形式不仅有书面的，还有口头的，其成立的基础为交易双方的共识。由于契约的订立与执行过程均排除了第三方干预，因此想要契约能够自我实施，就必须建立对机会主义行为的约束机制。首先，基于维持契约关系的基础是交易双方认为维持这一关系能够获得更大的收益，Telser 提出了不完全契约下的自我实施条件：交易结束时间或交易次数应具有不确定性，以及对可持续收益的预期的长期性。⑤ 其后，本杰明·克莱因对不完全契约的自我实施条件作了全面的讨论，第一，自我实施机制的前提条件是存在租金流，"当未来准租金流的贴现值大于从违反合同中可马上获得的短期收益时，如果面临交易关系行将终止的人希望得到这一未

① 诺思．对制度的理解［M］//［法］梅纳尔，等．制度、契约与组织：从新制度经济学角度的透视．刘刚，等，译．北京：经济科学出版社，2003：16.

② D. C. North. Institutions, Institutional Change and Economic Performance ［M］. Cambridge：Cambridge University Press，1990：54.

③ D. C. North. Institutions, Institutional Change and Economic Performance ［M］. Cambridge：Cambridge University Press，1990：41.

④ 杨宏力．本杰明·克莱因不完全契约理论述评［D］. 山东大学，2012.

⑤ L. G. Telser . A Theory of Self-enforcing Agreements ［J］. The Journal of Business，1980，53（1）：27-44.

来准租金流"①，由于违约成本大于违约收益，违约行为就不会发生；第二，违约行为的受害方，或者说被"敲竹杠"的一方有能力终止合约，② 如第一条所述，只有契约能够终止，断绝未来准租金流的这一威胁才能得到落实；第三，交易行为要频繁，这一条与 Telser 的交易次数的不确定性相对应；第四，契约条款要能够提供自我实施的履约范围；③ 第五，要有品牌资本作为保证，"品牌资本"的定义是"通过终止关系和传递关系破裂的信息到市场来使一个违反合同的交易者造成资本损失的数量"④。在此基础上，克劳德·梅那尔将不完全契约的自我实施条件进一步归纳为：环境条件相对稳定；交易频繁且交易特点为人所熟知；专用资产占比不高，终止契约较为容易。简言之，自我实施的契约的适用场景为通过市场进行的交易。⑤

上述不完全契约的自我实施条件也为声誉机制发挥作用提供了保证。自我实施契约是一种隐性契约，与显性契约不同，隐性契约得以发挥作用，倚仗的是声誉机制，以及维系声誉机制运转的私人惩罚机制。

声誉机制通过未来收益预期来约束交易者的行为。这一收益预期由交易者专用性投资收益的贴现值和声誉价值构成。在交易终止的威胁下，违约的一方将受到收益和成本两方面的私人惩罚。收益方面，他将失去交易者专用性投资收益；在成本方面，由于他的违约行为会被市场上的其他交易者获知，使得他的声誉价值降低，从而导致他要在未来市场上付出更高的交易成本。⑥ 这两部

① ［美］本杰明·克莱因. 自我实施合同［M］// ［美］埃瑞克·菲吕博顿，鲁道夫·瑞切特. 新制度经济学. 孙经纬，译. 上海：上海财经大学出版社，1991：108-119.

② ［美］本杰明·克莱因. 契约与激励：合同条款在确保契约履行中的作用［M］// ［瑞典］拉斯·沃因，汉斯·韦坎德. 契约经济学. 李胜风，译. 北京：经济科学出版社，1999：184-210.

③ ［美］本杰明·克莱因. 契约与激励：合同条款在确保契约履行中的作用［M］// ［瑞典］拉斯·沃因，汉斯·韦坎德. 契约经济学. 李胜风，译. 北京：经济科学出版社，1999：184-210.

④ ［美］本杰明·克莱因. 自我实施合同［M］// ［美］埃瑞克菲吕博顿，鲁道夫瑞切特. 新制度经济学. 孙经纬，译. 上海：上海财经大学出版社，1991：108-119.

⑤ ［法］克劳德·梅纳尔. 执行程序和治理结构：什么关系［M］// ［法］梅纳尔，等. 制度、契约与组织：从新制度经济学角度的透视. 刘刚，等，译. 北京：经济科学出版社，2003：283.

⑥ ［美］本杰明·克莱因. 契约与激励：契约条款在确保履约中的作用［M］// ［瑞典］拉斯·沃因，汉斯·韦坎德. 契约经济学. 李风圣，译. 北京：经济科学出版社，1999：193.

分构成了上文所提到的"品牌资本"，除了违约者在私人惩罚机制下的损失，品牌资本还是衡量交易者可靠性的参照物。交易者拥有的品牌资本越多，即交易者拥有的未来收益预期越高，意味着他在履约上越具有可靠性，从而契约自我实施的范围就越大。

尽管对自我实施契约研究的出发点是排除第三方对交易的干预，但不完全契约理论的研究者们也并没有完全否认第三方干预在交易中发挥的作用。尽管自我实施契约的订立是基于交易双方的合意，在理论上是公平、公正的，但仍不能排除其中存在着非自愿的情况，因此 Telser 也承认，在存在非自愿的情况下，引入第三方干预可以保护交易关系中弱势的一方。① 克莱因则认为事实上并不存在单一机制的契约："大多数实际契约安排包括明示的默认的实施机制的联合。"② 而契约的自我实施范围，也是由以法律条文为代表的显性契约与隐性契约共同划定的。③ 声誉作为约束行为主义的机制，其有效性是存在局限性的，声誉机制的有效性主要取决于"未来合作的价值；察觉机会主义行为的难度；察觉机会主义行为之后采取应对措施所花费的时间；潜在的交易伙伴观测到并将对方的机会主义行为公之于众的能力"④，因此，马斯腾认为，当声誉机制不能有效发挥作用时，交易者有更大的可能会求助于法庭的力量来维护自己的利益。

上述结论均以对现代市场和企业的研究为基础，不完全契约理论中的自我实施机制是第三方强制执行和声誉机制共同促成的，显性契约与隐性契约作为这两者的具体表现，它们的关系是互补的。张维迎认为，法律的效率是基于信誉存在的，同时，法律与信誉既相互补充，又可以相互替代。当人与人之间建立起高度的信任时，声誉机制便可以促使非正式合约自我执行，人际信任程度越高，法律在履约过程中的作用被信誉机制替代得就越多。因此，在传统社会中，隐性契约的作用远远超出了显性契约，本书所研究的唐代敦煌和吐鲁番地

①　L. G. Telser . A Theory of Self-enforcing Agreements ［J］. The Journal of Business，1980，53（1）：7-44.

②　Benjamin Klein. Transaction Cost Determinants of "Unfair" Contractual Arrangements ［J］. The American Economic Review，1980，70（2）：356-362.

③　Benjamin Klein. Why Hold-Ups Occur：The Self-Enforcing Range of Contractual Relationships ［J］. Economic Inquiry，Western Economic Association International，1996，34（3）：444-463.

④　［美］斯科特·马斯腾. 契约和组织案例研究 ［M］. 陈海威，李强，译. 北京：中国人民大学出版社，2005：16.

区正是处于这样的一种熟人间可以建立高度信任的传统社会。而信任的建立则"是一个制度问题"①。阿夫纳·格雷夫的比较历史制度分析涉及对制度的形成的研究，可以帮助我们探索唐代敦煌和吐鲁番地区私人间借贷行为中的履约问题。

(三) 自我实施机制中信任关系的建立

是阿弗纳·格雷夫在诺斯的制度分析理论基础上通过比较制度分析的实践，论证了历史经验归纳方法在经济研究和制度分析中的特殊重要性；提出了经验归纳研究阶段的两分法，即经验—假说—理论检验—经验证实，并进一步提出了"分析叙述"法，即在论述中将理论分析和事实描述相融合。以阿弗纳·格雷夫为代表的制度博弈理论的关注重点是人类经济关系中的"自我实施"问题，同时结合对历史事实的归纳，形成了比较历史制度分析方法。格雷夫在对中世纪马格里布商人联盟的自我实施制度的研究中，结合史实，几乎排除了第三方强制执行的影响，联盟在解决委托-代理问题时，仅仅依靠基于声誉的社群执行机制和多边惩罚策略，联盟内部纠纷几乎完全依靠联盟机制就可以得到解决。

在格雷夫看来，制度是内生的。考察制度的形成，必须考察身处某个组织中的个人是如何受到激励，并权衡各种因素继而选择某一行为的。而个体行为交汇的结果决定了经济绩效。也就是说，制度研究必须深入关注参与人遵守或违背制度行为背后的动机。

格雷夫将制度定义为"由共同产生某种行为秩序的各种社会因素构成的体制"②，其中，行为秩序是"处于特定社会地位的人们根据特定的社会情景采取或可能采取的行为"③。因此，对制度的考察，实际上是考察促使行为秩序产生的各种因素。

格雷夫认为制度因素是由"人为的非物质因素"④ 组成的，这些因素会影响人在某一社会情境中的行为，从而产生行为秩序。制度因素包括：宗教信

---

① 张维迎. 法律制度的信誉基础 [J]. 中国市场监管研究, 2016 (4)：3-13.

② [美] 阿夫纳·格雷夫. 大裂变——中世纪贸易制度比较和西方的兴起 [M]. 郑江淮，译. 北京：中信出版社，2008：282.

③ [美] 阿夫纳·格雷夫. 大裂变——中世纪贸易制度比较和西方的兴起 [M]. 郑江淮，译. 北京：中信出版社，2008：23.

④ [美] 阿夫纳·格雷夫. 大裂变——中世纪贸易制度比较和西方的兴起 [M]. 郑江淮，译. 北京：中信出版社，2008：22.

仰、内化的规范，以及对违反规则将受到惩罚的预期等。建立行为秩序意味着遵守规则，遵守规则这一行为产生的基础是相应的规则、信念和组织。它们在行为秩序的产生中起着不同的作用：规则"界定了规范性行为，提供了共有认知系统和信息集合，发挥了协调作用"①；信念提供遵守规则的激励；而组织负责产生和传播规则、使信念和规范持久化，以及影响可行行为信念集。制度因素是人为规定的，但对受其影响的个人而言，它们又是外生的。

行为秩序的最终形成是通过个人的社会化和社会规则的制度化实现的。个体的社会化是一个学习的过程，使信念、规则完成了内化，个体通过社会化获得组织中其他成员行为选择的初始主观信念的范围，使得每个完成社会化的个体都能对他人的行为做出预测。在博弈论框架下，这一过程可以解释为：如果每个参与人的初始主观信念是对每个事件在博弈中肯定会发生赋予一个正概率，最终通过学习，每个参与人都能预测到其他人的行为。更进一步讲，这些参与人在有限次博弈中会趋于一致，从而在真实博弈中达到一个纳什均衡。②社会规则提供了博弈规则，以及帮助组织中的个人形成他人将采取何种行动的信念。在参与人是主观理性的假设下，参与人只要尽可能正确地接受与社会规则相联系的行为，并基于其私有知识和信息作出反应，行为秩序便形成了。这种能产生行为秩序的社会规则便是制度化的规则。

制度化的规则同时具有规定性和描述性，当与制度化规则相联系的行为变成常规、习惯及被视为理所当然的时候，制度化就完成了。当制度化规则服务于特定社会单位（父母、国家、教会、牧师、首席执行官）的利益时，他们将努力去传播这些规则。③

制度化的规则和与之相联系的信念构成了一种均衡。制度化规则通过汇集、传播私有信息和知识以及为每个当事人做出以信息为基础的决策提供一个充分统计量，来引导人们达成均衡结果。参与人由此形成了关于他人行为和自身最优行动选择的信念，且无论这个参与人是否形成了完备的认知模式或具备找到均衡解的必要的计算能力，他都会发现遵守这些规则是他的最优行为选择。至此，自我实施的制度正式产生。

---

① ［美］阿夫纳·格雷夫. 大裂变——中世纪贸易制度比较和西方的兴起［M］. 郑江淮，译. 北京：中信出版社，2008：25.

② ［美］阿夫纳·格雷夫. 大裂变——中世纪贸易制度比较和西方的兴起［M］. 郑江淮，译. 北京：中信出版社，2008：94.

③ ［美］阿夫纳·格雷夫. 大裂变——中世纪贸易制度比较和西方的兴起［M］. 郑江淮，译. 北京：中信出版社，2008：97.

博弈论分析反映了每个个体对由社会规则创造的、关于他人将如何行动的共有信念的反应，将共有信念集限定在一个均衡上。① 博弈论分析揭示了在制度产生行为的情形中，社会规则给参与者提供了共同的认知模式、信息和协调，使得每个人都能形成关于他人行为的信念。它将那些能广泛流行的规则限定在能自我实施的水平上。其中，每个人都会与其他人一道遵守这些规则，并发现遵守这些规则是最优的选择。② 但在现实中，仍然会出现背离预期的行为，博弈论分析认为一种制度在阻止背离行为上越有效，人们越有可能认为各种规则会出现在非均衡路径上，即在"准制度化"情形中，人们无法对偏离均衡路径的行为形成一致的预期。均衡行为仍然是自我实施和不断再生的，每个人的最优反应是采取符合人们预期的行为。③

在上述关于自我实施机制的理论中，以自我实施为基础的活动，其开端为交易双方的信任，因此，上述理论对自我实施机制的研究实际上也是对如何建立信任关系的研究。不完全契约理论依赖自由市场，尽管也存在声誉机制和私人惩罚，但核心是以经济惩罚为手段震慑违约者，使违约者在以后的交易中的成本上升，交易双方因可以预见这样的结果，因而选择保持诚信，从而得以建立信任关系；比较历史制度分析的声誉机制和私人惩罚则是基于交易双方处于同一个封闭的社群，违约者除了受到未来预期收益的损失，更严重的惩罚则是他们将会因为违约行为而遭到社群排除，比起单纯的经济损失，这一惩罚具有更大的威慑力，因此比起自由市场，在马格里布商人联盟这一相对封闭社群中，违约成本更高，信任的建立也就更加容易。而这样一个成员间信息交流畅通的社群不仅仅可以存在于高度活跃的市场中。

三、乡土社会的自我实施基础

中华文明的基础是农耕文明，在这样的基础上，自然也就产生了不同于西方国家的社会结构。费孝通在《江村经济》《乡土中国》《生育制度》等一系列著作中对中国的乡土社会结构以及人们的行为模式做出了规律性的总结，其

---

① ［美］阿夫纳·格雷夫. 大裂变——中世纪贸易制度比较和西方的兴起［M］. 郑江淮，译. 北京：中信出版社，2008：96.

② ［美］阿夫纳·格雷夫. 大裂变——中世纪贸易制度比较和西方的兴起［M］. 郑江淮，译. 北京：中信出版社，2008：98.

③ ［美］阿夫纳·格雷夫. 大裂变——中世纪贸易制度比较和西方的兴起［M］. 郑江淮，译. 北京：中信出版社，2008：101.

中阐述乡土社会基层社会结构的"差序格局"和维系基层社会运转的"礼治秩序"对本书的研究有重要的启示作用。

（一）差序格局

差序格局是对人际关系的一种描述，它的基础是血缘。普通百姓日常间的交往就是以血缘为起点的："血缘关系不仅是农民生产、生活的纽带，也是人际关系的基本格局。"① 血缘也是人际关系建立的其中一条线索，另一条线索则是地缘关系，在乡土社会中，人们的交往范围以远亲和近邻为主，② 可见人际交往是以血缘关系为主，以地缘关系为辅的。也正是由于这样的原因，乡土社会的人际关系是"由'己'这个中心推出去的社会势力里的圈层"③，在不同的圈层，人际交往的所遵循的原则是不同的，乃至道德和法律也"因亲疏关系而具有伸缩性"④。

这些以个人为中心的大大小小的圈层里。以此为基础形成了大小不同的社群。处于同一社群中的人具有"生活上互相合作"且频繁见面⑤的特征，其中，家庭是"乡土社会中的基本社群"⑥。这里所说的"家庭"实际上是成员间血缘关系最为紧密一种，因为在费孝通看来，乡土社会中的家"没有严格的团体界限"⑦，它可以根据需要，顺着血亲、姻亲等亲属差序向外扩大。因此，家庭也并非纯粹的血缘概念，它本身同时又是一个事业组织，家的大小，或者说人际交往的范围，本质是由事业的规模来决定的。⑧

因此，差序格局下的人际关系呈现出的是向外延伸的网络："在差序格局中，社会关系是逐渐从一个一个人推出去的，是私人联系的增加，社会范围是一根根私人联系所构成的网络。"⑨ 对于这个网络的理解学界有不同的观点，其中阎云翔认为，差序格局是由横向的以自我为中心扩展开来的"差"和纵

① 费孝通. 乡土中国·生育制度·乡土重建 [M]. 北京：商务印书馆，2011：77.
② 费孝通. 乡土中国·生育制度·乡土重建 [M]. 北京：商务印书馆，2011：110.
③ 费孝通. 乡土中国·生育制度·乡土重建 [M]. 北京：商务印书馆，2011：31.
④ 费孝通. 乡土中国·生育制度·乡土重建 [M]. 北京：商务印书馆，2011：38.
⑤ 费孝通. 乡土中国·生育制度·乡土重建 [M]. 北京：商务印书馆，2011：14.
⑥ 费孝通. 乡土中国·生育制度·乡土重建 [M]. 北京：商务印书馆，2011：41.
⑦ 费孝通. 乡土中国·生育制度·乡土重建 [M]. 北京：商务印书馆，2011：42.
⑧ 费孝通. 乡土中国·生育制度·乡土重建 [M]. 北京：商务印书馆，2011：40-46.
⑨ 费孝通. 乡土中国·生育制度·乡土重建 [M]. 北京：商务印书馆，2011：32.

向的社会阶级所构成的"序"这两个维度组成的立体结构;① 但其中存在一个无法解释的部分,即纵向结构,也就是社会等级,是不可能以个人为中心展开的。② 针对这一问题,廉如鉴认为是费孝通在论述中出现了"名实分离"的问题,将对社会关系的描述称为对社会结构的论述,即差序格局本就只有横向的社会关系,不存在纵向的社会等级。③ 而阎云翔和沈毅④则认为应当从"人伦"的角度来理解差序格局。费孝通在《乡土中国》中也援引《礼记》中鬼神、君臣、父子、贵贱、亲疏、爵赏、夫妇、政事、长幼、上下"十伦"来解释"差序"⑤。除了体现等差的人伦,费孝通在《江村经济》中还提到了人们日常交往中"便来来往往,永不清账"⑥ 的人情,换句话说,差序格局中包含着两种人际关系,一是上下尊卑的严格等差关系,另一种是人情关系。鄢德奎认为,正是人情的亏欠确立了人们对亲疏远近的定义。⑦

简言之,在民间的经济互动中,差序格局决定了人们会依据血缘、地缘的亲疏远近采取不同的应对方式。

(二) 礼治秩序

费孝通提出的"礼治秩序"是以儒家文化为基础形成的民间秩序,这一秩序具有传承性,在不断完善的过程中,发展成为受到普遍认可的社会道德。《乡土中国》中对社会道德是这样论述的:"道德是社会对个人行为的制裁力,使他们合于规定下的形式行事,用以维持该社会的生存和延续。"⑧ 道德的制裁力促使外在的礼治规范内化为个人的道德理性,⑨ 而这种制裁力发挥作用的

① 阎云翔. 差序格局与中国文化的等级观 [J]. 社会学研究, 2006 (4): 13.
② 翟学伟. 再论"差序格局"的贡献、局限与理论遗产 [J]. 中国社会科学, 2009 (3).
③ 廉如鉴. "差序格局"概念中三个有待澄清的疑问 [J]. 开放时代, 2010 (7): 12.
④ 沈毅. "差序格局"的不同阐释与再定位——"义""利"混合之"人情"实践 [J]. 开放时代, 2007 (4): 11.
⑤ 费孝通. 乡土中国·生育制度·乡土重建 [M]. 北京: 商务印书馆, 2011: 29.
⑥ 费孝通. 江村经济 [M]. 南京: 江苏人民出版社, 1986: 32.
⑦ 鄢德奎. 国家法在乡土社会的尴尬处境 [J]. 法制与社会, 2014 (9).
⑧ 费孝通. 乡土中国·生育制度·乡土重建 [M]. 北京: 商务印书馆, 2011: 33.
⑨ 卜玥, 何健. 费孝通《礼治秩序》中礼的含义辨析 [J]. 文学教育, 2017 (6): 2.

环境是"私人群系"①，如前文所述，私人群系的成员包括以血缘为纽带的亲属和以地缘为基础的友邻，这个人与人之间互相熟识的环境，也就是我们常说的熟人社会。

格雷夫所研究的马格里布商人联盟内部，本质上也是这样一个熟人社会，只不过它的组织性更强，当出现违背联盟秩序的成员时，其他成员能够统一对其施加私人惩罚。唐代敦煌和吐鲁番地区的私人借贷活动的发生是分散，应对违约事件的组织和行动力虽然不及商业联盟高效，但这并不意味着他们就没有建立良好声誉的动机。《中国传统社会中的文化与信任——一个进化博弈的视角》② 一文同样是基于经济收益和惩罚的角度分析了中国传统社会中的成员构建个人声誉的内在动因；而《费孝通乡土交往思想伦理研究》③ 则从地缘和文化角度提出了熟人信任产生的原因，同一地区相同的风俗习惯引发人们相似的偏好，相似的偏好导致了类似的文化心理。仁、义、礼、智、信是为儒家文化中的五常，它们在唐代时，早已融入了敦煌、吐鲁番两地的社会道德，并成为个人道德准则，因此，即便抛开经济激励，人们也会倾向于遵守诚信这一秩序。然而需要注意的是，地方上形成的社会秩序并不会完全与国家利益保持一致，鄢德奎认为差序格局下的秩序强调的是义务本位，重在忍让和以和为贵，在这样的社会环境里，如现代社会一般强调个人权利会被认为破坏了"规矩"，而遭到当地其他成员的排挤。因此礼治秩序越是根深蒂固、越是有执行力的地方，国家法越难以树立起应有的权威，进而遭到消解。④ 这一点在后文将论述的私人借贷契约条款与国家律令的冲突中有所体现。

---

① 费孝通. 乡土中国·生育制度·乡土重建 ［M］. 北京：商务印书馆，2011：32.

② 何立华. 中国传统社会中的文化与信任——一个进化博弈的视角 ［J］. 山东理工大学学报（社会科学版），2010（6）：7.

③ 匡艳. 费孝通乡土交往思想伦理研究 ［D］. 南华大学，2014.

④ 鄢德奎. 国家法在乡土社会的尴尬处境 ［J］. 法制与社会，2014（9）.

第三章　敦煌和吐鲁番地区的
私人借贷活动概述

本章将从三个方面阐述唐代敦煌和吐鲁番地区民间私人借贷活动的背景。首先是敦煌和吐鲁番地区的历史沿革，从政治、经济、文化等方面论述两地长期以来受到的汉文化的影响；第二部分为唐以前敦煌和吐鲁番地区的私人借贷活动，这一部分以两地出土的各类契约为基础，梳理了唐以前民间契约在内容和格式上的发展与变化，特别是借贷契约内容与格式的逐步完善，这反映出两地的私人借贷活动民间规则的逐步完善，为唐代成为契约发展史中的完善阶段奠定了基础；最后是以传世文献和出土文献相结合的方式论述唐代敦煌和吐鲁番地区民间对私人借贷的需求和供给的动机，以此阐明私人借贷活动在唐代敦煌和吐鲁番地区的社会经济生活中的重要作用。

一、敦煌和吐鲁番地区的历史沿革

(一) 敦煌地区

敦煌位于河西走廊西端，今天的甘肃省西部偏南。在古代，敦煌地区是中原前往西域的必经之路，因其重要的交通位置，裴矩在《西域图记》的序中称敦煌为"咽喉之地"①。因此，敦煌在历史上不仅是各个政权的争夺之地，也是中原历代王朝经营西域的基地。

中原王朝对敦煌地区的经营始于汉代。在此之前，塞种胡人、乌孙人和月氏人曾先后在敦煌地区生活。② 汉初，匈奴击败月氏，并将其残部逐出河西，匈奴单于命其下属浑邪王驻牧敦煌一带，是为河西匈奴。汉武帝元狩二年（前121）霍去病率军击败河西匈奴，河西走廊第一次归入中原王朝版图。汉

---

① （唐）魏征. 隋书 [M]. 北京：中华书局，2000：1062.
② 齐陈骏. 敦煌沿革与人口 [J]. 敦煌学辑刊，1980 (1)：9.

武帝在河西地区设置了武威、酒泉二郡，其时敦煌地区的管辖权归属于酒泉郡。元鼎六年（前 111 年），又"分武威、酒泉地置张掖、敦煌郡"①，敦煌正式被命名。随后，汉朝在敦煌郡北部修筑与酒泉相连的长城，西面建阳关和玉门关，关外联通西域，两关之间有长城和烽燧相连。边防军事设施的建立使得敦煌成为中原通往西域的门户和边防军事重镇。东汉时期，敦煌的战略地位进一步提高，成为中原王朝统摄西域的军政中心。

汉王朝接管河西地区后，除了戍卒，汉武帝还多次从内地移民充实敦煌郡，这些移民和戍卒主要由汉人构成。在西汉时期，汉族便已成为敦煌地区的主体民族。②为配合移民和戍卒的屯田活动，汉王朝在敦煌地区大力兴修水利，使敦煌的产业类型从以游牧为主，转变为以农耕为主兼顾畜牧业。经过两百多年的经营，到了东汉时期，来自中原的家族已能在敦煌立足，以儒家经典为主的汉文典籍开始在这里传播。东汉末年的战乱时期，敦煌亦是在当地大族的控制下保持了社会的相对稳定。曹魏时期，历任敦煌太守继续推行西汉以来的屯田戍守政策，限制豪强兼并土地；反对歧视境内少数民族，鼓励胡汉通婚；减免刑罚、徭役，鼓励垦荒；保护商人，使敦煌成为胡汉交往的商业城市；改进农具和耕作方法。在历代中原政权的不懈地经营下，敦煌发展成为丝绸之路上一处重要的商业城市和粮食生产基地。

到了十六国时期，由于中原地区战乱频仍，而此时处于前凉政权统治下的河西地区局势相对稳定，中原地区不堪战乱侵扰的百姓举家迁徙至此，出现了一轮"中州避难来者，日月相继"③的人口迁移高峰。在整个十六国时期，敦煌相继被前凉、前秦、后凉、北凉、西凉等政权占据，中原百姓的迁入也一直持续，随着中原人口迁徙而来的，还有中原的文化传统，诸多因战乱而在中原地区失传的典籍、学说在敦煌得以保留。南北朝时期，敦煌归属北魏。这一时期的敦煌除了作为各个势力向西域扩张的基地，也是北方政权抵御西北游牧民族入侵的军事前沿。

隋唐以前，敦煌地区的名称以及行政区划随着统治该地的各个政权的更迭而历经变迁，至大业三年（607 年），隋王朝将前代被前代称为"瓜州"的敦煌地区恢复了旧称"敦煌郡"，领敦煌、常乐、玉门三县。唐武德二年（619年）敦煌地区复名瓜州，五年（622 年）以后，改名西沙州，贞观七年（633

---

① （汉）班固．汉书［M］．（唐）颜师古，注．北京：中华书局，2000：134.

② 季羡林．敦煌学大辞典［M］．上海：上海辞书出版社，1998：1.

③ （唐）房玄龄，等．晋书［M］．北京：中华书局，2000：1483.

年）定名沙州。天宝元年（742年）至至德二年（757年）称敦煌郡，唐肃宗继位后，改郡为州，仍称沙州。唐代的敦煌地区（沙州）隶属于河西道，治所为敦煌县，下辖敦煌、寿昌两县。由于敦煌地区是丝绸之路上的交通要道，因此当地的人口构成除了本地军民，还有往来不绝的各族商人。敦煌西北长城烽燧遗址出土的粟特文书信显示，西晋时期居住在敦煌的以经商为业的粟特人即有百家之多。① 在唐代，敦煌更是出现了粟特人的聚落——从化乡。粟特人在这里定居生活，与汉人通婚并逐渐汉化，② 沙州地方政府也为这些定居的粟特人建立了户籍，③ 他们与当地汉族居民一样被授予土地、承担赋税、徭役等。除了粟特人，唐代敦煌地区还活跃着吐谷浑、吐蕃和回鹘人。

唐前期，敦煌继续作为王朝经营西域的基地，军事防卫力量得到加强。此时的敦煌地区拥有健全的县、乡、里等各级行政机构，实行严密的编户制度，推行均田制。据《沙州都督府图经》记载，唐前期敦煌又一次进行了大规模的水利设施建设与维护，形成了较为完备的绿洲灌溉体系，使敦煌的耕地面积得到扩大，当地农业得到了进一步的发展，使得敦煌地区"州城四面水渠，侧流觞曲水，花草果园，豪族士流，家家自足。土不生棘，鸟则无鸮"④，粮食生产自给有余，乃至能够供应军需。

这一时期，稳定的社会环境和繁荣的经济发展状况，也使得敦煌的东西方交往门户作用得到进一步的强化。西域诸国的使者、求法弘道的僧侣、来自各国的商人等形形色色的人群不断穿梭往来于敦煌。东西方文明因此在敦煌汇集交流。与此同时，汉文化在此地依然占据主导地位。从内地前来或途经敦煌的人们不断将中原文化带到敦煌，使敦煌在汉文化的发展方面始终与中原保持着相同的步调。且当时的敦煌地区除了州县两级的官学，还存在着诸多私学，这些学校教授的内容均为以儒家经典为主的汉文典籍。⑤ 唐代各地官学所使用的教材基本一致，据《唐六典·国子监》记载，这些典籍包括："《周易》，郑玄、王弼注；《尚书》，孔安国、郑玄注；《三礼》《毛诗》，郑玄注；《左传》，服虔、杜预注；《公羊》，何休注；《谷梁》，范宁注；《论语》，郑玄、何晏

① 季羡林. 敦煌学大辞典［M］. 上海：上海辞书出版社，1998：2.

② ［日］池田温. 八世纪中叶敦煌的粟特人聚落［M］//［日］池田温. 唐研究论文选集. 孙晓琳，等，译. 北京：中国社会科学出版社，1999：3-67.

③ 陈国灿，刘珠还. 唐五代敦煌县乡里制的演变［J］. 敦煌研究，1989（3）：13.

④ 唐耕耦，陆宏基. 敦煌社会经济文献真迹释录（第一辑）［M］. 北京：书目文献出版社，1986：3.

⑤ 季羡林. 敦煌学大辞典［M］. 上海：上海辞书出版社，1998：4.

注;《孝经》《老子》,并开元《御注》"①,以及孔安国、郑玄所注的《孝经》与河上公所注的《老子》等。私学作为对官学的补充,主要负责启蒙教育,私学的类型包括家学、义学、寺学等。私学的内容较官学更为丰富,除了儒家经典,还包括诸子百家学说以及实用性较强的军事技能、算学等。② 有考古证据表明,儒家文化在敦煌地区持续传播和发展的同时,至迟在晋代,道教已经开始在敦煌流行,而佛教也通过丝绸之路传到敦煌。③ 特别是佛教,在唐代的敦煌地区拥有着绝对的影响力,信众遍布社会各个阶层,几乎称得上是全民信佛。④ 除了佛教和道教,祆教也随着粟特人的活动进入敦煌,且随着粟特聚落的形成,在敦煌地区也曾兴盛一时。⑤ 可以说,唐治下的敦煌地区,在政治、经济和文化上都遵循中原地区的汉文化传统,但因其地处东西方文化交汇之地,对外来文化和宗教也呈现出包容、融合的态度。

贞元二年(786年)吐蕃占领敦煌(另有建中二年,即781年;贞元元年,即785年;贞元三年,即787年等说法⑥)。敦煌守军及百姓在初时固守城池,对围困他们的吐蕃军队进行了顽强的抵抗,最终因为军备不足、粮草耗尽,沙州(敦煌)守将最终以"苟毋徙佗境,请以城降"⑦ 的条件开城投降,敦煌由此进入了长达半个多世纪的吐蕃统治时期。在这一时期,吐蕃废除了唐朝治理基层的乡里制,基层行政单位由乡、里改为部落。沙州守将要求吐蕃政权不得强迫该地区百姓外迁的开城条件,使得当地的民族构成并未发生重大改变,汉族仍是当地的主体民族,因此吐蕃在敦煌地区先后建立了三个汉人部落对当地进行管理。大约在唐元和十五年(820年)时,吐蕃在敦煌地区新置两个汉人部落——悉董萨(契约文书中亦作"思董萨")、阿骨萨(亦作"曷骨萨"),后又增添悉宁宗部落,这三个汉人部落统称沙州三部落,部落行政长官部落使均由汉人担任,这三个汉人部落取代了原来的擘三部落、上部落、中元部落、下部落等对沙州百姓实施的军事管理。在沙州三部落建立之前,出土文书显示,敦煌地区还存在着行人部落、丝绵部落、僧尼部落、道门

---

① (唐)李林甫,等. 唐六典 [M]. 陈仲夫,点校. 北京:中华书局,1992:558.

② 黄雷. 唐代敦煌的教育研究 [D]. 兰州大学,2016.

③ 季羡林. 敦煌学大辞典 [M]. 上海:上海辞书出版社,1998:3.

④ 李正宇. 敦煌佛教研究的得失 [J]. 南京师大学报(社会科学版),2008 (5):7.

⑤ 荣新江. 北朝隋唐粟特人之迁徙及其聚落 [M] //荣新江. 中古中国与外来文明. 北京:三联出版社,2001:68-74.

⑥ 季羡林. 敦煌学大辞典 [M]. 上海:上海辞书出版社,1998:369.

⑦ (宋)欧阳修,宋祁. 新唐书 [M]. 北京:中华书局,2000:4642.

表亲部落等由职业集团形成的部落。

吐蕃治下的敦煌地区，不仅基层行政制度，社会风俗与经济制度也发生了巨大改变，"州人皆胡服臣虏"①，居留敦煌的民众不得不在吐蕃统治者的新政策下继续生活。首先是税制的改变，吐蕃推行计口授田制度，主要内容是按地亩收地子和按户口征收突税，新的赋税制度较之唐政府的税制而言十分苛刻；其次，废除唐朝货币，实行物物交换；最后是改变社会习俗，如强制百姓穿胡服改辫发、推行吐蕃语、废唐朝年号改用地支纪年等。由于这些强制政策，特别是对社会风俗的改易遭到当地百姓的激烈反对，吐蕃政权一方面在军事镇压的同时，结合任用汉人官员的方法缓和民族矛盾，另一方面大力扶持佛教，强化僧官制度，借助宗教的教义以及影响力维持社会稳定。在初唐时期，统治者为提高道教的地位而贬抑佛教，因此佛教在唐初期的发展较为平缓，但受历史惯性的影响，佛教在敦煌地区也拥有广泛的社会基础。在吐蕃政权的大力扶持下，敦煌的寺院获得了大量土地与依附人口，其影响力在百姓中迅速扩大。与此同时，原有的官学被废除，为了填补缺口，依托于寺院存在的寺学得到迅速发展并取代了官学原来的地位。在吐蕃政权扶持佛教、寺院的影响下，寺学成为了一种特殊的官学，寺学中所教授的内容也不仅仅局限于佛教经典，还包括蒙学、儒学以及医学等世俗内容，② 寺学教育内容的世俗化，也在另一层面上扩大了寺院在民间社会生活中的影响力。佛教对世俗生活的影响随着吐蕃政权的扶持，逐渐渗透到敦煌地区的政治、经济、文化等各个领域，不但在各类宗教中取得了独尊的地位，也形成了一股不可小觑的政治势力。

会昌二年（842 年）吐蕃因继承问题发生内乱，凤翔、泾原、灵武、邠宁以及山西道等地的节度使借此机会开始收复被吐蕃占领的土地。大中二年（848 年）沙州张议潮率领州民驱走吐蕃军，收复瓜州、沙州、伊州、肃州、甘州等十一州，敦煌实际上开始了由归义军统治的时期，社会制度逐渐恢复唐制。大中五年（851 年）唐宣宗正式将归义军安置于沙州，张议潮受封为归义军节度使，③ 敦煌地区被正式纳入归义军的管辖范围，直至唐朝灭亡，敦煌地区都一直处于张氏归义军的统治之下。

归义军统治时期，敦煌地区全面恢复唐制。归义军政权对人口和土地重新进行了统计并登记，而后按照唐制编制新的户籍、制定新的税赋政策；恢复汉

---

① （宋）欧阳修，宋祁. 新唐书 [M]. 北京：中华书局，2000：4642.
② 黄雷. 唐代敦煌的教育研究 [D]. 兰州大学，2016.
③ 季羡林. 敦煌学大辞典 [M]. 上海：上海辞书出版社，1998：295.

俗并推行汉化，将少数民族中的汉化者编入乡、里，与汉人杂居，同时，为了维护新生政权的稳定，归义军政权对吐蕃化程度较深的居民采取了部分沿用吐蕃旧制进行管理的措施，并吸纳在少数民族中具有影响力的人参与政务；为了强化政权的影响力，归义军政府采取措施逐步削弱僧官权力、限制寺院依附人口的发展等方式，使佛教势力逐渐转向依附于世俗政权。最终，在吐蕃统治时期盛极一时的寺院经济逐渐衰落，不过作为宗教，佛教在敦煌地区仍然有着深远而持久的影响力。

（二）吐鲁番地区

吐鲁番地区，唐代为西州辖境，位于敦煌西北，与敦煌相距一千一百里①，同样是丝绸之路上的交通重镇，是中原通往西域的三条路线起点之一，与伊吾、和鄯善"并西域之门户也"②。由于其重要的交通位置，吐鲁番地区长期处于各方势力的争夺之中，与敦煌地区相比，吐鲁番地区受汉文化影响的时间较短。唐王朝在此设西州之前，吐鲁番地区经历了高昌壁、高昌郡和高昌国三个时期。

高昌壁时期对应中原王朝的两汉魏晋时期，此时的吐鲁番地区为屯田区，高昌壁正是当时的屯点地点，而吐鲁番地区的农业发展正是始于与军事行动相配合的屯田。孟宪实将这一时期的吐鲁番地区的战略地位归纳为"中原政权经营西域的前哨站"③。高昌壁的屯田历史始于匈奴，匈奴安置在此屯田的人口多为掳掠而来的汉人。公元前48年，高昌成为西汉在西域的屯垦基地之一，始于西汉宣帝时期的屯田政策，使得以兵卒及其家眷为主的汉人不断来到吐鲁番地区，并在此定居、繁衍，《魏书·高昌传》载"国有八城，皆有华人"且为"汉魏遗黎"④，可见汉魏时期中原移民在吐鲁番地区的人口之多、分布之广。屯田部队不仅从中原地区带来了先进的生产技术和工具，还促成了吐鲁番地区兴修水利设施的第一次高峰。⑤尽管此后由于战乱，由中原王朝主导的屯田活动时断时续，但吐鲁番地区的农业传统始终不曾断绝，且唐王朝在此设立西州以后，又迎来了一次水利建设的高峰。除了常规的粮食作物，吐鲁番地区

---

① 季羡林. 敦煌学大辞典［M］. 上海：上海辞书出版社，1998：298.
② （唐）魏征. 隋书［M］. 北京：中华书局，2000：1062.
③ 孟宪实. 汉唐文化与高昌历史［M］. 济南：齐鲁书社，2004：1.
④ （北齐）魏收. 魏书［M］. 北京：中华书局，2000：1517-1518.
⑤ 潘仁源. 简明新疆屯垦史［M］. 乌鲁木齐：新疆人民出版社，2009：9.

还以经济作物葡萄闻名。与敦煌相似，畜牧业也是吐鲁番地区的基础产业之一。吐鲁番地区的畜牧业有官营和私营两套体系，以舍饲为主，并形成了一套完整的繁育、饲养、防病体系。

西晋以后，中原地区频繁的战乱致使大批汉族移民前往河西、凉州等地避难。《晋书》记载"天下方乱，避难之国唯凉土耳。"① 十六国时期，中原地区的战火蔓延至河西、凉州，两地居民只得再次西迁，进而来到吐鲁番地区。经过数代统治者和移民的开发，吐鲁番地区的发展水平，特别是农业发展水平也能够容纳这些移民，因此大部分移民就此在吐鲁番定居。

十六国的前凉政权首先在此设立高昌郡。其后，高昌郡又先后归入前秦、后凉、西凉、北凉等政权的统治下。此后，吐鲁番地区又陷入柔然、高车和北魏之间的争夺中。公元460年，柔然灭北凉，立当地大族阚氏为高昌王，吐鲁番进入高昌王国时期，而阚氏高昌自然处于柔然的势力范围。公元491年，高车杀阚氏高昌王，另立张氏为王，高昌王国的实际控制权由柔然转移至亲北魏的高车。公元496年，马儒在高昌称王，后来，由于高昌国人不满马儒向北魏提出的内徙请求，而发生政变，马儒被杀身亡。接着，麴嘉在高昌国人的支持下，于公元502年称王，高昌国进入了政治上相对稳定的麴氏高昌时期。麴氏高昌先后臣属于柔然、高车、突厥、铁勒和西突厥等政权。

吐鲁番地区政权更迭频繁，且被不同民族的政权实际控制，因此造成了此地以汉族为主体的多民族杂居的情况。唐代以前，在吐鲁番地区出现过的少数民族先后包括：车师、匈奴、柔然、高车、突厥、突厥施、粟特等，同时，这一地区也活跃着来自焉耆、鄯善、龟兹等西域各国访客，更有波斯、天竺人在此活动的记录②。其中，突厥人和粟特人在吐鲁番地区的活动、定居的记录一直持续到唐代。焉耆、鄯善、龟兹人迁徙定居吐鲁番并被编户入籍的事迹亦有记录。③ 根据相关出土文书的记载，突厥人在吐鲁番地区的活动主要集中在8世纪，他们不仅在此地定居，甚至其中一部分突厥人在定居之后已经开始从事农业活动④，并且武城乡一带可能有过突厥部落的存在⑤。吐鲁番文书中出现的粟特人群体，通常被称为"昭武九姓"，有关他们的记载大致集中在公元6

① （唐）房玄龄，等.晋书［M］.北京：中华书局，2000：1481.
② 姜伯勤.敦煌吐鲁番文书与丝绸之路［M］.北京：文物出版社，1994.
③ 董永强.四至八世纪吐鲁番的多民族问题探索［D］.陕西师范大学，2007.
④ 刘安志.唐代西州的突厥人［J］.魏晋南北朝隋唐史资料，2000（0）：112-122.
⑤ 孙晓林.唐西州高昌县水渠及其使用、管理［M］//唐长孺.敦煌吐鲁番文书初探.武汉：武汉大学出版社，1983：534-538.

世纪。6 至 7 世纪时，已经有了粟特人"归朝"即入籍的记录①。他们拥有与高昌本地居民一样的权利并承担相同的义务，被授予土地并承担相应的赋役，除了农业，入籍的粟特人也活跃在商业和手工业中。经姜伯勤考证，到了唐西州时期，高昌县崇化乡"居民构成中九姓胡裔比重甚大"②，因此，吐鲁番地区当时也有粟特人部落存在的可能。总的来说，到了高昌王国时期，吐鲁番地区已经发展成一个"以汉族为主、少数民族为辅的纯粹的移民国家"③。

　　汉唐之间的吐鲁番地区长期处于少数民族政权的统治之下，该地的部分风俗，如服饰、发型等长期与中原地区相异。麴氏高昌王麴伯雅在隋朝游历返回高昌后曾发起一场服饰上的汉化改革："夫经国字人，以保存为贵，宁邦缉政，以全济为大。先者以国处边荒，境连猛狄，同人无咎，被发左衽。今大隋统御，宇宙平一，普天率土，莫不齐向。孤既沐浴和风，庶均大化，其庶人以上皆宜解辫削衽。"④ 麴伯雅的这一诏令针对的是贵族和各级官吏，要求他们按照隋朝的样式改换发型与服饰。尽管这次改革最终因西突厥的介入而不了了之，但这也反映出了高昌统治者对中原文化的认同和向往。尽管麴伯雅在风俗上的改革无疾而终，但麴氏高昌在中央和地方的官制方面，一直效仿中原，《旧唐书》记载："（高昌国）有文字，知书计，所置官亦采中国之号焉"⑤，并且麴伯雅本人与中原王朝的往来也是十分密切，他不仅娶隋朝公主为妻，更是在隋炀帝时受封左光禄大夫、车师太守以及弁国公。

　　因此，与胡化的社会风俗不同，吐鲁番地区在文化思想方面占据主导地位的一直是以儒家思想为主的汉文化。至迟在高昌郡时期，吐鲁番地区已经在河西地区崇佛尊儒的文化传统的影响下，形成了以儒学为中心的文化传统。⑥ 到了高昌王国时期，尊儒的传统依然在延续，且有高昌国向中原王朝遣使求取正统儒家典籍的记载。公元 520 年，高昌国王麴嘉向北魏纳贡，"又遣使奉表，自以边遐，不习典浩，求借《五经》、诸史，并请国子助教刘燮以为博士。"⑦ 高昌国地处边远，在政治上与中原地区的交流也曾一度中断，为使国内的汉学发展能够与中原同步，高昌国王不仅向北魏求借儒家典籍，而且还更进一步招

---

①　姜伯勤. 敦煌吐鲁番文书与丝绸之路 [M]. 北京：文物出版社，1994：155.

②　姜伯勤. 敦煌吐鲁番文书与丝绸之路 [M]. 北京：文物出版社，1994：174.

③　王素. 也论高昌"俗事天神" [J]. 历史研究，1988（3）：9.

④　（唐）魏征. 隋书 [M]. 北京：中华书局，2000：1239.

⑤　（后晋）刘昫. 旧唐书 [M]. 北京：中华书局，2000：3062.

⑥　孟宪实. 汉唐文化与高昌历史 [M]. 济南：齐鲁书社，2004：12-13.

⑦　（唐）李延寿. 北史 [M]. 北京：中华书局，2000：2133.

揽中原名师以正书中之意。此时的高昌王国"文字亦同华夏，兼用胡书。有《毛诗》《论语》《孝经》，置学官弟子以相教授。"① 可见高昌王国的汉学传统并未断绝。

麹氏高昌对吐鲁番地区的统治一直持续到唐贞观年间。贞观十三年（639年），唐朝将领侯君集奉命率军平定高昌。唐政府在原高昌国设西州都督府，其后曾改称金山都督府，而后"天宝元年，改为交河郡。乾元元年，复为西州。"② 唐政府接管吐鲁番地区后，将高昌国原有的二十一城进行了缩减，最终以高昌县（今新疆吐鲁番高昌古城）为西州治所，下辖高昌、交河、蒲昌、柳中、天山五县。西州也曾短暂地作为安西都护府所在地："安西都护府，本龟兹国。唐贞观中，置都护府于西州。显庆中，移治龟兹。"③ 唐平定高昌，并设立西州后，很快在这里建立了州、县两级官学和医学，同时西州的私学也在蓬勃发展。官私学校所使用的教材与中原基本一致，即使是依托于佛寺的私学所教授的内容也以儒家经典为主。④

在宗教信仰方面，吐鲁番地区有着"俗事天神，兼信佛法"⑤ 的传统。其中的"天神"指的是火祆教，但由于在吐鲁番长期占据统治地位的儒家文化对祆教的拜火思想并不重视，且对火祆教的天葬习俗更是深恶痛绝，⑥ 故而火祆教在民间兴盛一时后渐渐衰落，至宋代已不见记载。吐鲁番的崇佛传统始于北凉政权，麹氏高昌王室更是倾力资助了玄奘法师西行取经。⑦ 佛教作为吐鲁番地区的主流宗教，在唐西州时期仍然继续发展。⑧ 西州也有道教传播，但道教的影响力弱于佛教，且在发展过程中，存在着佛道思想相互交融的现象。⑨

贞元八年（792年）吐蕃占领西州，大中四年（850年）张议潮与回鹘部

---

① （唐）李延寿 . 北史 ［M］. 北京：中华书局，2000：2133.

② （后晋）刘昫 . 旧唐书 ［M］. 北京：中华书局，2000：1127-1128.

③ （元）马端临 . 文献通考 ［M］. 北京：中华书局，1986：2537.

④ 姚崇新 . 唐代西州的私学与教材——唐代西州的教育之二 ［J］. 西域研究，2005（1）：10.

⑤ （北齐）魏收 . 魏书 ［M］. 北京：中华书局，2000：1517.

⑥ 王素 . 也论高昌"俗事天神"［J］. 历史研究，1988（3）：9.

⑦ 孟宪实 . 汉唐文化与高昌历史 ［M］. 济南：齐鲁书社，2004：256.

⑧ 孟凡人 . 高昌的地理、历史和文化 ［J］. 中国历史文物，2003（2）：7.

⑨ 马军 . 唐代长安、沙州、西州三地胡汉民众佛教信奉研究 ［D］. 中央民族大学，2010.

落联手将其收复。① 咸通七年（866 年），西州又为回鹘所占，吐鲁番地区进入高昌回鹘时代，并且终唐一代，唐政府再未夺回对此地的控制权。

（三）小结

敦煌和吐鲁番地区在历史与社会经济文化发展方面有诸多相似性。两者因其各自在丝绸之路上重要的交通位置，在中原王朝的干预和经营下，最终成为了以汉族为主体的多民族共居之地。在随着汉族移民一同到来的中原文化和技术的影响下，两地在经济上均经历了由游牧到农耕的变化，并形成了以儒学为中心、各族文化相互交融的文化传统。在唐代以前，吐鲁番地区直接受中原王朝统治的时间短于敦煌，又因受制于周边的少数民族政权，吐鲁番与中原两地在官方层面上的交流一度断绝，但在文化方面，由于地缘关系，吐鲁番地区在思想文化方面却多受更为先进的河西地区的影响，与隶属于河西地区的敦煌具有相同的思想文化传统。这使得两者尽管在地理上位于不同区域、与中原王朝建立联系的时间有先后，但它们在社会经济生活和思想文化传统上的相似性，使两地在这一层面或可被视为一体，更遑论随着它们先后并入唐王朝的版图，两地在行政制度、法律和文化方面与中原地区的传统又更加紧密地结合在了一起。

在接下来的研究中我们会发现，唐代民间的私人借贷活动除了受到国家法律的约束，其每一个环节更是受到了社会习俗、文化乃至宗教信仰的深刻影响。而有鉴于两地在经济发展与文化传承上的相似性，有唐一代，两地的民间活动或可视作受到相同的法律与社会风俗的约束。又因为吐鲁番和敦煌地区出土的民间借贷契约文书在时间上具有连续性，因此从两地文书在时间上的连续性以及文化背景的相似性出发，将两地出土的契约文书的内容作为一个整体，从而对唐代敦煌和吐鲁番地区的民间私人借贷活动进行研究是可行的。

二、唐以前敦煌和吐鲁番地区的民间契约活动

根据《丝绸之路出土民族契约文献集成》（待刊稿）汉文卷和吐蕃文卷收录的借贷契约文书显示，吐鲁番地区出土的借贷契约文书主要集中于十六国至初唐时期且书写契约的语言多为汉文，中唐及晚唐的借贷契约则主要集中于敦煌地区且书写契约的语言则由于该地曾一度被吐蕃占领的缘故，除了汉文还有

---

① 季羡林. 敦煌学大辞典 [M]. 上海：上海辞书出版社，1998：298.

相当一部分为吐蕃文。这两类语言所书写的契约都显示出，在唐代，民间私人借贷契约已经形成的相对固定的书写格式，这也反映出民间已经形成了一套较为稳定的私人借贷规则。而这一规则是怎样的演变的，就需要考察唐以前敦煌和吐鲁番地区的借贷活动，并从中梳理唐以前敦煌和吐鲁番地区私人借贷活动的规则。

然而，与目前在敦煌地区发现的唐代借贷契约集中于中唐和晚唐，吐鲁番地区发现的唐代借贷契约集中于初唐情况相似，两地所发现的唐以前的契约在时间上也有差异，汉代的契约主要出土于居延遗址，十六国时期的契约主要出土于阿斯塔纳墓葬群。本节将按照时间顺序，分别考察敦煌和吐鲁番地区出土的唐以前的借贷以及其他类型的契约，从而梳理唐以前的民间借贷活动的规则，从而与唐代的民间私人借贷习惯形成对照，进而对唐代民间私人借贷活动的规则发展作出进一步论述。

（一）敦煌地区的汉代民间契约活动

尽管目前已发现的敦煌地区最早的借贷契约订立于唐天宝十三年（754年），但在唐代以前，敦煌地区也存在着其他以契约形式记录下来的民间经济活动，如买卖、雇佣等。这些契约大多是出土于居延遗址的汉代文契。居延遗址所在区域在汉代属于张掖郡，与敦煌同时期分别从河西最初的两个郡，武威和酒泉中划分出来，酒泉郡位于两者之间，民间契约习惯应当相去不远。

汉代的民间契约，无论从内容还是格式上来看都比较简单，如《西汉建昭二年（前37年）董子方买裘券》①：

1. 建昭二年闰月丙戌，甲渠令史董子方买鄣卒□威裘一领，直七百五十。约至春钱毕已。

2. 旁人

3. 杜君隽

文书中出现了买方董子方、卖方□威以及旁人（旁证人）杜君隽三个角色，内容则是对这次交易活动的简单记录，主要由交易发生的时间、买卖双方、交易物品的数量和价格、货款交付情况以及证人签名和画指（画押的一种）。

出土于敦煌西北的《西汉神爵二年（前60年）广汉县节宽竟卖布袍

---

① 陈国灿. 丝绸之路出土民族契约文献集成（汉文卷）[M]（待刊稿）.

券》①的内容较之上文转引的买裘券，契约所记录的内容更加丰富一些，竹简正面与买裘券类似，为布袍的交易记录，背面的内容为："正月责付□□十。时在旁侯史长子仲、戍卒杜忠知券，□沽旁二斗。"此件契约中的证人被称为"时在旁"，"沽旁二斗"则是对证人的酬谢，王国维将其称为"中费"②。

汉代的雇佣契的内容结构也同样简单，如《汉陆浑县成更雇工契约》③：

1. 张掖居延库卒弘农郡陆浑河阳里大夫成更廿四，庸同县阳里大夫赵勋年廿九，贾二万九千。

此件契约没有记录订立时间，也没有雇佣关系持续时间，内容仅包括雇佣双方的身份、姓名、年龄以及佣金。

由此可见，在汉代，敦煌地区民间契约的书写尚未形成固定的格式，当事人以外的参与人在契约中也尚未形成固定的称谓，因此这一时期的民间契约从功能上看，更多的是当事人对双方之间的交易行为的简单记录。

（二）吐鲁番地区两晋至高昌国时期的民间契约活动

相较于汉代契约仅记录交易本身而言，两晋和十六国时期的契约则增加了预防性条款，如《晋泰始九年（273年）高昌翟姜女买棺约》④中规定，买方付清货款后，如果有人宣称这副棺材归自己所有，则需要卖方到场共同了结此事。十六国时期，买卖契约的预防性条款进一步细化，如《前秦建元十三年（377年）七月廿五日赵伯龙买婢券》（编号：ДХ 11414）⑤：

1. □〔元〕十三年七月廿五日赵伯龙从王念买小

2. 幼婢一人，年八，愿贾中行赤氍（毡）七张，氍即

3. □（毕），婢即过，二主先相和可，乃为券〔要〕。

4. 成券后，有人仍（认）名及反悔者，罚中

5. 氍十四张，入不悔者。民有私约，约当

6. □□□，书券侯买奴，共知本约，沽半。

此件契约除了针对卖方在交易达成后将幼婢转卖他人的预防性条款，还增加了针对交易双方悔约的预防性条款，两者共用一套惩罚赔偿规则，即违约的

---

① 陈国灿．丝绸之路出土民族契约文献集成（汉文卷）［M］（待刊稿）．
② 陈国灿．丝绸之路出土民族契约文献集成（汉文卷）［M］（待刊稿）．
③ 张传玺．中国历代契约粹编（上册）［M］．北京：北京大学出版社，2014：72.
④ 陈国灿．丝绸之路出土民族契约文献集成（汉文卷）［M］（待刊稿）．
⑤ 陈国灿．丝绸之路出土民族契约文献集成（汉文卷）［M］（待刊稿）．

一方向履约的一方交纳双倍货款作为赔偿。而从该条款的一婢多卖和赔偿双倍货款来看，这一预防性条款主要约束的是卖方。"民有私约"一句应当是与高昌王国时期的契约中"民有私要，要行二主"①含义相同，表明交易由买卖双方按照民间传统进行，不受其他因素干扰。另外，此件契约中，证人与书写人由同一人担任，"书券"即对契约书写人的称呼，"共知本约"则是表明其证人的身份。

阚氏高昌时期的《永康十二年（477年）闰月十四日张祖买奴券》（编号：97TSYM1：5）②中，针对卖方违约的预防性条款进一步细化："奴若有人认名，仰丑了理，祖不能知，二主和合共成券，券之后，各不得返悔，悔者，罚行缥贰百柒拾肆匹，入不悔者"，即如果出现其他人宣称对该奴婢的所有权，则后续事宜全部由卖方负责处理，相比于前文转引的西晋时期的买棺约，在所有权发生纠纷时，买方责任进一步弱化。麹氏高昌时期的买卖契约则是在此基础上增加"各自署名为信"③一句，契约书写人的称呼基本被固定为"倩书"，证人则被称为"时见"。

两晋至高昌王国时期，吐鲁番地区的民间契约格式和用语逐渐统一并规范化，除了买卖契约，吐鲁番地区出土的文书中还包括租赁、雇佣等类别，它们的行文、格式的发展变化与买卖契约十分相似，故不再赘述。

阿斯塔纳墓葬群出土了诸多保存相对完整的十六国至高昌王国时期的民间契约，其中也包括了数量不少的借贷契约。《丝绸之路出土民族契约文献集成（汉文卷）》中收录的吐鲁番地区出土的年代最早的借贷契约为《高昌承平五年（506年）道人法安弟阿奴举锦券》（编号：75TKM88：1（b））④，由汉文书写：

1. 承平五年岁次丙戌正月八日，道人法安

2. 弟阿奴

3. 从翟绍远举高昌所作黄地丘慈中

4. 锦一张，绵经绵纬，长九五寸，广四尺五寸。

5. 要到前年二月卅日，偿锦一张半，

① 张传玺. 中国历代契约粹编（上册）[M]. 北京：北京大学出版社，2014：90.

② 张传玺. 中国历代契约粹编（上册）[M]. 北京：北京大学出版社，2014：90.

③ 张传玺. 中国历代契约粹编（上册）[M]. 北京：北京大学出版社，2014：93.

④ 陈国灿. 丝绸之路出土民族契约文献集成（汉文卷）[M]（待刊稿）. 张传玺主编的《中国历代契约粹编（上册）》中，此件契约题为《北凉承平五年（447?）高昌道人法安、弟阿奴举锦券》。

6. 若过期不偿，月生行布三张，民有私

7. 要，々行二主，各自署名为信。故（沽）各半，

8. 共負马一匹，各○了。倩书道人知骏

9. 时见 道智惠 永安

此件契约订立于麹氏高昌时期，承平五年正月，僧人法安和他的弟弟阿奴向翟绍远借了一张长九尺五寸、宽四尺五寸的丘慈锦，约定第二年的二月偿还锦一张半，如果不能按照约定偿还，则每超过偿还期限一个月，兄弟二人就向翟绍远支付三张行布作为赔偿。除了债务人和债权人，契约中还出现了三个人，即书写这份契约的僧人知骏和作为见证人的僧人智惠和永安。契约中的"沽各半"意为借贷双方共同负担用作酬谢证人和书写人的沽酒的费用，这一传统在上一小节转引的汉代卖布袍券中就已经出现，到了麹氏高昌时期，对于证人和书写人酬劳的支付形式有了更明确地表述，并且作为契约中的固定内容出现。

而在随后的《高昌义熙五年（514年）道人弘度举锦券》 （编号：75TKM99：6（b））① 中，除了倩书与时见，还出现了实质上起着保人作用的角色："若弘度身无，仰申智偿"，即申智在弘度死亡的情况下，要代替他偿还债务，但契约中并无申智的签名。《高昌和平二年（552年）四月王文孝从郑凤安边举麦券》（编号：09ZJ0025（a）、09ZJ0026（2a）、09ZJ0049（a）、09ZJ0063（1a）、09ZJ0067（a）、09ZJ0079（a）、09ZJ0083（a））② 中，出现了"卷（券）成之后，各不得反□，悔者罚麦十二斛入不悔者"即双方签订契约后均不得反悔，反悔者将向另一方支付赔偿的条款，这一条款在之后的借贷契约中频繁出现，赔偿数额也固定为契约标的物数量的两倍。《高昌延昌癸卯年（583年）道人忠惠等八人举麦券》③ 中又增加了保障性条款："若身东西无后，仰妇价史（使）毕。若不毕，听扯家才（财），平为麦直"，即如果债务人在偿还期间死亡，债务就由他的妻子偿还，如果妻子没有偿还能力，则由债务人的家产抵偿债务。

唐以前吐鲁番地区私人借贷活动留下的记录主要集中于麹氏高昌时期，这一时期的私人借贷契约已经具备了借贷日期、借贷双方姓名、借贷标的物及数量、偿还期限等主要内容，并且形成了与悔约、排除法律干预以及与契约订立

① 张传玺. 中国历代契约粹编（上册）［M］. 北京：北京大学出版社，2014：161.

② 陈国灿. 丝绸之路出土民族契约文献集成（汉文卷）［M］（待刊稿）.

③ 张传玺. 中国历代契约粹编（上册）［M］. 北京：北京大学出版社，2014：163.

流程相关的套语。并且，按照时间顺序梳理这些契约可以发现，契约条款的内容逐渐变得丰富，与唐代的私人借贷契约相比，尽管契约中并没有明确出现"保人"这一角色，但也逐渐开始出现具有相似职能的参与者，且债务人的妻儿作为其意外死亡时的偿还保证这一条款也开始逐渐成为私人借贷契约中的常规内容。总的来说，麹氏高昌时期，吐鲁番地区借贷契约的常规内容是在不断完善的。

三、唐代敦煌和吐鲁番地区民间私人借贷活动存在的必然性

私人借贷活动自产生伊始，就成为社会经济生活不可分割的一部分，对普通百姓的日常生活有着重要的影响。本节将从供给和需求两方面论述唐代敦煌和吐鲁番地区私人借贷活动的重要性，为后文探讨唐代律令中所反映的官方对私人借贷活动的管理，即正式制度的缺陷加以铺垫。

(一) 需求

从敦煌以及吐鲁番地区出土的借贷契约来看，唐代敦煌和吐鲁番地区私人借贷活动中的债务人多为以自耕农为主的小生产者，而他们产生借贷需求的原因中，首当其冲的就是家庭收支的不平衡。因此，本小结所估算的唐代敦煌和吐鲁番地区的家庭收入以粮食产量为主，家庭支出主要包括衣、食、生产资料以及其他支出，以此说明唐代敦煌和吐鲁番地区小农家庭中普遍存在的收支不平衡情况。

1. 基本收入与支出

唐代敦煌和吐鲁番地区小农家庭的主要收入来源是土地。他们的土地来源主要有自身原有、官府授予、租佃以及购买这三种，土地所产生的收益是小农家庭应对生活支出和税赋徭役最为重要的经济来源。而决定小农家庭能够从土地中获得收入的最直接的因素就是他们耕种的土地的面积以及土地的产量。而各户的人口数及其所拥有的土地数量通常由各地的户籍统计记录。现存较为完整的户口、土地记录主要为敦煌地区出土的唐代户籍文书，现将《敦煌资料（第一辑）》所收录的较为完整的唐代敦煌地区户籍情况整理如下，以便我们对唐代前中期敦煌地区的各家庭的土地占有情况有一个大致的了解（见表3-1）：

表 3-1　　　　　**700 年至 761 年敦煌地区户口及受田情况统计**①

时间	户主	户内人口	应受（亩）	已受（亩）	永业（亩）	口分（亩）	居住园宅（亩）	课户类型
武则天圣历三年（公元700年）	常辩才	一丁一寡	131	18	17	0	1	课户，见不输
	张玄均	二丁一寡	231	75	40	35	0	课户，见不输
开元九年（公元721年）	赵玄义	一老一老妻二中二黄	52	11	0	0	0	不课户
	氾尚元	一寡	51	15	14	0	1	不课户
	赵玄表	一丁一丁妻一中	101	30	20	10	0	课户，见输
	曹仁备	一上柱国一职资妻一丁一丁妻一中一小	3183（含勋田）	63	40	22	1	课户，见不输
	杨法子	一丁一寡	131	25	24	0	1	课户，见不输
	缺	一缺一中	51	26	20	6	0	缺
	董思盟	一残疾（丁）一寡	131	28	20	8	0	课户，见输
	杨法子	一丁一丁妻二小	101	39	20	19	0	课户，见不输
	余善意	一老一丁一丁妻	161	28	20	7	1	课户，见输
	杜客生	二丁一丁妻一中	201	40	39	0	1	课户，见输
	王万寿	一丁一中	缺	10	缺	缺	缺	课户，见输

---

①　中国科学院历史研究所资料室．敦煌资料（第一辑）[M]．北京：中华书局，1961．

时间	户主	户内人口	应受（亩）	已受（亩）	永业（亩）	口分（亩）	居住园宅（亩）	课户类型
天宝三年（744年）	卑德意	二缺二中二小一黄	162	49	20	未记录	未记录	缺
天宝五年（746年）	□明	一上柱国一老寡三中一小二黄	3133	39	20	18	1	不课户
天宝六年（747年）	郑恩养	一丁一丁妻一寡四中四小一黄	234	101（含买田12）	30	37	2	课户，见输
	曹思礼	一队副一职资妻一寡二丁三中四小	364	62	61	1	1	课户，见不输
	曹怀瑀	一老男翊卫四中二小一黄	未记录	47	0	44	3	课户，见不输
	刘智新	一丁一丁妻一老寡一寡一中二小	163	68	20	47	1	课户，见输
	阴承光	二丁一丁妻一老寡一寡一中	262	49	40	7	2	课户，见输
	徐庭芝	一老寡一寡三中一小	112	30	20	10	0	不课户
	程思楚	一卫士武骑尉一卫士一丁五职资妻二丁妻一老寡二中一小四黄	365	79	60	18	1	课户，见输
	成什住	一老男翊卫一丁三职资妻一丁妻五中三小一黄	155	64（含勋田9）	40	15	0	课户，见不输

时间	户主	户内人口	应受（亩）	已受（亩）	永业（亩）	口分（亩）	居住园宅（亩）	课户类型
天宝六年（747年）	程仁贞	一老男翊卫二职资妻五中	53	31（含勋田14）	17	0	0	不课户
	程大忠	一上柱国二职资妻一中七小一黄	3104	82	20	61	1	不课户
	程大庆	一武骑尉二职资妻二中一小二黄	163	68	20	47	1	不课户
	程智意	一卫士飞骑尉二职资妻五中五小三黄	186	92	20	71	1	不课户
	令狐仙尚	二中	51	8	7	0	1	不课户
	杜怀奉	一上柱国一卫士武骑尉一丁二寡四中三小	3325	78	60	16	2	不课户
大历四年（761年）	赵大本	一老一别将二丁一老男妻二中	453	90	89	0	1	课户，见输
	张可会	一中一寡	81	46	20	25	1	不课户
	索思礼	二上柱国一老男妻一丁妻一小三（奴婢）	6153	243（含勋田19，买田14）	40	167	3	不课户
	安游璟	一上柱国一职资妻一小	3101	29（含买田3）	20	5	1	不课户
	安大忠	一丁	101	33	20	12	1	课户，见输
	令狐朝俊	一中一寡	131	38	20	18	1	课户，见输

续表

时间	户主	户内人口	应受（亩）	已受（亩）	永业（亩）	口分（亩）	居住园宅（亩）	课户类型
大历四年（761年）	令狐进尧	一上柱国一疾废	3101	103	40	62	1	不课户
	令狐娘子	一中一寡	81	39	20	19	0	不课户
	索仁亮	一别将二丁一寡	332	103	60	43	0	课户，见输
	索如玉	一上柱国一职资妻	3101	22	20	2	0	不课户
	杨日晟	一丁	101	62	20	42	1	课户，见输
	李大娘	一寡	59	59（含买田25）	20	13	1	不课户
	樊黑头	一丁	101	43	20	22	1	课户，见输
	唐元钦	一老一寡一丁	150	90	40	50	0	课户，见输

由表 3-1 中的 43 户共受田 2355 亩，对照每户应受田数和律令规定，几乎没有家庭的已受田数达到标准，且各户之间的实际受田数量差别较大。这 43 户的户均土地拥有量约为 54.8 亩，其中，17 户拥有职官和勋官的家庭共受田 1295 亩，户均拥有土地约为 76.2 亩；26 户平民家庭共受田 1060 亩，户均拥有土地约 40.77 亩。拥有职官和勋官的家庭中，课户有 7 户，共受田 508 亩，户均拥有土地约 72.6 亩；不课户有 10 户，共受田 787 亩，户均拥有土地 78.7 亩。而平民家庭中的 7 户不课户共受田 208 亩，户均拥有土地 29.7 亩；17 户课户受田 777 亩，户均受田约 45.7 亩。从上述统计中可以看出，拥有职官和勋官的家庭中，不课户占比较高，但课户与不课户户均拥有的土地数量相差不大，平民家庭则相反，课户占比高，且课户的户均土地拥有数量远远高于不课户。

　　关于唐代敦煌地区对均田令的执行情况，学界已有过具体研究。以圣历三年至大历四年的敦煌户籍为基础，韩国磐根据受田数量和每户丁口数量计算得出这一时期丁均受田 35.77 亩。① 唐耕耦在排除勋田对正常授田数量的干扰后，计算出这一时期敦煌地区的已授田数仅占应授田数不到30%。② 也就是丁均实际拥有土地的数量不到 30 亩。总的来说，唐代敦煌地区丁均拥有耕地的数量显然远远低于律令中的授田数量，仅为应授数量的三成左右。两位学者的结论相差不大，因此可以认为唐代敦煌地区的丁均实际受田数量约占应受田数的百分之三十左右。

　　而在气候条件更为恶劣、人地矛盾更为突出的吐鲁番地区，丁均拥有耕地数量仅为 10 亩左右③。或是受限于特殊的地理、气候条件，吐鲁番地区在开元前后时的授田已经不再执行律令规定的标准，吐鲁番地区的授田以"常田"和"部田"取代了其他地区所使用的"永业田"和"口分田"的分类。④ 鲍晓娜通过对《唐侯菜园子等户佃田簿》⑤ 以及其他欠田文书的分析，认为当时的吐鲁番地区在武周以后实行了一种标准与唐令有所不同的均田制，这一制度的授田标准为每丁常田 4 亩、部田 2 亩，老男寡妻授田数量为丁男的一半。⑥ 也就是说，载初元年（689 年）以后，吐鲁番地区的丁均拥有耕地数量普遍不足十亩。综合来看，敦煌和吐鲁番地区在有唐一代，丁均实际拥有的耕地数量均未达到律令中规定的授田标准。

　　土地收获物的数量除了与耕地数量有关，土地的肥力也对其有着重要的影响。根据罗彤华的推测，处于经济弱势地位的小农家庭所拥有的土地很可能并不会太肥沃，⑦ 再考虑到敦煌和吐鲁番地区水热等气候条件的限制，学者们在估算敦煌和吐鲁番地区的亩产时，往往采取的是中等旱田的标准，即敦煌和吐

　　① 韩国磐 . 唐天宝时农民生活之一瞥——敦煌吐鲁番资料阅读劄记之一 ［J］. 厦门大学学报（哲学社会科学版），1963（4）：13.
　　② 唐耕耦 . 从敦煌吐鲁番资料看唐代均田令的实施程度 ［J］. 山东大学学报（哲学社会科学版），1963（S1）：22.
　　③ 唐耕耦 . 从敦煌吐鲁番资料看唐代均田令的实施程度 ［J］. 山东大学学报（哲学社会科学版），1963（S1）：22.
　　④ 唐长孺 . 吐鲁番出土文书（第四册）［M］. 北京：文物出版社，1983：237.
　　⑤ 唐长孺 . 吐鲁番出土文书（第四册）［M］. 北京：文物出版社，1983：239-240.
　　⑥ 鲍晓娜 . 唐代西州均田制的实际授田标准考 ［J］. 中国社会经济史研究，1985（3）：8.
　　⑦ 罗彤华 . 唐代民间借贷之研究 ［M］. 北京：北京大学出版社，2009：151.

鲁番地区的粮食的亩产量约为每年 1 石①。

由上表的统计情况可见，每户平均拥有一丁，假定敦煌地区每户拥有耕地 30 亩，则敦煌地区的小农家庭每年能够通过土地获得的收入为 30 石；假设吐鲁番地区的家庭结构与敦煌地区类似，即平均每户一丁，且吐鲁番地区的农户家庭平均拥有耕地 10 亩，则他们的年收入为 10 石。西北地区的主食以麦为主②，据《唐天宝二年交河郡市估案》③记载，白面按品质分为上、次、下三等，价格分别为 38 文、37 文和 36 文，则按每斗 36 文计算，敦煌地区农户家庭年收入为 10800 文；吐鲁番地区农户家庭年收入为 3600 文。按中品生绢每疋 460 文④计算，则敦煌地区农户家庭年收入为 23.5 疋，吐鲁番地区农户家庭年收入为 7.8 疋。

以上为本文对唐代敦煌和吐鲁番地区小农家庭年收入的估算，而唐代一户小农家庭的固定支出主要包括赋税、口粮、农具、衣物等项目。

首先，估算课户必须缴纳的赋税，《旧唐书·食货志》中规定："赋役之法：每丁岁入租粟二石。调则随乡土所产，绫、绢、絁各二丈，布加五分之一。输绫、绢、絁者，兼调绵三两；输布者，麻三斤。凡丁，岁役二旬，若不役，则收其佣，每日三尺。有事而加役者，旬有五日免其调，三旬则租调俱免。"⑤即丁口每年需要交纳粮食二石、绢二丈或布二丈四尺，每年服役 20 天，或以庸代役，费用为每日织物三尺。在丁口完整参加每年的力役的情况下，一个小农家庭需要交纳的租调折合银钱为每年 950 文。除了租调，农户还需要缴纳地税和户税，在唐玄宗开元二十五年（739 年）时，地税的征收对象包括王公以下一切拥有土地的人，但小农所属的下下户不在征收范围⑥；户税的征收对象与地税相同，同样按户等纳税，唐代宗大历四年（769 年）规定，

① 韩国磐. 唐天宝时农民生活之一瞥——敦煌吐鲁番资料阅读劄记之一 [J]. 厦门大学学报（哲学社会科学版），1963（4）：13. 杨际平. 唐代尺步、亩制、亩产小议 [J]. 中国社会经济史研究，1996（2）：13.

② 黄正建. 唐代衣食住行研究 [M]. 北京：首都师范大学出版社，1998：2.

③ ［日］池田温. 中国古代物价初探 [M] //［日］池田温. 唐研究论文选集. 孙晓琳，等，译. 北京：中国社会科学出版社，1999：122-189.

④ ［日］池田温. 中国古代物价初探 [M] //［日］池田温. 唐研究论文选集. 孙晓琳，等，译. 北京：中国社会科学出版社，1999：122-189.

⑤ （后晋）刘昫. 旧唐书 [M]. 北京：中华书局，2000：1407.

⑥ （唐）李林甫，等. 陈仲夫点校. 唐六典 [M]. 北京：中华书局，1992：77.

下下户每年需缴纳钱 500 文①。即在大历四年后，一个小农家庭每年还要再交纳户税 500 文。

　　其次为衣食方面的花销，本文主要以《唐六典·刑部》中对官户和官奴婢的衣食供给的规定为基础进行估算："春衣每岁一给，冬衣二岁一给，其粮则季一给。丁奴：春头巾一，布衫袴各一件，皮靴一量，并毡。官婢：春给裙衫各一，绢襌一，鞋二量。冬给襦复袴各一，牛皮靴一量，并毡。十岁以下男：春给布衫一，鞋一量。女：给布衫一，布裙一，鞋一量。冬男女各给布襦一，鞋袜一量。官户长上这准此。其粮：丁口日给二升，中口一升五合，小口六合。诸户留长上者，丁口日给二升五合，中男给二升。"② 有观点认为，尽管官户和官奴婢的身份低于平民，但他们得到的供给水平，特别是服装方面，很可能是高于普通农户家庭的。③ 为了便于计算，口粮按照《唐六典》给出的标准进行计算，即丁口每日口粮二升、中口一升五合、小口六合、老口五合，换算为年均需求量则为丁口每年需口粮七石二斗、中口五石四斗、小口二石一斗六升、老口一石八升。

　　小农家庭所需的衣物多由家庭内部生产，因此服装上的花销，可以直接按照原材料的价格进行估算。当时普通百姓的服装材质多为麻布，大谷文书中整理刊布的《天宝二年（743 年）交河郡市估案》中记录了当时敦煌地区市场上各类商品的官方定价，现将麻布的价格整理如表 3-2 所示。

表 3-2　　　　天宝二年交河郡（吐鲁番地区）纺织物官方价格④

麻布种类 麻布价格	上（文/端）	次（文/端）	下（文/端）
小水布	330	320	300
赀布	550	540	500
榻布	480	470	450
火麻布	500	490	480

① （北宋）王溥．唐会要［M］．北京：中华书局，1955：1534.

② （唐）李林甫，等．唐六典［M］．陈仲夫，点校．北京：中华书局，1992：193-194.

③ 韩国磐．唐天宝时农民生活之一瞥——敦煌吐鲁番资料阅读劄记之一［J］．厦门大学学报（哲学社会科学版），1963（4）：13.

④ ［日］小田义久．大谷文书集成（第二卷）［M］．京都：法藏馆，1984：8-25.

麻布种类 麻布价格	上（文/端）	次（文/端）	下（文/端）
维州布	450	400	380
常州布	500	490	480

至于制作衣服所需要的布料，黄正建以絁为标准，估算唐代常规衣饰的用量为：汗衫 2 丈；单裤 1.25 丈；幞头 3 尺；袜 3 尺；袄 4.5 丈，另需绵 2 屯；绵裤 2.5 丈，另需绵 1 屯；褌 8 尺。[①] 同样《天宝二年（743 年）交河郡市估案》[②] 的记录，现将各类衣物的价格整理如表 3-3 所示。

表 3-3　　　天宝二年交河郡（吐鲁番地区）各类衣物官方价格

种类 价格	上（文）	次（文）	下（文）
罗头巾（枚）	100	90	80
官絁头巾（枚）	80	70	60
缦皂全裁头巾（枚）	32	30	
缦皂次裁头巾（枚）	26	25	24
细鞋（量）	100		
次鞋（量）	90		旧鞋 10
靴（量）	40	35	
细鞋（量）	70	60	50
次鞋（量）	55	50	45
皮裘	400	350	300

以及制作冬衣所需要的丝绵，其价格在吐鲁番为每屯 210 文，敦煌地区为150 文。[③] 有学者做过计算，一套包括了衫、汗衫、单裤、幞头、袜、袄、绵

---

① 黄正建 . 唐代衣食住行研究［M］. 北京：首都师范大学出版社，1998：93.

② ［日］小田义久 . 大谷文书集成（第二卷）［M］. 京都：法藏馆，1984：8-25.

③ 韩国磐 . 唐天宝时农民生活之一瞥——敦煌吐鲁番资料阅读劄记之一［J］. 厦门大学学报（哲学社会科学版），1963（4）：13.

裤、被子和裙的全套服饰，按照《天宝二年（743 年）交河郡市估案》给出的中等品的价格，使用最便宜的小水布，仅布料需要的花费为 988.45 文。①而根据清人赵翼的考证，唐玄宗开元十三年（725 年），"东郡米斗十钱，青齐米斗五钱"②；《天宝二年（743 年）交河郡市估案》中载白面一斗 36 至 38 文，而上品青麦面一斗 20 文③。对比唐代吐鲁番地区的小农家庭一年 3600 文左右的总收入，上述衣物所需要的费用显然不是一个小农家庭轻易能够承受的。韩国磐在估算敦煌地区小农家庭日常开支时按照比官户和官奴婢的供给更低的标准，假定单衣每人每年单衣一套、冬衣每人每三年一套、头巾每三年一个、鞋每三年一双，将人均置装费估算为每年 236 文。④

相对于服装，事关家庭收入的农具，其置办费用更是小农家庭不可缺少的开支。大谷文书⑤整理刊布的物价文书中，记载了几种农具的价格，现整理如表 3-4 所示。

表 3-4　　　　　　　　交河郡（吐鲁番地区）农具官方价格

农具 价格（文）	上	次	下
釜一口三斗盛	800	700	600
釜一口五斗盛	1200	1000	900
锄一孔	55	50	45
斧一孔重三斤	110	100	90
钢镰一张	55	50	45

则按照中等品质计算，一次性购入容量三斗的釜、锄、斧、镰各一件，共计 900 文，假设它们能够使用五年，则每年的平均费用为 180 文。

根据上文的种种估算，现将各类人口每年所必需的开支整理如表 3-5 所示。

---

① 纳春英. 唐代平民的置装成本研究——以天宝二年交河郡市估案为例的研究 [J]. 唐史论丛，2016（2）：12.

② （清）赵翼. 廿二史札记校正 [M]. 王树民，校正. 北京：中华书局，2013：467.

③ [日] 小田义久. 大谷文书集成（第二卷）[M]. 京都：法藏馆，1984：8-25.

④ 韩国磐. 唐天宝时农民生活之一瞥——敦煌吐鲁番资料阅读劄记之一 [J]. 厦门大学学报（哲学社会科学版），1963（4）：13.

⑤ [日] 小田义久. 大谷文书集成（第二卷）[M]. 京都：法藏馆，1984：8-25.

表 3-5　　　　　　　　　　各类人口每年开支估算表

支出项目　　人口类型	赋税（年）	口粮（年）	衣物（年）	农具（年）
丁	950 文	7 石 2 斗	236 文	180 文
中	0	5 石 4 斗	236 文	180 文
老	0	1 石 8 斗	236 文	0
小	0	2 石 1 斗 6 升	236 文	0

按照每户家庭中有一老、一丁、一丁妻、一中、一小，共五口人计算，则每年口粮需要 23 石 7 斗 6 升，对于敦煌地区的家庭来说，此时家庭通过耕地获得的收入还剩 6 石 2 斗 4 升，将剩余部分的粮食按照白面的价格折算为 2246.4 文，扣除赋税 950 文，剩余 1296.4 文。假设丁、丁妻和中口都是要参与农业劳动的，共需要两套农具，则家庭年收入还剩 936.4 文。显然，按照每人年均 236 文的置装费标准，剩余的年收入已经无法再满足置装开支了。假如置装所需要的布料的开销全部来自于作为家庭副业的纺织，敦煌地区一个五口之家的小农家庭的家庭必须支出对比其主要收入而言基本可以维持平衡，"单衣每人每年一套、冬衣每人每三年一套、头巾每三年一个、鞋每三年一双"这样的标准很有可能远远超出了一个敦煌地区普通农户家庭的实际承受能力。而在丁均拥有土地的数量仅为 10 亩左右的吐鲁番地区，若按照上述标准计算，一个五口之家的收入甚至连一家人一年的口粮也无法承受，因此吐鲁番地区的小农家庭的口粮、服装等支出必然会继续缩减，甚至仅是维持口粮的收支平衡就需要依靠借贷了。

为了保证家庭的必需开支，上述日常消费中，仅有置装费用存在较大的缩减空间，上述估算结果也与王梵志诗中所描述的"樸头巾子露，衫破肚皮开。体上无裤袴，足下复无鞋"[①] 这种衣不蔽体的"贫穷田舍汉"的情况相互呼应，而这种贫穷到连租调都无法按时缴纳的极度贫困丁口在当时并不鲜见，每个村子都有"一两枚"。在这种基础收支仅能勉强维持平衡的情况下，小农家庭中一旦出现必需项目以外的支出，那么为了维持家庭成员的基本生活，他们就必须要向外寻求帮助，私人借贷就是其中一个重要的求助方式。如王梵志诗中所描述的贫困家庭除了向里正借贷以支付租调，还要随时应对

---

① 项楚. 敦煌诗歌导论［M］. 成都：巴蜀书社，2001：285.

上门讨债的债主。

2. 其他支出

上述支出仅为一个普通农户家庭的最基本的生活支出，部分家庭在这些支出面前已经捉襟见肘，而稍有盈余的家庭可能还需要购买盐、铁等不能自己生产的物品，以及负担婚丧嫁娶、请医问药、教育求学等支出。

在各项非基本生活支出中，尤以丧葬的花费为最。厚葬的风气或始于儒家文化的兴盛。儒家传统重视丧葬，不仅将其纳入"礼"的范畴，更是将其作为衡量"孝"的标准。《荀子·礼论》提出："生，人之始；死，人之终。"①生死并论，是人生中最重要的事件；因其重要性，孔子认为侍奉父母要始终遵循礼的规范，不仅父母生前要按照礼来侍奉他们，父母去世更要按照礼来安葬并祭祀他们，即："生，事之以礼；死，葬之以礼，祭之以礼。"②曾子又进一步将葬礼上升为教化的一部分："慎终追远，民德归厚矣。"③也就是说，如果社会风气是重视父母的葬礼和对祖先的祭祀的话，那么百姓就会变得忠厚老实。《吕氏春秋》则是将葬礼与血亲情感建立了联系，葬礼也就不再仅仅是子女对父母的义务："孝子之重其亲也，慈亲之爱其子也，痛于肌骨，性也。所重所爱，死而弃之沟壑，人之情不忍为之也，故有葬死之义。"④子女为父母举行葬礼体现了子女的孝心，而父母为早夭的子女举行葬礼则反映了父母的慈爱。由此，葬礼，特别是为人子女者为亡故的父母举行的葬礼成为了社会对他们的"孝"的考量。正因如此，随着儒学独尊地位的确立，民间的厚葬之风渐起。到了唐代，厚葬已经成为渗透到社会各阶层的风气，达官显贵之家以此彰显豪富，平民百姓之家为了显示孝心也不甘落于人后，以至于葬礼成为了平民家庭的沉重负担。

针对这样的社会现象，唐代屡次颁发限制厚葬的诏令。唐太宗于贞观十七年颁布的《戒厚葬诏》中提道："勋戚之家，或流遁于习俗，间阎之内，或奢靡而伤风，以厚葬为奉终，以高坟为孝行，遂使衣衾棺椁，极雕刻之华，刍灵明器，穷金玉之费，富者越法度以相高，贫者破资产以不逮。"⑤这说明在初

---

① 章诗同. 荀子简注［M］. 上海：上海人民出版社，1974：209.

② 杨伯峻. 论语译注［M］. 北京：中华书局，1980：13.

③ 杨伯峻. 论语译注［M］. 北京：中华书局，1980：6.

④ 张双棣，张万彬，殷国光，陈涛. 吕氏春秋译注［M］. 长春：吉林文史出版社，1987：266.

⑤ （宋）宋敏求. 唐大诏令集［M］. 北京：商务印书馆，1959：462.

唐时，厚葬便已经蔚然成风，豪富之家无视葬礼的等级限制，攀比成风；又因为葬礼的规模与子孙的孝行挂钩，这又使得厚葬并不仅是权贵、富豪们用以炫富攀比的方式，寻常百姓在治丧的过程中也倾尽全家之力以求在孝道上不落人后。陷入此种风气后，治丧的费用对于豪富之家来说尚可承受，而对于本就没有多少积蓄和可支配收入的普通百姓而言他们的正常生活就会受到影响乃至破产，而小农又是财政收入的重要来源，因此厚葬这种风气带来的对小农阶级的打击对唐王朝的发展是十分不利的。于是，唐政府在此后频频发布诏令抑制厚葬的风气。武则天当政时期，针对厚葬问题颁布过两道禁令，其一是《改元载初赦文》①，这道赦文主要针对的是商人阶层在治丧过程中的奢侈逾制问题；另一道是证圣元年的《禁丧葬逾礼制》②，这道禁令主要针对的是"富族豪家"葬礼奢侈靡费、有违礼制的问题。唐玄宗时期，抑制厚葬风气的诏令中再一次提到了平民中的厚葬问题，开元二年的《诫厚葬敕》③ 重申了厚葬的危害："罄竭家产，多至凋弊"，并且要通过刑事手段对继续为亲人举行厚葬的人进行处罚："如有违犯者，先决杖一百，州县长官不能举察，并贬授远官。"这种连坐地方官员的处罚不可谓不严厉，但厚葬已经成为社会风俗，即使这样严厉的刑罚依然不能阻止厚葬之风在民间的蔓延。开元十年和二十九年，玄宗又颁布了《禁殡葬违法诏》④ 和《禁丧葬违礼及士人干利诏》⑤ 两道诏令，严禁在葬礼和祭奠活动中举行酒宴，违者，无论官身还是白身，均要受到处罚。开元二十九年，玄宗托词古人葬礼崇尚节俭，于是按照社会等级修订了不同的葬礼规格，要求各阶层按照规定执行："古之送终，所尚乎俭。其明器墓田等，令于旧数内递减。……庶人先无文，请限十五事，皆以素瓦为之，不得用木及金银铜锡，其衣不得用罗锦绣画，其下帐不得有珍禽奇兽、鱼龙化生，其园宅不得广作院宇，多列侍从，其辒车不得用金银花，结彩为龙凤，及垂流苏，画云气。……其庶人先无步数，请方七步，坟四尺。其送葬祭盘，不得作假花果及楼阁，数不得过一牙盘。"⑥ 其中，庶民葬礼所用的明器不得超过十五件且制作材料仅限素瓦，不能使用木和贵重金属，同时对墓园和车辆的装饰也有相应的规定；又有坟墓面积为七步，高度为四尺，送葬的祭品

① （清）董诰，等. 全唐文 [M]. 北京：中华书局，1983：997.
② （宋）宋敏求. 唐大诏令集 [M]. 北京：商务印书馆，1959：463.
③ （宋）宋敏求. 唐大诏令集 [M]. 北京：商务印书馆，1959：462.
④ （清）董诰，等. 全唐文 [M]. 北京：中华书局，1983：325.
⑤ （清）董诰，等. 全唐文 [M]. 北京：中华书局，1983：349.
⑥ （北宋）王溥. 唐会要 [M]. 北京：中华书局，1955：693-694.

数量不能超过一牙盘且不能含有假花果楼阁等。尽管这一敕文对普通百姓的丧葬规格做出了详细的规定，但以诏令中的新规与旧规的对比来看，实际上新规对百姓丧葬规格的限制是有所放宽的，这在某种意义上可以看作统治者对民间习俗的一种妥协。由此更可以看出，厚葬作为一种社会风俗，已经难以被诏令撼动，以至于唐宪宗颁布《王公士庶丧葬节制》后，"是时厚葬成俗久矣，虽诏命颁下，事竟不行"①。到了唐武宗时期，中央朝廷又一次按照社会等级制定了丧葬规格："庶人明器一十五事，共置三舁。丧车用合辙车，幰竿减三尺，流苏减十道，带减一重。帱额魌头车魂车准前。挽歌铎翣四神十二时各仪，请不置。所造明器，并令用瓦，不得过七寸。"② 较之玄宗朝，这次的新规更为细致，但对庶民丧葬规格的限制却又一次放宽，比如车辆从不得使用流苏变为允许使用但使用数量有所限制。到了乾符二年（875 年）时，连当时在位的唐僖宗面对民间厚葬的风气也只能无奈地"委中书门下次第条流，稍为改革"③，至此，唐政府实质上已经放弃了对厚葬风气的管理。可见，厚葬的风俗贯穿了整个唐代，无论身处何等阶层、经济状况如何，唐人在丧葬上的花费始终居高不下。

由于治丧费用高昂，普通家庭仅凭一己之力很难承受，因此他们往往需要借助外力来完成这一活动。唐穆宗长庆三年，浙西观察使李德裕汇报其在任内宣传薄葬的成果时提道："或结社相资，或息利自办，生业以之皆空。习以为常，不敢自废。人户贫破，抑此之由。……今百姓等丧葬祭……并不许以金银锦绣为饰，陈设音乐。其葬物涉于僭越者，勒禁。结社之类，任充死亡丧服粮食等用。"④ 从李德裕上奏的内容可以看出，借贷和结社就是当时百姓解决治丧费用的主要方式。相比借高利贷这种加速家庭破产的方式，结社互助对小农家庭的经济的影响则相对温和。宁可和郝春文在《敦煌社邑的丧葬互助》⑤一文中，对这一现象进行了详尽的分析。其中，社邑丧葬互助需要成员提供的内容包括赠纳物品和送葬两类。唐五代时期，赠纳的物品包括食品和用品两类，食品包括粟、麦、面、饼、酒等，用品包括油、柴和织物，其中像布、绢这样的贵重织物有时仅是出借而非赠与。这种社邑互助治丧的方式虽然可以减

①　（北宋）王溥. 唐会要 ［M］. 北京：中华书局，1955：695.

②　（北宋）王溥. 唐会要 ［M］. 北京：中华书局，1955：696.

③　（清）董诰，等. 全唐文 ［M］. 北京：中华书局，1983：929.

④　（北宋）王溥. 唐会要 ［M］. 北京：中华书局，1955：697.

⑤　宁可，郝春文. 敦煌社邑的丧葬互助 ［J］. 首都师范大学学报（社会科学版），1995（6）：9.

轻社邑成员置办丧事时的经济负担，但加入社邑也需要定期缴纳一定的实物或费用，对于较为贫穷的家庭来说，这也是一笔不小的固定开支。

除了丧葬，婚礼的费用也是唐代大多数家庭无法避免的开支，且随着社会的稳定经济的发展，婚礼的奢侈之风也从贵族豪门的攀比中扩散开来。唐太宗贞观六年，御史大夫韦挺便上表陈述这一社会现象："今贵族豪富，婚姻之始，或奏管弦，以极欢宴，唯竞奢侈，不顾礼经，非所谓嗣亲之道。"① 韦挺提议抑制奢华的婚礼，使婚礼回归其在礼法上的本来含义，以此引导简朴、守礼的社会风气。唐太宗在贞观十六年禁止卖婚的诏令同样意在于此，然而这样的风气并没有得到遏止。

唐代婚俗中，婚礼的各项花费以喜宴和嫁妆聘金为最，与葬礼一样，婚礼同样成为权贵豪富夸耀富有的场合。受这样的风气影响，嫁妆和聘金的数额节节攀升，唐高宗显庆四年的诏令对社会各阶层的嫁妆做出了规定，其中"八品以下，不得过五十匹。皆充所嫁女赍妆等用，其夫家不得受陪门之财"②。然而在实际操作中，违背诏令的现象并不罕见，在《太平广记》所记载的李敏求和衡山隐者的故事中便可见一斑。李敏求之妻伊氏的兄长为给妹妹备嫁，将城南的一个庄园卖出，所得的一千贯钱悉数作为伊氏的嫁妆③；而衡山隐者的妻子是乐人之女，因为颇有姿色，求婚者众多，而其父母索要的五百千钱聘金使得众求婚者"莫不引退"，最终衡山隐者以二百两黄金成功求娶了这位乐人之女④。《太平广记》中的故事虽然大多充满了传奇色彩，但故事中所反映的社会现象和风俗仍可作为参考，以此为例，可见婚礼中的奢侈之风已经从社会上层向下扩散，对普通百姓的生活产生了不良影响。

除了嫁妆和聘金，婚礼的重头戏——婚宴，在花费上也不遑多让。唐睿宗太极元年，左司郎中唐绍上表提议禁断婚礼上"障车"的风俗，以减少散财、奏乐、歌舞等有伤风化的现象。唐武宗又于会昌元年十一月下敕令："婚娶家音乐，并公私局会花蜡，并宜禁断。"⑤ 然而，与治理厚葬风气一样，唐政府对民间婚礼的奢侈之风的治理效果同样乏善可陈。至宣宗时，永州地区的婚宴仍有"昼夜集，多至数百人，贫者犹数十"⑥ 这样的场面，豪富之家的婚礼

① （北宋）王溥. 唐会要 ［M］. 北京：中华书局，1955：1527.
② （北宋）王溥. 唐会要 ［M］. 北京：中华书局，1955：1529.
③ （宋）李昉，等. 太平广记（全十册）［M］. 北京：中华书局，1961：1126-1129.
④ （宋）李昉，等. 太平广记（全十册）［M］. 北京：中华书局，1961：283.
⑤ （北宋）王溥. 唐会要 ［M］. 北京：中华书局，1955：1530.
⑥ （宋）欧阳修，宋祁. 新唐书 ［M］. 北京：中华书局，2000：4324.

宴请规模多达数百人，甚至贫寒之家的婚宴规模也有数十人之巨，显然，这对普通家庭来说同样是一个不小的负担。

与葬礼类似，为了应对这一笔不菲的开销，除了借贷，普通百姓同样选择通过社邑互助的方式减轻因婚礼产生的经济负担。《壬戌年十月十七日亲情社南街都头荣亲转帖》中记载了社邑成员在其他成员婚礼时所要承担的责任："人各床薄毡褥盘椀酒等，准于旧例……如有后到，罚酒壹角；全不来者，罚酒半瓮。"① 社邑成员要按照规定为举行婚礼的成员提供床薄毡褥盘椀等器物和酒的赞助，未能履约的社员则会受到一定的惩罚。与社邑成员间的丧葬互助相似，这种互助的形式避免了小农家庭因为一次性开销过大而破产，而将婚礼的费用变为家庭的长期固定支出。

这些额外的费用使得仅依靠土地为生的小农家庭应对风险的能力进一步下降，小农家庭维持其生存和再生产的能力也更为脆弱。在这样的情况下，"小生产者是保持还是丧失生产条件，则取决于无数偶然的事件，而每一次这样的事故或丧失，都意味着贫困化，使高利贷寄生虫得以乘虚而入。对小农民来说，只要死一头母牛，他就不能按原有的规模来重新开始他的再生产。这样，他就坠入高利贷者的摆布之中，而一旦落到这个地步，他就永远不能翻身。"②

3. 私人借贷契约中出现的借贷原因

本节所探究的敦煌和吐鲁番地区小农家庭的收支情况中的收入是基于两税法实施之前，即均田制下农户家庭通过耕作获得的收入。到了两税法施行之后，小农家庭更是连本就达不到均田令标准的土地都难以保全了，失去土地的农民只有通过租种富户的土地成为佃农或放弃人身自由从而成为地方豪族依附者这两种方式维持生存。在这样的情况下，他们甚至连种子都要时常通过借贷的方式获得："今制度弛紊，疆里隳坏，恣人相吞，无复时限。富者兼地数万亩，贫者无容足之居。依托豪强，以为私属，贷其种食，赁其田庐，终年服劳，无日休息，罄输所假，常患不充。"③ 土地兼并导致小农失去自己的土地，不仅只能租种富户豪强的土地，甚至连居所都要依靠租赁他们所依附的豪强的土地获得。即使侥幸保有自己的土地，在新的税制下，他们还要面临比租庸调

---

① 宁可. 敦煌社邑文书辑校［M］. 南京：江苏古籍出版社，1997：193.

② 中央编译局. 马克思恩格斯文集7·资本论（第三卷）［M］. 北京：人民出版社，2009：678.

③ （唐）陆贽. 陆宣公全集［M］. 何衡孙，校. 上海：世界书局，1936：157-159.

时期更为沉重的负担："两税法总悉诸税，初极是便民。但缘约法之初，不定物估，粟帛转贱，赋税自加，民力不堪。"① 这道元和六年四月敕要设立两税使这一职务的目的便是希望能够通过加强各地税收监管的方式解决两税法实施后出现的地方擅自加税的弊端。

尽管唐中央政府一直致力于维持小农阶级的存续，但小生产者，特别是农民，仍然是民间私人借贷活动中的主要债务人。由赋税导致的小农家庭落入高利贷者摆布的情况由来已久，早在《管子》中便已经有对于这一现象的成因和影响的论述："凡农者月不足而岁有余者也，而上征暴急无时，则民倍贷以给上之征矣。耕耨者有时，而泽不必足，则民倍贷以取庸矣。秋籴以五，春粜以束，是又倍贷也。故以上之证而倍取于民者四，关市之租，府库之征粟十一，厮舆之事，此四时亦当一倍贷矣。夫以一民养四主，故逃徙者刑而上不能止者，粟少而民无积也。"② 也就是说，因税而贷的原因并非农户劳作一年的收益不足以应对税赋的征收，而是征收税赋的时间与农户的收获期不匹配，税赋的征收没有固定的时间，对农户而言，这意味着他们时常需要在青黄不接时缴纳税赋，而税赋征收又不容拖延，在这种情况下，农户不得不以高昂的利率进行借贷以保证按时交税。到了收获期，农户的大量收成要被用来还债。各项正税杂税、利息租金再加上生产生活中的其他开销，相当于一个农民同时供养着四个债主，如此循环之下，农民便既无粮食又无积蓄，如此一来，即使有刑罚的威胁，农民依然要想方设法逃亡。大量民户流失对于统治者来说是不利的，因此便有了前文提到的唐代律令对民间借贷利率的限制和对人口流动限制的双管齐下，以期能减少农户因为借贷而破产、逃亡现象。

具体到唐代敦煌和吐鲁番地区的民间私人借贷需求存在的必然性，首要的便是唐代小农家庭由于收支不平衡而引发的借贷。在收入方面，如前文所述，均田制下的敦煌和吐鲁番地区受限于自然条件，授田数量普遍不足。且处于经济弱势的小农所拥有的土地也很可能并不会太肥沃，再考虑到灾荒、虫害等情况，即使有手工业等副业补充家庭收入，丁均拥有土地不足五十亩的小农即使终年劳作，其收入也未必能保证温饱。③ 而在支出方面，小农需要交纳的赋税不仅没有任何减免，甚至时常超过中央政府规定的数量，④ 再加上各项日常开

---

① （北宋）王溥．唐会要［M］．北京：中华书局，1955：1550.
② 黎翔凤，梁运华．管子校注［M］．北京：中华书局，2004：925.
③ 罗彤华．唐代民间借贷之研究［M］．北京：北京大学出版社，2009：151.
④ 罗彤华．唐代民间借贷之研究［M］．北京：北京大学出版社，2009：162.

销，如衣、食、工具、婚、丧等，本就无所积蓄的小农只能通过借贷的方式维持最低限度的生活需要。作为本文研究材料的私人借贷契约，特别是借粮契中，凡是注明借贷原因的，无不是"为无/少粮用""为无/少种子"等理由，无粮、少粮意味着借粮者当下缺乏食物，而缺少种子意味着他们的再生产能力的丧失，因此这些契约无不体现了债务人对借贷的迫切需求。

其次，是由兵役引起的借贷。第五章中表 5-1 所列举的《唐麟德二年（665 年）高昌赵丑胡贷练契》和《唐麟德二年（665 年）高昌张海欢、白怀洛贷银钱契》中的债务人分别为西域道征人和前庭府卫士，其时正值唐与吐蕃发生战争之际，由此可推断这两件契约所反映的借贷事件是由兵役引起的。唐代服兵役的人需要自己承担路费、装备等费用，兵役对于一个普通的农民家庭来说不仅是一笔不菲的支出，更意味着这个家庭在未来一段时间内，乃至是永远失去了一个丁口，这也意味着这些士兵背后的家庭面临着拥有土地进一步减少的风险。

第三，由经商引起的借贷。在均田制下，身处宽乡的商人仅能获得少量的土地，而在敦煌吐鲁番这种人地关系紧张的狭乡，他们更是完全不可能获得授田，面对商业活动的巨大利润和风险性，无法获得公廨本钱的小商人群体对民间借贷也存在着必然的需求。第五章中表 5-1 所引《唐龙朔元年（661 年）西州龙惠奴举练契约》中借练的数量为三十疋，这远远超出了普通家庭的普遍借贷数量，且月息为练四疋，即月利率高达 13.3%，更兼契约中又有对利息超期不付的惩罚这种比起其他借贷契约更为严苛的条款，显然超出了正常家庭生产、生活的必要范畴，又反映出债务人龙惠奴会因这笔借贷获得更多的收益或者同时也有更高的风险，因此债权人为确保自己的利益而提出了上述严苛的条款。唐耕耦据此推断这三十疋练为商业资本贷款，[1] 也就是说这笔借贷是由经商引起的。

第四，由觅差赴任引起的借贷，这一类借贷的债务人多为低级的官吏。敦煌地区出土的唐末或后唐时期的一件抄样《乙未年（875 年或 935 年）就弘子等贷生绢契（抄）》[2] 记录的就是这一类情况：

1. 乙未年三月七日立契，押衙就弘子于西州充使，欠

---

① 唐耕耦. 唐五代时期的高利贷——敦煌吐鲁番出土借贷文书初探 [J]. 敦煌学辑刊，1985（2）.

② 唐耦耕，陆宏基. 敦煌社会经济文献真迹文献释录（第二辑）[M]. 北京：书目文献出版社，1990：110.

2. 少绢帛，遂于押衙阎全子面上贷生绢一疋，长四

3. 十尺，福（幅）阔一尺八寸三分。其绢至西州回来之日，还

4. 绢里（利）头立机细递缄一疋，官布一疋，其绢限一个月还。

5. 若得一个月不还者，逐身于乡原生里（利）。若身东西

6. 不平善者，一仰口承男某甲抵当，但别取本绢，无里（利）

7. 头。两共对面平章，不喜（许）悔者，用为后验。

债务人就弘子借贷的原因就是前往西州"充使"所需要的费用不够，于是向同僚阎全子借生绢一疋，约定就弘子自西州返回后立即支付利息并于一个月内返还本金，并且双方约定以额外的利息作为债务人不能按时还本的赔偿。从支付利息和返还本金的时间差可以看出，就弘子此次充使会获得一定的报酬，酬金很有可能就是双方利息中所约定的两种织物。由于此类借贷，债务人能够获得稳定的收入，从而相较于前三种原因引起的借贷，为觅差赴任而借贷偿还风险相对较低，因此对家庭的影响相对较小。

除此之外，还有为还债而进行的借贷活动，因此类契约目前所见者，均是向寺院借贷，① 故不在本书所探讨的私人间的借贷活动的范围内。

归根结底，对以农业为主要收入来源的敦煌和吐鲁番地区的小农家庭来说，由于土地拥有量少、自然条件带来的农业收入不稳定以及赋役负担沉重等原因，他们的家庭可支配收入并不高，每一笔额外支出都会对他们的基本生活造成负面影响，因此敦煌和吐鲁番地区的小生产者群体对借贷必然有着长期且稳定的需求。同时，受限于身份和偿还能力，这一群体几乎无法获得官方借贷的支持，这就使得他们在遇到经济上的困难时不得不求助于民间借贷。

（二）供给

在生产力发展水平、自然条件和社会经济条件的共同作用下，敦煌和吐鲁番地区在有唐一代对民间借贷有着庞大的需求，从出土契约的内容来看，私人借贷契约中无息借贷占半数以上，这或许是借贷最初的互助性质的残留。《中国古代契约发展简史》中对借贷的最初的形态做出了考证：借贷"初始出现时，尚不具后来的经济学上欠负债务的含义"②。最初的"借"与"贷"的含义是不同的，上古时期的"贷"是出借方的无偿赠与，是人与人之间的互相

---

① 唐耕耦. 唐五代时期的高利贷——敦煌吐鲁番出土借贷文书初探［J］. 敦煌学辑刊，1985（2）.

② 乜小红. 中国古代契约发展简史［M］. 北京：中华书局，2017：56.

帮助、互通有无，因此借入方无需偿还。西周以后，"贷"开始与"借"相关联，具有了欠付债务的含义，不再是出借方的无偿赠与，需要债务人偿还本金的私人无息借贷于此时出现。而与此同时，国家出借粮食或种子的活动仍然保有上古时期救助的含义。① 此时的借贷同时包含"无息借贷"和"赠与/救助"这两种形态，在这一过渡时期结束之后，有息借贷随着以盈利为目的的放贷人的出现而产生。

到了唐代，民间有息借贷的月利率大多在 10% 以上，这样的利率水平已经达到了高利贷的标准。如前文所述，小生产者对借贷有着较高的需求，但这一群体的偿付能力有限且单笔借贷数额较小，因此他们完全不可能直接获得官方贷款，同时他们对借贷的需求又是长期、稳定且迫切的存在。对私人放贷者来说，既有大量的潜在需求，又有相对稳定的回报，他们当然不会拒绝这样一种聚敛财富和声望的方式。而放贷取利的群体也从早期的贵族豪强，扩大到地主富商等阶层，前文提到的在多份私人借贷契约中以债权人身份出现的左憧憙就是一个家产丰厚的地主。

有息借贷的债权人放贷目的可以说是非常明确的，而同一时期大量存在的无息借贷契约的债权人的放贷目的，从结果上来看就比较复杂了。一方面，契约中包含有夺掣家资、超期生利、以口分田作质以及违约双倍偿还等十分苛刻的违约惩罚条款，债务人一旦未能按时偿还本金，那么他的其余财产就很可能被债权人剥夺殆尽，因此，尽管是无息借贷，债权人依然能够从中获取收益；而另一方面，如果债务人能够按时偿还债务，那么债权人的放贷行为就相当于对债务人的救助。可见，先秦时期借贷的救济性质在唐代的私人借贷活动中尚有些许残留，更兼当时的敦煌和吐鲁番地区的主流宗教也倡导周急救穷的善举，这自然也会对债权人的行为产生影响。

成书于汉代的道教早期经典，《太平经》中就有倡导疏财济世之语："人有财相通，施及往来。"② 这是因为，道教认为财富并非属于个人，而是"天地中和所有"，将属于天地的财物"封藏逃匿于幽室"，会导致财富的拥有者"与天为怨，与地为咎，与人为大仇，百神憎之"③。《太平经》不仅是号召有财之人疏财济世，同时也认为这是他们应尽的责任："积财亿万，不肯救穷周

---

① 乜小红. 中国古代契约发展简史 ［M］. 北京：中华书局，2017：56-61.

② 王明. 太平经合校 ［M］. 北京：中华书局，1960：307.

③ 王明. 太平经合校 ［M］. 北京：中华书局，1960：246-247.

急，使人饥寒而死，罪不除也"①，明明拥有救济他人的能力却无动于衷，这在道教的审判中是不容赦免的罪行。

佛教中对于钱财这样的身外之物的态度，也有一套完整的义利观相匹配：首先，佛教思想本就倡导轻财。僧侣只有远离财物才能保持本心，一心向佛②；更何况财物生不带来、死不带去，因而佛教认为财富的所有权是不固定的，所以人们应当在拥有财富的支配权的时候，尽可能地利用这些实质上并不属于自己的财物来惠及他人，成就自己的善行："若悭贪念起，当念财物珍宝，生不持来，死不俱去，而流迁变化，朝夕难保。身不久存，物无常主，宜及当年施恩行惠，赡之以财，救疾以药。终日欣欣，务存营济。"③ 其次，佛教倡导"诸恶莫作，众善奉行"④，一味求利求财，难保不会因心境改变而滋生恶念，《梵网经》中有四十八轻戒，其中第三十二戒的损害众生戒，就是对仗势抢夺他人钱财的示警。为自身修行的同时还能兼顾他人利益是佛教所推崇的高尚境界："上求菩提为自利，下化众生为利他。小乘之行，唯为自利，菩萨之行，乃兼利他。"⑤ 而"自利利他"⑥ 这种通过行善为自己积攒福报的同时，又能够惠及他人的行为正是佛教中修身的最终目的。

另有吐蕃统治敦煌时期的《吐蕃龙年（824年±）刘六通借麻纸契》《吐蕃龙年（824年±）薛珍兴借刀契》《吐蕃鸡年（829年±）宋三娘借杂物契》这三件以日常用品为标的物的借贷契约，可视为邻里间的互通有无的代表。特别是前两件契约，刘六通与薛珍兴互为债权人，甚至两件契约的知见人都为索大列、阴伯力、康芒色、宋六六等同样的四人，这两件契约与其说是借贷，实际上更像是邻里间的日常互助。第三件契约所借杂物中的"四个瓷碗"也是常见的日用品，比起取利和救济，也更接近于邻里间的临时帮忙。因此，这三件契约的记录作用要大于它们的法律意义。

综上所述，作为民间借贷活动中的供给方，债权人放贷不外乎救助、互助

---

① 王明．太平经合校［M］．北京：中华书局，1960：242.

② 郭宇．孔子与佛祖之间：敦煌话本中的儒佛互通［D］．曲阜师范大学，2018.

③ 刘立夫，魏建中，胡勇．弘明集［M］．北京：中华书局，2013：908.

④ 法救．法句经［M］//大正新修大藏经（第四册）．日本：大藏株式会社，1934：560.

⑤ 丁福保．佛学大辞典［M］．北京：文物出版社，1984：34.

⑥ （宋）真宗皇帝，等．四十二章经注疏：附佛遗教经、八大人觉经注疏［M］．张景岗，点校．北京：线装书局，2016：215.

和获利三种目的。然而，在不同的借贷活动中，由于债务人的偿还能力、计息方式以及惩罚条款的差别，债权人的放贷目的不能单纯依靠债务是否为有息借贷来进行判断。

第四章 唐以前的国家法律对私人借贷活动民间秩序确立的影响

回溯借贷活动的产生和发展过程，我们会发现唐代敦煌和吐鲁番地区的民间私人借贷活动规则建立的过程并不是孤立或突兀的。由于私人借贷活动自其出现之日起就广泛存在于封建王朝的统治基础——小生产者，特别是小农群体中，且对小农阶级中的个体的存亡有着巨大的影响，因而历朝历代的统治者都不会忽视对民间借贷活动的管理。因此，维系私人借贷活动运转的秩序中必然存在着许多正式制度，即国家法律的痕迹，或者也可以说，唐代敦煌和吐鲁番地区私人借贷活动的秩序，本质上是唐代及以前各个时期的国家律令、社会习俗和道德规范互相影响、融合进而发展出来的产物，这一秩序主要由正式制度和非正式制度，即国家法律和乡规俗约这两部分构成。正因如此，考察唐以前历代王朝对民间借贷活动的干预情况是探究唐代敦煌和吐鲁番地区的私人借贷活动民间秩序的形成的不可缺少的前提条件。

就现有材料来看，我国古代法律中明确对借贷活动进行干预的条款最早出现于秦汉时期，因此，本章将以先秦和秦汉这两个时期位重心，梳理国家法律干预民间借贷活动的萌芽时期以及相关法律条款的形成，并分析它们对唐代敦煌和吐鲁番地区的私人借贷活动的影响。

一、先秦时期的借贷活动

原始社会早期，人们在遇到困难时会以互通有无的形式互帮互助共渡难关，那时尚没有借与还以及债务的概念。借贷活动通常被认为产生于原始社会晚期的"贫富分化之间"[1]，尽管随着私有制的出现，人们的财富水平开始分化，但由于这一时期依然处于"农产品根本不进入或只有极小部分进入流通

---

① 吕振羽. 殷周时代的中国社会 [M]. 北京：生活・读书・新知三联书店，1962：70.

过程，甚至代表土地所有者收入的那部分产品也只有一个比较小的部分进入流通过程"① 的纯粹的自然经济社会，原始社会的互助传统此时依然在延续，只不过西周时期给予救济的一方变为了拥有更多财富和资源的大宗："异居而同财，有余则归之宗，不足则资之宗"②，这说明西周时期宗族内财产共享，小宗旁支即使分居也有向大宗上交余财的义务，而相应的，在他们的生活陷入困窘时，大宗则有责任帮扶接济他们。比起借贷关系，大宗对小宗的接济还是更接近于原始社会早期的互助关系，但变化也已经出现，即小宗对大宗负有上交余财供养大宗的义务。同理，作为天下的大宗，周王室受到全天下的供养，因此，周天子在百姓遭遇饥荒的时候，同样具有周穷救急的义务，并且范围是全国性的。因而周武王提出了"出拘救贫，分财弃责，以振穷困"③ 理念，并且西周时期也有专门的官职负责这样的赈济事务："旅师……以质剂致民，平颁其兴积，施其惠，散其利，而均其政令。凡用粟，春颁而秋敛之……"④ 周王设置旅师一职负责向平民征收、存储并保管粟这类粮食产物，再在平民有需要的时候提供给他们，用以周济他们的生活以及保障他们的生产，春耕时作为种子发放，秋季收获时则要收回。也就是说，此时已经出现了有借有还这样的借贷活动雏形，即文中提到的"质剂"。虽然不再是无偿赠与，但其实质与宗族内的帮扶互助异曲同工，相当于受助者用丰年的盈余为自己未来可能出现的困窘换取一份生活和生产的保障，只不过宗族内的帮扶可能依然延续着原始社会互通有无的状态，因为《周礼》中未提及小宗有偿还大宗资助的义务；而国家在春耕时给予的救济粮，平民在秋收时至少是需要还本的。由于此时借贷活动的发展尚处于萌芽期，且这种官方放贷的举动本就以救济为主要目的，因此，即使需要支付利息，利息也很可能不会太高，《周礼》中记载："凡民之贷者，与其有司辨而授之，以国服为息。"⑤ 这里的"息"，郑玄将其解释为

① 中央编译局．马克思恩格斯文集 7·资本论（第三卷）［M］．北京：人民出版社，2009：888-889.

② （汉）郑玄注．（唐）贾公彦疏．仪礼注疏［M］．北京：北京大学出版社，1999：573.

③ 张双棣，张万彬，殷国光，陈涛．吕氏春秋译注［M］．长春：吉林文史出版社，1987：439.

④ 徐正英，常佩雨．周礼［M］．北京：中华书局，2014：343.

⑤ 徐正英，常佩雨．周礼［M］．北京：中华书局，2014：322.

"以其国服事之税为息也"①，郑玄的这一注解以其所生活的汉代的情况为基础，并给出了一个具体的利率5%。现代研究者对《周礼》中提到的"息"主要有两种解释，一是以百姓的耕作收获物作为利息，② 另一种则认为这个"息"并不是以实物的方式缴纳，而是债务人以劳役的方式进行抵偿。③ 如果是劳役抵偿，那么《唐显庆四年（659 年）高昌白僧定贷麦契》（编号：64TAM20：34）④ 中的以力役抵偿债务的偿还形式就有可能是周礼的影响在民间私人借贷活动中的延续，只不过目前可见的以力役抵偿债务的唐代借贷契约仅此一件，这或许也说明这一传统在唐代已经不再是私人债务的主流偿还方式。

时间推进到春秋时期，由于周王室权力逐渐被削弱，威望也随之下降，周天子被迫下放其所拥有的权力，周济贫苦百姓的责任由各方诸侯乃至他们的封臣陆续接手，借贷的性质也在这一时期开始由慈善转向营利，与此同时，施舍和无息借贷依然存在，只不过它们更多地成为了贵族们收拢民心，进而实现其政治目的的手段。如《左传》记载："（襄公二十九年）于是郑饥，而未及麦，民病。子皮以子展之命，饩国人粟，户一钟，是以得郑国之民。故罕氏常掌国政，以为上卿。……宋亦饥，请于平公，出公粟以贷，使大夫皆贷。司城氏贷而不书，为大夫之无者贷。"⑤ 郑国上卿子皮通过向饥民放贷收拢民心，为自己的家族积累政治资本，他所在的家族经常能够执掌国政；宋国的司城子罕在宋遇到饥荒时效法子皮，请求国君放粮，并且要求贵族们向平民放贷，与此同时，他本人放贷却不立契约，这一行为实际上就是不要求借贷人偿还，属于施舍性质。毕竟《周礼》显示，此时的官府已经将契约作为判决债务纠纷的依据了："凡以财狱讼者，正之以傅别、约剂。"⑥ 周王室设立的士师一职，其责权包括处理财物纠纷，在这一过程中，最重要的证据就是契约；另一职官朝士受理债务纠纷的条件是起诉人要有契约作为债务关系凭证："凡有责者，有判书以治，则听。"⑦ 可见此时的契约就已经在债务纠纷中有着重要的法律作

---

① （汉）郑玄注．（唐）贾公彦疏．周礼注疏［M］．北京：北京大学出版社，1999：381.

② 乜小红．中国古代契约发展简史［M］．北京：中华书局，2017：57.

③ 刘秋根．试论中国古代高利贷的起源和发展［J］．河北学刊，1992（2）：97-102.

④ 张传玺．中国历代契约粹编（上册）［M］．北京：中华书局，2014：301.

⑤ 郭丹，程小青，李彬源．左传［M］．北京：中华书局，2012：1462-1463.

⑥ 徐正英，常佩雨．周礼［M］．北京：中华书局，2014：753.

⑦ 徐正英，常佩雨．周礼［M］．北京：中华书局，2014：767.

用了。因此，子罕的"贷而不书"实际上就是免除了其与灾民之间的债务关系，放弃了收回本金的权利，这在一众还需要还本的无息借贷中自然更能赢得百姓的好感，因此叔向评论他说："二者其皆得国乎！民之归也。施而不德，乐氏加焉，其以宋升降乎！"也就是说，双方都能够凭借各自放贷救济灾民的行为收拢的民心进而掌权，其中施恩不望报的子罕又更胜一筹，甚至他的家族都能因此获得极高的威望。

另一例也出自《左传》，关于齐国陈氏崛起的原因："此季世也，吾弗知。齐其为陈氏矣！公弃其民，而归于陈氏。……以家量贷，而以公量收之。……民人痛疾，而或燠休之，其爱之如父母，而归之如流水，欲无获民，将焉辟之？"① 陈氏家的各种量器都比齐国正式的量器要大，他们按照自家量器的标准借给百姓粮食，而收回的时候所用的标准则是齐国的量器。无论陈氏出借的粮食是有息还是无息的，向陈氏借贷所要偿还的数量都显然是要少于相同偿付规则下的来自国君或者说官方的借贷，由于当时的国君和贵族的放贷往往都具有救济性质，因此普通百姓能够从陈氏身上感受到的善意和诚意明显是多于齐国国君的。故而，晏子认为陈氏凭借这样的手段在齐国的威望将很快超过国君，同时，他也将陈氏这种举动视作善举，认为陈氏是值得百姓的爱戴的。尽管郑国子皮、宋国子罕和齐国陈氏的行为会造成自己及家族的财富上的损失，但他们的目的本来也不是通过放贷获取物质上的利益，而是意在扩大自身及家族的威望和政治影响力。只不过他们的举动又确实在灾荒时期起到了保障百姓基本生活以及促进生产恢复的作用，因此即便这些贵族另有目的，人们对他们的放贷行为本身还是持正面评价的。

从上面的例子可以看出，尽管无息借贷更为普遍，但春秋时期同样存在着有息借贷，否则减免利息在这一时期也不会收到聚拢民心的效果。与出自贵族们的带有施舍性质的无息借贷广受好评形成对照的是，当时的人们对有息借贷往往持负面评价。如昭公三年（前540年），叔向评论晋国上卿栾桓子："骄泰奢侈，贪欲无艺，略则行志，假贷居贿，宜及于难，而赖武之德，以没其身。"② 叔向对栾桓子的无德十分厌恶，甚至到了认为栾桓子不应该得到善终的地步，而他所列举的栾桓子的恶行中就有通过放贷聚敛财富这一条。在春秋时期被记录下来的借贷活动中，债权人大多是处于统治阶层的王公贵族，他们普遍被认为对其治下的百姓负有救济的义务，因此，有息借贷这种从百姓身上

---

① 郭丹，程小青，李彬源. 左传 [M]. 北京：中华书局，2012：1597.

② （战国）左丘明. 国语 [M]. 鲍思陶，点校. 济南：齐鲁书社，2005：234.

攫取财富的借贷形式不仅被看作统治者个人品德缺陷，更是会动摇统治根基的恶政。

早在春秋时期，借贷活动中就已经出现了官方借贷和私人借贷两种不同的债权人主体，而无论是官方还是私人借贷，都与政治、权力有着密切的关系。到了战国时期，社会生产力进一步发展，人类社会的分工"创造了一个不从事生产而只从事产品交换的阶级——商人。……随着它，出现了金属货币即铸币。……在使用货币购买商品后，出现了货币借贷，随着货币借贷出现了高利贷"①。在这样一新的历史阶段，债权人所属的社会阶层继续向下扩散，平民阶层中的商人群体开始介入借贷活动。商人天性逐利，这一群体的崛起不可避免地带来了有息借贷乃至高利贷的普遍化，以至于身为天子的周赧王都会成为富商巨贾们的债务人："周赧王虽居天子之位，为诸侯所侵逼，与家人无异，贳于民而无以归之，乃上台以避之，故周人因名其台曰逃债台。"② 成语"债台高筑"所讲述的就是周赧王从商人那里筹措到了与诸侯开战的物资，后又因无力偿还而逃到高台躲债的故事，这一事件既反映出当时身为债权人的商人群体的强势，同时也反映出借贷活范围的扩大，从平民百姓维持基本生活的费用到王室诸侯的战争贷款，借贷活动已经扩散至社会生活的各个方面。

自初税亩制度在鲁国开始实行，进而带来土地私有化合法化起，社会贫富差距进一步扩大，到了战国时期，普通百姓的生活更为困窘，以交税为目的的借贷也由此开始出现："凶年，粪其田而不足，则必取盈焉……终岁勤动而不得已养其父母，又称贷而益之。"③ 这一时期施行的税收形式是孟子强烈反对的定额税，因为一旦遇到歉收的年份，普通百姓在供养家庭、维持再生产和缴纳税赋的三重压力下就必然会选择借贷以解燃眉之急。连周天子都因无力偿还债务而不得不避入高台，普通百姓一旦踏入高利贷的旋涡，就更加难以逃离这一深渊。

二、秦汉时期国家对民间借贷活动的干预

时间来到秦汉时期，借贷已经彻底脱去了救济的含义，终于转变为我们所

---

① 中央编译局. 马克思恩格斯选集（第四卷）[M]. 北京：人民出版社，2012：182.

② （宋）李昉. 太平御览 [M]. 北京：中华书局，1960：864.

③ 万丽华，蓝旭. 孟子 [M]. 北京：中华书局，2007：104.

熟悉的"债务"概念，进而被纳入国家管理，具体表现为国家将对借贷活动的相关规定写入了律令。① 睡虎地秦简《秦律·金布律》中明确了国家与百姓间的债务关系及偿还规则："有债于公及赀赎者居它县，辄移居县责之。公有债百姓未偿，亦移其县，县偿……百姓若假公器及有债未偿，其日促以收责之，而弗收责，其人死亡；……令其官啬夫及吏主者代偿之。……其债毋敢逾岁，逾岁而弗入及不如令者，皆以律论之。"② 这一条例的主要内容包括两点，一是国家与百姓之间的债务的偿还由百姓居住地的官府负责，如果百姓是债务人，那么就由当地官府负责追讨，如果百姓是债权人，则由当地官府负责偿还；第二点是作为债务人的百姓的偿还问题，如果因为追讨不力导致未能在债务人去世之前收回他所欠的债务，那么这一部分债务就由该官府啬夫和主管这件事的吏代为赔偿；债务人健在，则要在一年内偿还债务，由于是公债，违约拖欠就是违反律令，因此要按照刑律处置。由此可见，在百姓拖欠官方债务的时候，地方官吏负有保证债务人偿还的责任，在他们失职的情况下，偿还债务的责任不由债务人的亲属继承。这一点与后文会详细论述的唐代敦煌吐鲁番的私人借贷契约的保人责任中的留住保证具有相似性。由金布律的内容推断，如果啬夫与主事官吏同时还负有审核借贷资格的责任，那么他们在官方对个人的借贷活动中实际上就是起着保人的作用的。除此之外，秦律中还有禁止债务奴隶的规定："百姓有债，勿敢擅强质，擅强质及和受质者，皆赀二甲。"③ 这一规定针对的是私人债务的质押，私人债务不允许以人为质，对强行索取人质的债权人和同意提供人质的债务人都会受到经济处罚，即各缴纳两副铠甲。这也说明在这一时期，私人借贷中，存在着以人为质的现象，而且较为普遍。这显然是与当时的人头税相冲突的，因此秦律的此项条款既是保证税收、徭役，又在一定意义上保障了债务人的人身自由。

到了汉代，随着汉初经济的发展，豪民阶层崛起，出现了众多从事高利贷行业的人，他们被称为"子钱家"。由于高利贷行业的丰厚收益，勋贵官员乃至宗室皇亲也都投身其中，面对这样的情况，汉政府对私人借贷活动的管理进一步深入，首先是对放贷人的身份进行限制，《二年律令》中规定："吏六百

---

① 乜小红. 中国古代契约发展简史 [M]. 北京：中华书局，2017：60.
② 王辉. 秦出土文献编年 [M]. 台北：新文丰出版社，1989：145.
③ 郝勤健. 睡虎地秦墓竹简 [M]. 北京：文物出版社，1978：214.

石以上及宦皇帝，而敢字贷钱财者，免之。"① 即禄秩在六百石以上的官员和
禄秩体系之外的皇帝近臣②不被允许放贷牟利。其次，汉武帝在位时期对民间
借贷的利率也曾做出过规定，玉门花海汉代烽燧遗址出土的汉简中就有关于利
息的记载："过月十五日，以日斗计。"③ 同时，在一些旁证中，我们也能看
到汉代法定利率的存在。例如，武帝元鼎元年（前116年），旁光侯"坐贷子
钱不占租，取息过律，会赦，免"④。以及汉成帝建始二年（前31年），陵乡
侯因为"使人伤家丞，又贷谷息过律"⑤ 被免除爵位。可见当时不仅存在法
定利率，而且它的执行对象不仅包括以此为业的子钱家，也包括其他阶层中以
此牟利的人，乃至皇室宗亲参与的放贷都在法定利率的约束下。而由官方设定
民间借贷利率上限的这一传统也一直延续到后世。此外，汉武帝时期恢复了汉
初的"算缗"政策，向商人征收财产税，高利贷从业者也在这一政策的覆盖
范围内，同时又施行"告缗"政策鼓励人们向官府揭发算缗不实者。并且，
高利贷从业者被要求主动向官府登记以便于征税，这便是旁光侯免爵原因中提
到的"占租"。其次，在偿还责任方面，有"既有故物，知责家中见在者"⑥
以及"即不在，知责家"⑦ 这样的规定，即债务人不在时，他的家人便负有
偿还债务的责任，在唐代私人的借贷契约中表达债务人亲属负有连带偿还责任
的套语与这一规定遥相呼应。不过汉代的私人借贷契约的格式与唐代相比就十
分简单，从《西汉元延元年（前12年）师君兄给师子夏贷钱券》⑧ 中便可窥
知一二：

　　元延元年三月十六日（立夏），师君兄贷师子夏钱八万，约五月尽所，子
夏若□卿奴□□□□□□□丞□，时见者师大孟、季子叔。

———————————

　　① 张家山汉墓二四七号墓竹简整理小组．张家山汉墓竹简二四七号墓：释文修订本
[M]．北京：文物出版社，2006：33．

　　② 阎步克．论张家山汉简《二年律令》中的"宦皇帝"[J]．中国史研究，2003
（3）：18．

　　③ 嘉峪关市文物保管所．玉门花海汉代烽燧遗址出土的汉简 [M]//甘肃省文物工
作队，甘肃省博物馆．汉简研究文集．兰州：甘肃人民出版社，1984：15-33．

　　④ （汉）班固．汉书 [M]．（唐）颜师古，注．北京：中华书局，2000：335．

　　⑤ （汉）班固撰．汉书 [M]．（唐）颜师古，注．北京：中华书局，2000：391．

　　⑥ 中国社会科学院考古研究所．居延汉简（甲乙编）[M]．北京：中华书局，
1980．：273，12．

　　⑦ 嘉峪关市文物保管所．玉门花海汉代烽燧遗址出土的汉简 [M]//甘肃省文物工
作队，甘肃省博物馆．汉简研究文集．兰州：甘肃人民出版社，1984：15-33．

　　⑧ 连云港市博物馆．尹湾汉墓简牍 [M]．北京：中华书局，1997：127．

这份契约包括的内容有时间、债权人与债务人的姓名、借贷标的物及数量、偿还时间、证人以及可能是债务连带责任人的卿奴。这份契约所包含的要件与唐代私人借贷契约大致相同，虽然没有明确提到保人，但根据卿奴在契约中出现的位置来看，他的责任与唐代契约中的保人和亲属有相似之处。显然汉代的私人借贷契约还没有形成如唐代那样详尽的固定格式，因此也就不存在唐代私人借贷契约中的套语。

从律令内容来看，汉政府对民间高利贷活动是持反对和打击的态度的。但另一方面，民间借贷在这一时期又是政府赈济贫民的一种重要补充手段，所谓"富人不贷，贫民且饥"①。汉武帝元狩三年（前120年），"山东大水，民多饥乏。于是天子遣使虚郡国仓廪以振贫，犹不足，又募豪富人相假贷"。②汉成帝永始二年（前15年）二月，"关东比岁不登，吏民以义收食贫民、入谷物助县官振赡者，已赐直，其百万以上，加赐爵右更，欲为吏补三百石，其吏也迁二等。三十万以上，赐爵五大夫，吏亦迁二等，民补郎。十万以上，家无出租赋三岁。万钱以上，一年"③。桓帝永寿元年（155年）二月，针对冀州的饥荒，"敕州郡赈给贫弱。若王侯吏民有积谷者，一切贷十分之三，以助廪贷；其百姓吏民者，以见钱雇直，王侯须新租乃偿"④。这三例均是由官方鼓励以及组织下的民间借贷活动，但它们之间又是存在差别的，其中武帝时期这一次明显是由于郡国储备不足，才由豪民补足缺口，债务关系存在于豪民与灾民之间。而成帝与桓帝时期的两次豪民赈灾，则是相当于官府向豪民借贷以救济灾民，债务关系实际上存在于官府与豪民之间。可见，在汉代中后期，豪民阶层也在国家赈灾中的扮演着重要角色。

尽管民间私人借贷在协助官府赈灾、帮助百姓应对经济困窘等方面确有其积极作用，但当时的统治阶层也已经认识到从属于私人借贷的高利贷对小农家庭所造成的破坏："亡者取倍称之息，于是有卖田宅，鬻子孙以偿责者矣。"⑤陷入经济困境的普通百姓不得不通过借贷的方式在水旱灾害中维持生活以及应对不合农时的赋税，他们所借的债务往往需要偿还两倍的本金，而为了偿还债务，他们又不得不变卖土地房舍，甚至将子女变卖为奴，从丧失生产资料沦落

---

① 吴云，李春台．贾谊集校注：增订版［M］．天津：天津古籍出版社，2010：113.

② （汉）班固．汉书［M］．（唐）颜师古，注．北京：中华书局，2000：974.

③ （汉）班固．汉书［M］．（唐）颜师古，注．北京：中华书局，2000：224.

④ （南朝宋）范晔．后汉书［M］．（唐）李贤，等，注．北京：中华书局，2000：199.

⑤ （汉）班固．汉书［M］．（唐）颜师古，注．北京：中华书局，2000：953-954.

到失去人身自由，最终从官府的征税、征役的名单中消失。但显然，民间私人借贷是无法完全禁绝的，官方采取的应对措施首先是借法定利率限制私人借贷的利息。不过这样的举措收效甚微，北魏时期的民间高利贷的收益依然可以达到"旬日之间，增赢十倍"①的地步。除此之外，统治者还会不定期地以恩赦的形式免除债务。从传世文献的记载来看，此类免除债务的恩赦主要针对的是官方借贷，对私债的赦免往往是伴随着官债赦免出现的，因此也可以说，私债赦免是官债赦免的延伸。②官债赦免的传统可以追溯到西汉时期，汉武帝册立皇后卫氏时，曾下诏令免除逾期的官债："其赦天下，与民更始，诸逋贷及辞讼在孝景后三年以前，皆勿听治。"③此处的"逋贷"，颜师古注为："逋，亡也。久负官物亡匿不还者，皆谓之逋。"④此次免除的是百姓从官府处借贷的、无力偿还的物资。自此以后，对官债的赦免逐渐成为统治者表现自己施行仁政、关爱百姓的表现。涉及私人债务赦免的最早记录出现在《魏书·孝庄帝纪》中："诸有公私债负，一钱以上，巨万以还，悉皆禁断，不得征责。"⑤自此，恩赦干预私人债务的传统正式形成并一直延续到唐代。赦免私债的目的一方面同赦免官债一样减轻百姓的债务负担，另一方面，相较于限定利率上限，这种使放贷人不定期承受直接经济损失的恩赦，理论上可以削弱放贷人的积极性，从而打击猖獗的民间高利贷行业。

高利贷破坏了封建王朝的统治基础，并且它损害了法定利率在民间借贷活动中的权威性，这些原因造成了官方对民间高利贷的厌恶，但与此同时，官方又对私人借贷的救济属性持肯定态度，可官方又没有能力将高利贷与低息和无息借贷彻底分离开，这种矛盾的态度所导致的政策软弱同时作用于所有民间私人借贷活动。也正是官方这种对于私人借贷充满犹疑和疏漏的管理态度为私人借贷活动民间秩序的形成提供了空间，这部分内容将在下一章进行具体论述。

经过上述梳理，我们可以看出，官债秩序的建立应当是早于私债的，因此私人借贷的民间秩序的建立就必然不可能完全剥离官方借贷的影响。官债的产生是原始社会时期的互助传统的延续，而目前已发现的敦煌和吐鲁番地区出土的唐代私人借贷契约大多为无息借贷。汉代就已经存在的"倍称之息"到了

①　（北齐）魏收. 魏书［M］. 北京：中华书局，2000：80.

②　霍存福. 敦煌吐鲁番借贷契约的抵赦条款与国家对民间债负的赦免——唐宋时期民间高利贷与国家控制的博弈［J］. 甘肃政法学院学报，2007（2）：11.

③　（汉）班固. 汉书［M］.（唐）颜师古，注. 北京：中华书局，2000：120.

④　（汉）班固. 汉书［M］.（唐）颜师古，注. 北京：中华书局，2000：120.

⑤　（北齐）魏收. 魏书［M］. 北京：中华书局，2000：177.

唐代多是在套语中以违约赔偿的形式出现，同样，债务人亲属负有连带偿还义务的条款也进入了唐代私人借贷契约的套语中。秦律中将"逾岁而弗入"视为违法，汉代政府对以借贷形式救济灾民的王侯"须新租乃偿"，这些律条可以理解为，这一时期的公债偿还期限在一年左右，或受早期公债偿还期限的影响，唐代民间私人借贷的原生契约也多为一年以内的短期借贷。可以说，包括了限定最高利率、债务偿还责任划分、借贷期限等内容的，支配着唐代敦煌和吐鲁番地区私人借贷活动民间秩序的各项要件都能在正式制度初成的秦汉时期的律令中找到对应之处，通过下一章对敦煌和吐鲁番地区出土的唐代借贷契约以及唐代律令的分析，我们也将更清晰地观察到这些联系。

第五章　唐代律令对敦煌和吐鲁番地区的私人借贷活动的影响

如前文所述，唐代敦煌和吐鲁番地区私人借贷活动的民间秩序的建立受到了前代法律习惯潜移默化的影响，而到了唐代，律令对两地私人借贷活动民间秩序的影响就更为显著，除了通过其影响力调整私人借贷活动民间秩序的具体规则，更是能够直接干预私人借贷活动的运行。因此，要讨论唐代敦煌和吐鲁番地区的私人借贷活动秩序就不能抛开敦煌和吐鲁番地区在唐代所实行的法律，或者说正式制度的影响。一方面，国家法律代表着唐政府的意志，对民间私人借贷活动作出了种种规范，并且是解决私人债务纠纷最有力的手段；另一方面，由于时代的局限性，唐代法律中的相关条款与私人借贷活动的实践并不完全契合，这就导致律令在实践中难以被完全执行，而这未能被完全执行的部分就需要另一套秩序，即非正式制度进行补充，从而保障私人借贷活动的正常运行，两套制度共同存在、相互影响，进而促成了民间秩序的建立。

在唐王朝存续期间，敦煌和吐鲁番地区一度被吐蕃政权纳入其统治范围，"凡吐蕃一切属民均与执行"① 吐蕃的法律制度，然而吐蕃的成文法在松赞干布执政时期创制文字后才开始修订，根据《大事记年》记载，吐蕃的成文法最早出现于 665 年，② 与借贷活动相关的条款仅有《贤者喜宴》中记载的"纯正大世俗法十六条及戒十恶法"中的"借贷应按时偿还"③ 一句。故而，本章以唐代的律、令、敕、诏等为主，分为四个部分论述国家法律，即正式制度在唐代敦煌和吐鲁番地区私人借贷民间秩序建立中所发挥的作用。首先，私人借贷契约的执行基础是由国家法律提供的，敦煌和吐鲁番地区在有唐一代实

　　① 巴卧·祖拉陈哇，黄颢.《贤者喜宴》摘译（三）[J]. 西藏民族学院学报，1981（2）：15-50.

　　② 才让. 吐蕃史稿 [M]. 北京：人民出版社，2010：82.

　　③ 巴卧·祖拉陈哇，黄颢.《贤者喜宴》摘译（三）[J]. 西藏民族学院学报，1981（2）：15-50.

行过唐政府、吐蕃政权以及归义军政权的三种土地赋税制度和户籍管理制度，它们的共同特点均是将人口与土地尽可能地绑定，在国家法律层面限制了人口的流动，有利于借贷双方的及时沟通以及地方官府对债务纠纷的介入；其次是律令对私人借贷活动的间接影响，即对私人借贷契约中债务人和债权人以外的当事人的责任范围的划定；再次是律令对私人借贷活动的直接干预，即对私人借贷活动中利率上限的规定和对借贷纠纷的直接介入；最后通过律令的执行情况和执行效果阐明唐代敦煌和吐鲁番地区的私人借贷活动中非正式制度存在的必然性以及民间秩序的形成。

一、土地与户籍制度为契约的可执行性提供基础条件

民间借贷契约的履约有一个基本条件，那就是到期履约时，债权人或官府能够找到债务人及其家人或者保人，这就要求契约当事人的活动范围是可控的。唐代的土地制度和户籍管理制度合力抑制了两地的人口流动，为契约当事人之间的沟通以及官府的介入提供了法律上的保证。

(一) 土地制度对契约当事人活动范围的限制

农业是唐代敦煌和吐鲁番地区的基础产业，土地是当地居民的基本且主要的生产资料。唐初的土地制度延续了始于北魏的均田制，以丁男、已婚女性及作为户主的女性为授田对象，《唐会要》对这三类人的授田数、相对应的赋役，以及遭受自然灾害时的赋税减免情况规定如下：

"（武德）七年三月二十九日，始定均田赋税。凡天下丁男，给田一顷；笃疾废疾，给四十亩；寡妻妾，三十亩，若为户者，加二十亩。所授之田，十分之二分为世业，余以为口分。世业之田，身死则承户者受之。口分则收入官，更以给人。每丁岁入粟二石，调则随乡土所产，绫绢绝各二丈，布加五分之一。输绫绢绝者，兼调绵三两。输布者，麻三斤。凡丁，岁役二旬。若不役，则收其佣。每日三尺。有事而加役者，旬有五日，免其调，三旬则租调俱免。通正役不过五十日。若夷獠之户，皆从半税。凡水旱虫伤为灾，十分损四已上，免租。损六已上，免调。损七已上，课役俱免。"[1]

唐代的均田制是按照人头授田，授予个人的田地由永业田和口分田两部分组成，永业田可以在家庭内部代代相传，而口分田在被授田人死亡后由官方收

---

[1]　（北宋）王溥. 唐会要 [M]. 北京：中华书局，1955：1530-1531.

回重新分配。租、调、役的收取与减免均是以个人为单位。这样，以耕作为主业的百姓就与他们的土地绑定在了一起。

平民阶层中除了农民，还有从事其他职业的人，他们也同样是唐政府授田的对象，《唐六典》中的相关条款对社会中从事其他职业的人群的授田数量做出了补充。对于僧道："凡道士给田三十亩，女冠二十亩，僧、尼亦如之"①由于宗教人员的主业并非从事农业生产，因此适用于宗教人员的授田标准远低于普通农户；适用于工商业者的授田标准也同样低于普通农户，仅为其一半，且只有户籍在田地充裕的所谓"宽乡"才执行这一授田标准，若工商业从业者的户籍在土地资源稀缺的"狭乡"，则不在授田范围之内："诸以工商业者，永业口分田各减半给之，在狭乡者并不给。"②以上是良民阶层的授田情况，而隶属于贱民阶层的官户，即被赦免的官奴婢也是授田对象，他们的授田标准与工商业者大致相同，因为他们的户籍不在各州县，因此不存在所谓"宽乡"和"狭乡"的分别，统一为正常标准的一半："凡官户受田，减百姓口永之半。"③除了用于耕作的土地，百姓居住要占用的土地也由官府授予，按照良籍和贱籍将授予百姓的园宅地划分为两个标准："凡天下百姓给园宅地者，良口三人已下给一亩，三口加一亩；贱口五人给一亩，五口加一亩，其口分、永业不与焉"④，也就是说无论从事何种职业、属于何种身份的人都拥有政府授予的土地，并且要按照规定完成租税课役。政府所授田地不可买卖，只能由受田者占有、使用并从中获取收益，园宅地则不受用于耕种的永业和口分田的这种限制⑤。《通典》中对于禁止田地的交易有明确的规定："诸田不得贴赁及质，违者财没不追，地还本主。"⑥不仅买卖，甚至以土地为标的的租赁、抵押都在被禁止的范围内。但这一规定也不是绝对的，《唐律疏议》中尽管表明了对买卖口分田的行为施以刑事处罚的条款，但它同时又给出了不受此条限制的所谓"合卖"的情形："诸卖口分田者，一亩笞十，二十亩加一等，罪止杖一百；地还本主，财没不追。即应合卖者，不用此律。疏议曰：即应合卖者，谓永业田，家贫卖供葬，及口分田，卖充宅及碾磑、邸店之类，狭乡乐迁就宽

① （唐）李林甫，等.唐六典［M］.陈仲夫，点校.北京：中华书局，1992：74.

② （唐）杜佑.通典［M］.北京：中华书局，2016：32.

③ （唐）李林甫，等.唐六典［M］.陈仲夫，点校.北京：中华书局，1992：74.

④ （唐）李林甫，等.唐六典［M］.陈仲夫，点校.北京：中华书局，1992：74-75.

⑤ 侯文昌，多晓萍.唐代吐蕃土地买卖法律制度探蠡［J］.中国藏学，2015（3）：10.

⑥ （唐）杜佑.通典［M］.北京：中华书局，2016：32-33.

者，准《令》并许卖之。"① 在律令的规定下，无论是永业田还是口分田，交易均是有条件的，如果是出于家贫无力支付丧葬费用，则可以出卖永业田；合法买卖口分田的条件为卖方用卖田所得费用"充宅及碾磑、邸店之类"，以及从人多地少之地迁居地广人稀之地时，出卖原居住地的口分田。

　　吐鲁番地区出土的借贷文书中，有 6 件涉及口分田的抵押，其中《唐乾封三年（668 年）张善憙举钱契》提到的"中渠菜园半亩与作钱质，要须得好菜处"② 和《唐总章三年（670 年）高昌白怀洛举钱契》提到的"仍将口分、蒲桃（葡萄）用作钱质"③ 均是明确指出以口分田作为抵押。另外 4 件契约中的口分田则是作为违约时用来抵偿债务的，《唐麟德二年（665 年）高昌张海欢、白怀洛贷银契》中表述为："若延认（引）注托不还钱，任左牵掣张家杂物、口分田桃（萄），用充钱直取"④；《唐乾封元年（666 年）高昌郑海石举银钱契》中为："若郑延引不还左钱，任左牵掣郑家资杂物、口分田园，用充钱子本直"⑤；《唐仪凤二年（677 年）高昌卜老师举钱契》："若延引不还，任拽家财杂物及口分（田园）平充钱"⑥；《武周长安三年（703 年）高昌曹保保举钱契》："如延引不还，及无本利钱可还，将来年辰岁石宕渠口分常田贰亩折充钱直"⑦。这 4 件契约虽然没有明确提出以口分田作质，但口分田实质上与债务人的"家资杂物"并列，被确认作为债务人的偿还保证。而上述 6 件契约所涉及的对口分田的处理，显然违背了《通典》中"田不得质"的规定，也与《唐律疏议》规定的口分田的买卖条件不符，可见律令对口分田交易的约束条款在实际执行过程中是有所松弛的。至于以永业田为质的情况，在本书所研究的私人借贷契约中则不曾出现。

---

　　① （唐）长孙无忌，等．唐律疏议［M］．刘俊文，点校．北京：中华书局，1983：242-243.

　　② 张传玺．中国历代契约粹编（上册）［M］．北京：北京大学出版社，2014：307-308.

　　③ 张传玺．中国历代契约粹编（上册）［M］．北京：北京大学出版社，2014：309-310.

　　④ 张传玺．中国历代契约粹编（上册）［M］．北京：北京大学出版社，2014：305-306.

　　⑤ 张传玺．中国历代契约粹编（上册）［M］．北京：北京大学出版社，2014：306-307.

　　⑥ 张传玺．中国历代契约粹编（上册）［M］．北京：北京大学出版社，2014：311-312.

　　⑦ 张传玺．中国历代契约粹编（上册）［M］．北京：北京大学出版社，2014：312.

唐前期敦煌和吐鲁番地区的实际授田情况，就敦煌地区发现的手实、户籍中的记录来看，土地的还授在账面上是符合《唐令·田令》规定的。① 也就是说，理论上，当地百姓是与他们的土地很好地绑定在一起的。

随着时间的推移，民间土地兼并之风渐起，与均田制相配合的赋役制度，租庸调制逐渐难以维持，加之安史之乱之乱后藩镇割据，中央对地方的控制力减弱，唐德宗建中元年，即 780 年正式颁布诏令施行新的赋役制度，即"两税法"，新的税制改人头税为财产税，并且重新划分了中央和地方的财政权力，唐中央政府试图通过这种方式在与地方的财权之争中占据上风。不过这一新的税收政策在地方的实际执行效果不明，而在贞元二年（786 年）敦煌陷于吐蕃后，敦煌地区开始施行吐蕃的土地和赋税制度。

吐蕃统治时期，敦煌的土地制度变为突田制，即计口授田制，"突"是吐蕃的土地面积单位，1 突约为 10 亩。有学者经过对现有出土文书的研究后认为，吐蕃统治时期，敦煌地区的突田制与唐初的均田制最大的不同在于，土地的授予是一次性的，不存在受田人身死还授的环节，这些实质上被私有化的土地的继承以及买卖不再受到限制。② 伴随着突田制的施行，这一时期的赋税制度也发生了相应的改变，由唐初的以丁口为征收对象的租庸调变为以户为征收对象的突税差科，其中包括被称为"突税"的户税和被称为"地子"的地税。除此之外，拥有土地的民户还要交纳布、麻并负担差科，③ 就总量来说，吐蕃统治时期的敦煌百姓的赋税负担比唐政府统治时期更重。④ 由于土地的授予是一次性的，因此吐蕃政权并未及时按各户家口变动重新分配土地，使得其治下的敦煌地区的土地买卖、兼并之风开始兴起。⑤

大中二年（848 年），在吐蕃统治敦煌六十余年后，张议潮率部收复沙州，敦煌地区进入归义军政权统治时期。归义军接手敦煌时，敦煌地区由于自吐蕃统治末期开始一直受到战乱的影响，因此存在许多荒地和绝户地。在归义军政

---

① 杨际平.《唐令·田令》的完整复原与今后均田制的研究［J］. 中国史研究，2002（2）：13.

② 杨际平. 吐蕃时期沙洲社会经济研究［M］//杨际平. 中国社会经济史论集（第三卷）. 厦门：厦门大学出版社，2016：566-608.

③ 杨际平. 吐蕃时期敦煌计口授田考——兼及其时的税制和户口制度［J］. 甘肃社会科学，1983（2）：94-100.

④ 杨际平. 吐蕃时期沙洲社会经济研究［M］//杨际平. 中国社会经济史论集（第三卷）. 厦门：厦门大学出版社，2016：566-608.

⑤ 陈永胜. 敦煌吐鲁番法制文书研究［M］. 兰州：甘肃人民出版社，2000：109.

府对这些无主土地进行调查和登记后，敦煌的土地所有制为国有制和私有制并行。① 国有土地包括无主荒地和绝户地，归义军政府通过"请射"的方式将这些土地授予百姓，所谓"请射"就是申请人向官府申请指定地段的土地，由官府核准授予申请人。私有土地包括百姓从祖辈继承来的土地以及经过请射后转化为私有的土地。这一时期敦煌地区的私有土地被允许出租、典租、分割继承以及自由买卖，民田的买卖不需要官府事前的许可，官府也不干预交易过程，但土地易主后需要上报官府备案，以便官府收取与土地相关联的各种税赋，如官布、地子和柴草等。

（二）户籍管理制度对契约当事人活动范围的限制

唐初的土地制度和赋役制度均是以人口为基础，对人口的管理关乎国家的财政收入、边防和大规模工程建设的情况，因此唐政府对户籍的编制尤为重视，唐代的人口管理制度以基层行政单位乡、里为基础，包括户籍编制和监察两部分。

人口管理的第一步是建立并完善基层行政机构，唐代的基层行政机构为乡、里。"通过郡县乡里掌握其户口，这是帝国存立的绝对必要的基础，所以造籍制度是国家体制最紧要的一环；同时，对于被统治的人民说来，户籍登录不外是使他们惨遭租税和徭役种种压榨的第一步。"② 池田温这一论述表明，乡里制是户籍制度的基础，而户籍制度又支撑着整个唐帝国的赋役制度的运作。因此，乡里制可谓支撑国家运转的基础中的基础。唐代的乡、里建制载于《通典·乡党》："诸户以百户为里，五里为乡，四家为邻，五家为保。"③ 里是最基层的行政单位，其上为乡。里的规模为百户，其管理者称里正，乡下辖五个里，长官为耆老，由县里任命德高望重者担任。

唐代的户籍编制包括户籍编制的程序和内容两个方面。唐朝的户口帐簿主要有三种形式：手实、计帐和户籍，它们的编制遵循"每一岁一造计帐，三年一造户籍"的原则④，也就是每一年都要对本州、县的人口计帐一次，每三年要核实修订户籍一次。辖区内的人口变动情况在这样的安排下被地方官府很好地掌握并向中央汇总。

---

① 杨际平 . 唐末宋初敦煌土地制度初探 [J]. 敦煌学辑刊，1988（Z1）：15.

② ［日］池田温 . 中国古代籍帐研究 [M]. 北京：中华书局，1984：1.

③ （唐）杜佑 . 通典 [M]. 北京：中华书局，2016：63.

④ （唐）李林甫，等 . 唐六典 [M]. 陈仲夫，点校 . 北京：中华书局，1992：74.

手实根据居民求申报的户内人口、年龄及拥有土地的情况编写的。目前所见的唐代手实抄本均为残卷，根据现有内容可以归纳出的唐代手实的内容大致包括：户内各成员的姓名、年龄、性别及貌阅的结果；本户的合受田数，包括已受田数及其所在方位和未受田数；最后是户主对手实内容的真实性的保证辞和日期。

按照《唐律疏议》中"里正之任，掌案比户口，收手实，造籍书"① 的规定，接下来，由里正收取各户手实并核查手实内容，再按照比邻关系将手实缀连在一起形成户籍稿。② 里正将民户及其拥有的土地情况登记入册，使国家能够及时掌握人口数量和他们拥有的土地："凡里有手实，岁终具民之年与地之阔狭，为乡帐。乡成于县，县成于州，州成于户部。"③ 经由里正整理而成的户籍稿经过乡、县、州各级整理汇总，最终汇总于户部，因此，户籍稿是唐中央政府编制户籍的依据。在里正核查手实时，还有一个重要的环节，那就是"团貌"，即核实各户人丁的年龄和相貌特征："诸户口计年将人丁、老疾应免课役及给侍者，皆具亲貌形状，以为定簿。一定以后，不得更貌。疑有奸欺者，听随事貌定，以付手实。"④ 团貌情况一旦上报便不可更改，有作假嫌疑的要进行二次核查，再在手实中标注。可见唐政府对"团貌"这一工作的重视。不过，两税法实施后，课税依据由丁口变成了占有土地的数量，客观上不再需要对所有的民户都登记核实，户籍管理制度也就开始日渐松弛，人对土地的依附关系逐渐减弱，团貌也就不像从前那样严格细致了。

关于户籍的编制，唐玄宗开元十八年十一月的敕令中这样规定："诸户三年一造，起正月上旬，县司责手实计帐赴州，依式勘造。乡别为卷，总写三通，其缝皆注某州、某县、某年籍。州名用州印，县名用县印。三月三十日纳讫并装潢一通，送尚书省，州、县各留一通。所须纸笔装潢，并皆出当户，户口内外一钱。其户每以造籍年预定为九等，便注籍脚，有析生新附者，于旧户后以次编附。"⑤ 户籍三年一造，造籍工作始于造籍之年的正月，地方的造籍

---

① （唐）长孙无忌，等 . 唐律疏议 [M]. 刘俊文，点校 . 北京：中华书局，1983：233.

② 杨际平 . 论唐代手实、户籍、计帐三者的关系 [J]. 中国经济史研究，2014（3）：22.

③ （宋）欧阳修，宋祁 . 新唐书 [M]. 北京：中华书局，2000：882.

④ （北宋）王溥 . 唐会要 [M]. 北京：中华书局，1955：1555.

⑤ （宋）王钦若，等 . 册府元龟：校订本（第六册）[M]. 周勋初，等，校 . 南京：凤凰出版社，2006：5512-5513.

工作时间截止于当年三月三十日，期间手实历经县、州各处汇总，至三月底送交尚书省；制成的户籍为一式三份，一份送尚书省之户部，其余两份由各州、县官府保留，这三份户籍均需在各部门存档，按规定，"州县籍手实计帐，当留五比，省籍留九比"①，即各州县存档的户籍原则上应保留十五年（每"比"为3年），在尚书省存档的户籍则应保留二十七年，以便中央能够随比对全国人口的增减情况。

对于户籍编制过程中的户口脱漏或弄虚作假等情况的相关处罚比较集中地记载于《唐律疏议》的《户婚律》②中，手实一旦被发现存在问题，就会按照户主、里正、县、州的次序，层层追究。由于手实原则上是由各户的户主申报的，因此，若问题发生在手实环节，户主受到的处罚最重，可达唐代徒刑的最高刑期三年。涉事的里正以及县、州官员受到的处罚与户主相比较轻，其中又因为里正负有核查的责任，在官员中受到的惩罚最重。对涉事官员的处罚分为过失与故意两个等级。按《唐律疏议》中的规定，过失者受到的处罚较轻，里正误一口笞四十，县误十口笞三十，州随所管县的多少来处罚；而对故意作假的情况，里正将会受到与户主同等级别的处罚，县州长官则按照对负有过失责任的里正的标准接受处罚。

吐蕃统治时期，敦煌地区原本基层行政机构乡和里被千户部落和将替代。在新的基层行政结构中，千户部落的规模略大于唐制下的乡，而将与原来的里规模相似，③尽管这一时期敦煌地区的基层行政结构与唐政府治下较为类似，但吐蕃统治时期实行的基层行政制度中带有军事色彩。为了缓和社会矛盾，部落和将的管理者，部落使和将头多由汉人担任，再在其上设置"吐蕃监部落使"一职对部落使和将头进行督查。这一时期的户籍管理大体沿用唐时的制度，由户主申报自家人丁情况，手实结尾处同样有"右通前新旧口并依实。如后有人纠告括检不同，求受偷人条教请处分"④这种对手实内容的真实性的保证。由此可见，吐蕃政权对占领区百姓的控制同样十分严密。⑤

归义军统治时期，敦煌地区恢复了乡里制等唐时旧制，其中也包括唐时的

---

① （北宋）王溥．唐会要［M］．北京：中华书局，1955：1559.

② （唐）长孙无忌，等．唐律疏议［M］．刘俊文，点校．北京：中华书局，1983：233.

③ 陈国灿，刘珠还．唐五代敦煌县乡里制的演变［J］．敦煌研究，1989（3）：13.

④ ［日］池田温．中国古代籍帐研究［M］．北京：中华书局，1984：519-522.

⑤ 杨际平．吐蕃时期敦煌计口授田考——兼及其时的税制和户口制度［J］．甘肃社会科学，1983（2）：94-100.

户籍制度。《唐大中四年（850年）十月沙州令狐进达申报户口牒》①说明归义军在其政权正式建立前就已经在其实际控制地区开始了人口统计工作，这件户口申报牒中仅包括户内人员情况，但没有受田的相关内容。在两年后的大中六年（852年），受田情况再次出现在百姓的申报内容中。现存的5件手实②中，除了《唐大中六年（852年）四月沙州都营田李安定牒》外，其余四件均申报于十月、十一月间，且手实结尾该"牒"称"状"。在这之后，还有《唐大顺二年（891年）沙州翟明明等户状》③。这些说明归义军治下的敦煌地区仍然保持着唐政府统治时的周期性人口登记的传统。

尽管不同时期的土地和户籍制度对契约当事人活动范围限制的严格程度不同，但它们都从法律层面保证了契约当事人活动范围的稳定性，从而促成了唐代敦煌和吐鲁番地区私人借贷活动基本形式的产生。

二、律令对敦煌和吐鲁番地区私人借贷活动的间接影响

私人借贷契约除了记录以及证明借贷活动的发生，同时承担者连接民间秩序与国家法律的责任，正因如此，我们首先需要考察私人借贷契约的基本内容。本节将以敦煌和吐鲁番地区出土的唐代私人借贷契约为中心，梳理私人借贷活动中，债权人和债务人以外的参与人的法律责任，以及在这样的责任之下，这些参与人需要具备怎样的身份以及与借贷双方之间的关系。

（一）敦煌和吐鲁番出土唐代私人借贷契约概述

本文所考察的私人借贷契约仅指反映个体之间借贷关系的契约，借贷双方均为个人，因此不含个人向官方、民间团体或组织（如佛寺、道观、药方邑等）借贷的情况。敦煌和吐鲁番地区出土的唐代契约中，符合本书研究需要的私人借贷契约包含汉文契约28件，吐蕃文契约17件。这45件文书中记录的私人借贷活动始于659年止于905年，这一时期所对应的中原政权为唐，但这一时期拥有敦煌吐鲁番两地实际控制权的政权先后包括唐、吐蕃和归义军三

① 唐耕耦，陆宏基．敦煌社会经济文献真迹文献释录（第二辑）［M］．北京：书目文献出版社，1990：462.

② 唐耕耦，陆宏基．敦煌社会经济文献真迹文献释录（第二辑）［M］．北京：书目文献出版社，1990：463-467.

③ 唐耕耦，陆宏基．敦煌社会经济文献真迹文献释录（第二辑）［M］．北京：书目文献出版社，1990：474.

方，其中，吐蕃统治时期两地主要使用吐蕃语，社会秩序也遵循吐蕃制度，到了归义军统治时期，两地又相继恢复唐制。

在这三个阶段中，私人借贷契约的标的物包括钱、粮食（麦、粟、豆等）、纺织物（绢、练、棉布、绸缎、线等）、日用品（麻绳、纸、刀、碗等）以及活物（马）等四类。其中，以日用品为标的物的契约只存在于吐蕃文借贷文书中，此类契约均为无息借贷，或可视为部落百姓之间"互通有无，调剂生活用度的一种方法"①；以活物为标的物的借贷契约仅有《吐蕃虎年（822 年/834 年）央勒借马契》（编号：P. t. 1297/5）② 一件；以纺织物、粮食和钱为标的物的借贷数量最多，债务人多是出于生产、生活、赋税、徭役等的需要而借贷，这其中亦有部分借贷是为了满足还债、经商、觅官赴任等非生活必需的需求③。

唐代敦煌和吐鲁番地区的民间私人借贷按照计息方式主要分为无息借贷和有息借贷两大类，另有少量质押借贷。偿还方式除了占据主流的标的物一致的所借即所还外，还有力役抵偿和等价物抵偿等借与还的标的物不一致的偿还方式。④

按照借贷契约的形态，唐耕耦将契约分为原生契约和次生契约两类，⑤ 所谓"原生契约"是指借贷双方在同一笔借贷第一次发生时所订立的契约，"次生契约"是由于债务人未能完成第一次订立的契约，借贷双方就同一笔借贷再次签订的契约。在敦煌和吐鲁番地区出土的私人借贷契约中，绝大多数契约的形态为原生契约，它们的行文格式如《唐显庆四年（659 年）高昌白僧定贷麦契》⑥ 所示：

1. 显庆四年十二月廿一日，崇化乡人白僧定于

2. 武城乡王才欢边举取小麦肆斛，将五年

---

① 王尧，陈践. 吐蕃简牍综录 [M]. 北京：文物出版社，1986：39.

② ［日］武内绍人. 敦煌西域出土的古藏文契约文书 [M]. 杨铭，杨公卫，赵晓艺，译. 乌鲁木齐：新疆人民出版社，2016：206-208.

③ 唐耕耦. 唐五代时期的高利贷——敦煌吐鲁番出土借贷文书初探 [J]. 敦煌学辑刊，1985（2）：11-21.

④ 唐耕耦在《唐五代时期的高利贷——敦煌吐鲁番出土借贷文书初探》一文中认为后两种契约应属于预支工价、货款契，本书遵从《敦煌社会经济文献真迹释录》等契约汇编中的分类，仍将其视为"借贷契约"。

⑤ 此分类方法见唐耕耦《唐五代时期的高利贷——敦煌吐鲁番出土借贷文书初探》。

⑥ 张传玺. 中国历代契约粹编（上册）[M]. 北京：北京大学出版社，2014：301.

3. 马塠□分部田壹亩，更六年胡麻井部田壹亩，

4. 准麦取田。到年年不得田耕作者，当还麦

5. 肆斛入王才，租殊（输）伯役，一仰田主；渠破水谪，一仰佃

6. 人。两和立契，获指为信。

7. 麦主王才欢

8. 贷麦人白僧定

9. 知见人夏尾信

10. 知见人王士开

11. 知见人康海□

契约中包括契约订立的时间、契约当事人、借贷标的物、偿还期限及偿还方式和数量，以及违约惩罚等主要内容。上述所引的契约有两种履约方式，债权人王才欢优先要求债务人白僧定在两年间为其耕种两块土地，即力役抵偿，若白僧定无法履约，则需要归还四斛小麦。归还小麦的数量与白僧定所借相同，因此，从计息方式上看，这同时还是一份无息借贷契约。

次生契约的数量极少，但在私人借贷契约中也有存在，其行文格式以《乙丑年（905年?）敦煌索猪苟便麦契》（编号：斯5811）① 为例：

1. 乙丑年三月五日，索猪苟为少种子，遂于龙兴寺张法律

2. 寄将麦叁硕，亦无只（质）典，至秋纳麦陆硕。其秋只纳得麦

3. 肆硕，欠麦两硕。直至十月，趁还不得。他自将大头钏

4. 壹只，只（质）欠麦两硕，其麦彼至十二月末纳。不就便则至庚

（后缺）

契约首先阐明借贷原因，即债务人索猪苟未能如期足额偿还所借的麦子，在第一阶段的借贷中，索猪苟没有抵押物，且尚欠两硕麦子。在第二次，也就是本次签订契约时，他以一支大头钏作为抵押物，承诺在十二月末偿还欠麦时赎回。契约中可见，索猪苟借麦三硕，还麦六硕，因此这件契约是一件包含质押物的有息借贷契约。由此可见，次生契约的主要内容包括原生契约的主要内容，即签订契约的时间、偿还期限、借贷标的物及其数量和利息；同时还要写明在原生契约规定的履约时间内债务人的履约情况；最后则是二次签订契约的内容，包括新的履约期限以及违约惩罚。

私人借贷契约中的次生契约还有汉文的《丙午年（886年）敦煌翟信子欠

① 陈国灿. 丝绸之路出土民族契约文献集成（汉文卷）［M］（待刊稿）（《敦煌社会经济文献真迹文献释录（第二辑）》等断代时间为905年或965年）。

101

麦粟契》（编号：伯3860）① 和吐蕃文的《吐蕃羊年（828年±）十月悉董萨部落常海奴延期还纸契》（编号：P. t. 1078）② 两件，这三件契约的订立时间均在唐政府事实上失去对敦煌的控制权时期。后两件次生契约的结构与上文所引《便麦契》相似，均是叙述了首次借贷的标的物及其数量以及第一个偿还期限内的履约情况，而后注明剩余应还的数量以及新的履约期限。不过这三件借贷契约在违约处罚内容上存在差别。《延期还纸契》的最后除了现存的吐蕃文借贷契约中普遍存在的，违约的债务人须向债权人额外支付一倍本金作为赔偿和家资抵偿的条款外，常海奴所欠纸张或因为涉及佛经供奉的问题，如果再次违约，还要受到鞭刑处罚，这一条款明显不属于私人间借贷活动中违约惩罚的范畴，但它依旧出现在私人借贷契约当中。索猪苟的便麦契在第二阶段为质押借贷，尽管后续内容缺失，但参考一件唐代的典当契约《唐大历（766—779年）间于阗许十四典牙梳举钱契》（编号：斯5870、5872）中对于质押物的处理措施："如违限不［赎］，其梳、钱等并没，一任将买（卖）"③，我们可以推测，缺失部分中应当包含违约惩罚和对质押物的处理。而翟信子的欠麦契则完全没有提及违约处罚，也没有质押物，从内容上看，仅为翟信子对秋季偿还本金作出的保证。

次生借贷契约在结构和内容方面与原生借贷契约大体相似，仅增加了对原生借贷主要内容的叙述，且次生借贷契约数量少，在私人借贷契约中占比低，故而后文涉及对契约内容的讨论时，不会将次生契约单列，而是以研究涉及的契约条款为主进行统一论述。

（二）契约参与人

借贷契约是在借与贷双方自愿原则的基础上，确立两者债务关系，从而达成对双方具有约束力的文字记录。④ 借贷契约的内容是围绕着借贷行为发生的事实，以及债权人的权利与债务人的义务展开的，作为借贷契约的核心当事人，两者在契约中的存在形式从借贷契约出现的早期直至唐代都没有明显的变化。民间私人借贷契约中还常常有另外两类参与人出现，即保人和证人。到了

---

① 唐耕耦，陆宏基. 敦煌社会经济文献真迹文献释录（第二辑）［M］. 北京：书目文献出版社，1990：111.

② ［日］武内绍人. 敦煌西域出土的古藏文契约文书［M］. 杨铭，杨公卫，赵晓艺，译. 乌鲁木齐：新疆人民出版社，2016：191-194.

③ 张传玺. 中国历代契约粹编［M］. 北京：北京大学出版社，2014：248.

④ 乜小红. 中国古代契约发展简史［M］. 北京：中华书局，2017：55.

中古时期，民间借贷契约的书写已经发展出了较为固定的格式，证人这一角色在私人借贷契约出现的早期就已经存在，与"保人"不同，它在契约中的称谓曾有过一些变化，在早期以简牍为载体的借贷文书《西汉元延元年（前12年）师君兄给师子夏贷钱券》① 中，证人被称为"时见者"。随着时间的推移，借贷契约的载体由简牍变为纸，纸质借贷契约的早期实物《北凉承平五年（447年）道人法安弟阿奴举锦券》（编号：75TKM88：1（b））② 中，证人被称为"时见"，在这一时期，契约中还有"倩书（人）"这一参与者，到了唐代，"倩书（人）"的称谓已不再见于私人借贷契约。而直至北凉时期，保人还尚未作为借贷活动的固定称谓被契约文书所记录。总得来说，参与者在私人借贷契约中的职能与称谓随着时间的推移日臻完善，至唐代基本固定下来。

1. 保人与证人在契约中的职责

到了唐代，敦煌和吐鲁番地区私人借贷契约中所记录的参与人固定为债权人、债务人、保人和证人这四种类型，其中证人在契约中多被称为"见人"或"知见人"。唐代的私人借贷契约中，除了"保人"，亦有作用相当于保人的"同便人"和"同取人"③ 等称谓出现，因此，一般有"同便人"或"同取人"出现的契约，其中就不会再出现"保人"这一称谓了，仅就称谓上的差别来看，相较于保人更多的是为债务人的履约作出保证，同便人或同取人从字面上看，则具有与债务人相同的义务，换句话说，同便人、同取人与债务人具有相同的履约义务，或可理解为连带责任人。

知见人是契约订立过程的见证人。其责任是证明借贷契约的有效性，即双方在平等自愿的情况下签订契约。与此同时，文书中也有对契约的有效性的说明，即"官有政法，人从私契。两和立契，画指为信"④ 以及类似的表达。这种包含着对契约有效性认可的套语，传递出借贷双方签订契约是出于个人意志，且对契约内容一致认可的含义。从另一个方面来说，只有同时满足"出

---

① 连云港市博物馆，东海县博物馆，中国文物研究所，中国社会科学院简帛中心等. 尹湾汉墓简牍［M］. 北京：中华书局，1997：127.

② 唐长孺. 吐鲁番出土文书（第一册）［M］. 北京：文物出版社，1981：181.

③ 杨惠玲. 敦煌契约文书中的保人、见人、口承人、同便人、同取人［J］. 敦煌研究，2002（6）：8.

④ 张传玺. 中国历代契约粹编（上册）［M］. 北京：北京大学出版社，2014：306-307.

于个人意志"和"双方一致认可"这两个条件，私人借贷契约才是有效的。这是最终落在纸面上的结果，而"两和立契"的实际执行情况就是通过知见人对契约签订环节的监督实现的。有了知见人的见证，双方事后在对契约内容的认可上就不再容易发生争执，因此，知见人对契约签订过程的有效性的见证是契约能否发挥证明作用的基础。

　　不同于证人在唐代律令中几乎不被提及的情况，保人的责任在律令中则有着较为细致的规定。首先是留住保证，唐令中提到"如负债者逃，保人代偿"①，即当债务人逃亡时，保人负有代替债务人偿还债务的责任，这就意味着，如果保人想避免这一责任，那他就要确保债务人在债务清偿完毕以前要留在本地；其次，保人负有核验债务人举债资格的责任，《唐会要》记载："应中外官有子弟凶恶，不告家长，私举公私钱，无尊长同署文契者，其举钱主并保人各决二十，仍均摊货纳。"②《宋刑统》所引唐杂律也提到有居心不良者故意为家族中的卑幼作保以谋取利益、干扰地方官府的正常工作，如果存在未有家长署名同意的借贷，那么"保人等并请先决二十"③，再与钱主均摊本利。在唐代，只有对家庭财产拥有处置权的人才具有举债的资格，家族中的子弟卑幼如需借贷，必须告知家长，否则不仅借贷契约无效，且保人和债权人还要被追究刑事责任。而从唐杂律的条款来看，分辨债务人举债资格的责任主要由保人承担。在私人借贷契约的正文中，保人常常出现在"若（某）身东西不在，一仰妻儿及收后保人替偿"④、"身东西不在，一仰妻儿保人上（偿）钱使了"⑤ 等类似的表述中，可见按照契约的规定，保人负有支付保证的责任，当债务人因逃亡或死亡的原因，无法履约时，保人具有代偿责任，但履行代偿责任的人也包括债务人的妻儿，且保人排序在债务人妻儿之后。如此看来，在债务人无法履约时，优先履行代偿责任的应当是债务人的亲属，保人只承担连带责任，又或者在债务人亲属也无法履约时，才需要保人独立承担代偿责任。由此可见，保人实际要承担的责任还是以律令中规定的留住保证以及核验债务人资格为主，支付保证的责任只在小部分情况下由保人承担。除了由保

---

① （宋）窦仪．宋刑统［M］．薛梅卿，点校．北京：法律出版社，1999：468.

② （北宋）王溥．唐会要［M］．北京：中华书局，1955：1618.

③ （宋）窦仪．宋刑统［M］．薛梅卿，点校．北京：法律出版社，1999：469.

④ 张传玺．中国历代契约粹编（上册）［M］．北京：北京大学出版社，2014：306-307.

⑤ 张传玺．中国历代契约粹编（上册）［M］．北京：北京大学出版社，2014：307-308.

人充当的人保，支付保证还存在以物作保的形式即物保，它在唐代敦煌和吐鲁番地区的私人借贷契约中出现的频率是非常低的。《宋刑统》引述唐杂律的规定："收质者，非对物主不得辄卖。若计利过本不赎，听告市司对卖，有剩还之。"① 表明债务人对抵押物有优先赎回的权利，即便债务人无法赎回，债权人也不能擅自出卖，且抵押物售卖价格超过债务人本金的两倍，则多出的部分应归还给债务人。这样一来物保作为支付保证显然没有人保灵活，并且在物保作为支付保证时所需要的手续更为烦琐，更何况，对于债务人而言，寻找一个了解他支付能力的保人显然比找出一件令债权人满意的抵押品更加容易，因此人保是比物保更有优势的选择。而这些私人借贷契约也显示，物保（质押）在私人借贷活动中的作用更多的是作为对人保的补充，仅是起辅助保证的作用。

2. 各类参与人的社会身份以及保人、证人与债务人的关系

由上述分析可见，私人借贷契约所规定的责任对保人和证人的社会身份有着不同的要求，证人对契约有效性的证明实际上是以自身的声望和信誉作为保证，而保人的支付保证、留住保证和核查债务人身份这三项责任则需要保人对债务人的个人信息有较为充分的了解。

表 5-1 为敦煌和吐鲁番地区出土的唐代私人借贷契约中各类当事人信息较为完整的契约汇总，下文将以此为基础，考察唐代敦煌和吐鲁番地区民间私人借贷契约中各类当事人的社会身份以及他们之间的关系。

表 5-1　　　　　　敦煌和吐鲁番地区私人借贷活动参与人汇总表

序号	契约名称/编号	债权人	债务人	保人	知见人
1	唐显庆四年（659年）高昌白僧定贷麦契/64TAM20：34	高昌县武城乡王才欢	高昌县崇化乡白僧定	不详	夏尾信、王世开、康海□
2	唐显庆五年（660年）天山县张利富举钱契/64TAM4：38	高昌县崇化乡左憧憙	天山县南平乡张利富	康善获	姓名缺失
3	唐龙朔元年（661年）高昌龙惠奴举练契/64TAM4：34	高昌县崇化乡左憧憙	高昌县安息乡高昌龙惠奴	高昌县安息乡人隆绪、康文憙	魏石、樊石德

---

① （宋）窦仪．宋刑统［M］．薛梅卿，点校．北京：法律出版社，1999：468．

序号	契约名称/编号	债权人	债务人	保人	知见人
4	唐麟德二年（665 年）高昌卜老师举钱契/64TAM4：34	高参军家人（僮仆）未豐	宁昌乡卜老师	宁昌乡人石德、翟子隆	翟贞信
5	唐麟德二年（665 年）高昌赵丑胡贷练契/64TAM4：36	同行人左憧憙	西域道征人赵丑胡	白秃子（同行人？）	张轨端、竹秃子（同行人？）
6	唐麟德二年（665 年）高昌张海欢、白怀洛贷银钱契/64TAM4：53	高昌县崇化乡左憧憙	前庭府卫士张海欢、白怀洛	张欢相、张欢德、海欢母李明台（户主）、海欢妻郭如连、阴欢德	无
7	唐乾封元年（666 年）高昌郑海石举银钱契/64TAM4：39	崇化乡左憧憙	崇化乡郑海石	宁大乡张海欢、崇化乡张欢相	张欢德
8	唐乾封三年（668 年）高昌张善憙举钱契/64TAM4：40	崇化乡左憧憙	高昌县武城乡张善憙	武城乡如资、高隆欢	张轨端
9	唐总章三年（670 年）高昌张善憙举钱契/64TAM4：41	崇化乡左憧憙	高昌县武城乡张善憙	武城乡君洛、如资	高隆欢、曹感
10	唐总章三年（670 年）高昌白怀洛举钱契/64TAM4：37	崇化乡左憧憙	高昌县顺义乡白怀洛	严士洛	张轨端、索文达
11	唐咸亨四年（673 年）酒泉城张尾仁举钱契/64TAM19：45	高昌县王文欢	酒泉城（酒泉城在高昌古城东南二十里）张尾仁	吴白师	辛□□
12	唐仪凤二年（677 年）高昌卜老师举钱契/67TAM363：7\2	西州蒲昌县竹住海	高昌县宁昌乡卜老师	不详	不详

续表

序号	契约名称/编号	债权人	债务人	保人	知见人
13	武周长安三年（703 年）高昌曹保保举钱契/64TAM35：15	史 玄 政（崇化乡前里正①）	高昌县顺义乡曹保保、母阿目十金	高昌县顺义乡师子	杜孝忠、吴申感
14	唐景龙二年（708 年）交河县宋悉感举钱契/75TAM239：12	高昌县成义感	交河县安乐城宋悉感	不详	不详
15	唐某年高昌严秃子贷麦契/Ast.Ⅲ4.079（b），081	武城乡张君利	顺义乡严秃子并妻、男行师等	同取人妻赵、男行师	赵申君、赵士达
16	唐天宝十三载（754 年）龙兴观道士杨神岳便麦契/P.4052	缺	敦煌龙兴观道士杨神岳（常住）	道士氾志灯、紫极宫道士贺通□	无
17	唐大历十七年（782 年）于阗霍昕悦便粟契/斯5871	护国寺僧虔英	行官霍昕悦	同便人妻马三娘、同取人女霍大娘（二人均为于阗人）	无
18	唐建中三年（782 年）于阗马令庄举钱契/斯5867	护国寺僧虔英	健儿马令庄	同取人母范二娘；同取人妹马二娘	无
19	唐建中七年（786 年）于阗苏门悌举钱契/Hoernle 1	□与□	于阗苏门悌	安芬	无
20	吐蕃酉年（817 年?）敦煌曹茂晟便豆契/斯1475v5	僧海清	下部落百姓曹茂晟	沙弥法珪	僧慈灯
21	吐蕃寅年（822 年?）敦煌阴海清便麦粟契/P3444P1+P3491P2	不详	丝绵百姓阴海清	阴家进；弟阴通通（或为同便人）	僧义超

---

① 据《唐西州高昌县崇化乡里正史玄政纳龙朔三年（663）粮抄》及《武周圣历元年（698）前官史玄政牒为四角官萄已役未役人夫及车牛事》记录，史玄政曾担任里正一职。（唐长孺．吐鲁番出土文书（第七册）［M］．北京：文物出版社，1986：387，448）

续表

序号	契约名称/编号	债权人	债务人	保人	知见人
22	吐蕃寅年（822 年?）敦煌赵朋朋便豆契/伯 3444	缺	上部落百姓赵朋朋	僧义超	僧法济、僧惠朗
23	吐蕃某年（801 年?）年冬李萨宗借布契/Hedin 2	安科洛	于阗李萨宗	不详	萨波杨伯米（于阗官员）、坦章拉赞、德麦沙
24	吐蕃狗年（818 年±）借粮契/M. I. xxiv. 0029	回鹘某	岸本属民孟泽杰	岸本属民孟泽…?	年布春波岸东（ngas-po 地区的大臣）
25	吐蕃虎年（822 年/834 年）央勒借马契/P. t. 1297/5	张和尚灵贤	色通人部落郭央勒	郭玛勒、拉唐唐	论·玉桑、论·拉桑拉顿（吐蕃官员）、白达洛、俄赞贡热
26	吐蕃龙年（824 年±）刘六通借麻纸契/IOL Tib J 1274	薛珍兴	刘六通	不详	索大列、阴伯力、康芒色、宋六六，身份不详
27	吐蕃龙年（824 年±）薛珍兴借刀契/P. t. 1166	刘六通	薛珍兴	不详	索大列、阴伯力、康芒色、宋六六，身份不详
28	吐蕃蛇年（825 年±）七屯部落吐古芒杰借麦契/M. I. xvi. 22	朗赤勒	七屯部落吐古芒杰（可能是派驻米兰城堡的驻军成员）	不详	不详
29	吐蕃马年（827 年?）冬年拉通向于阗人巴纳借绸缎契/M. Tagh. a. IV. 00121	于阗王的守兵李巴纳	雅藏部落年拉通	不详	不详
30	吐蕃鸡年（829 年±）借码尔（dmar（?））契/M. Tagh. 0509 + M. Tagh. 0510	缺	梅辛拉色（曾是 dbye-mo 和 gnubs 的一个大臣）	不详·	皮仓胡布、达毕玛、则扎拉贡

续表

序号	契约名称/编号	债权人	债务人	保人	知见人
31	吐蕃猪年（831 年±）阿骨萨部落何山子借麦契/Or8210/S. 2228/2	张贪勒	阿骨萨部落何山子	不详	不详
32	吐蕃猪年（831 年±）查氏楚潘拉子借麦契/Or8210/S. 2228/ 4	张贪勒	查氏楚潘拉子	不详	不详
33	吐蕃鼠年（832 年±?）王良春借羊毛契/Or8212/194b	李成子	阿骨萨部落王良春	不详	不详
34	吐蕃鼠年（832 年/844 年?）夏阿骨萨部落索格勒借麦契/Ch. frag. 82	悉宁宗部落拉杰	阿骨萨部落索格勒	不详	不详
35	吐蕃兔年春（835 年/847 年）阿骨萨部落索格丹借麦契/P. t. 1088/2	悉董萨部落张拉勒	阿骨萨部落索格丹	不详	不详
36	吐蕃羊年（828 年±）十月悉董萨部落常海奴延期还纸契/P. t. 1078	冯则温	悉董萨部落的纸匠常海奴	不详	阴祖列、赵泽温、平（pin）〔…〕，身份不详
37	吐蕃龙年（824 年±）悉董萨部落侯达子借麦契/Kozlov4	安春勒	悉董萨部落侯达子	妻子曹氏佛子？	王金刚、张顿勒、张进兴
38	吐蕃鸡年（829 年±）宋三娘借杂物契/Ch. 86. ii	令狐什比的女佣布显	军士令狐林六妻宋三娘	不详	张古古、罗来乐、高张功
39	吐蕃虎年（834 年±）慧英借棉布契/P. t. 2127	和尚张海顺	慧英（僧人）	田本德、赵和朵	张慧则（僧人）、张嘉顺
40	丙午年（886 年）敦煌翟信子欠麦粟契/伯3860	氾法律	翟信子及男定君	不详	不详
41	乙丑年（905 年?）敦煌索猪苟便麦契/斯5811	张法律	索猪苟	不详	不详
42	乙未年（875 年或 935 年）就弘子等贷生绢契（抄）/斯4504	押衙阎全子	押衙就弘子	不详	不详

表 5-1 中所显示的债务人的社会身份包括乡民（农民）、士兵、僧侣、道士、小官吏和商贾等。

债权人的社会身份主要有乡民（地主乡绅）、僧侣和小官吏等。其中也有两件例外，《唐麟德二年（665 年）高昌卜老师举钱契》和《吐蕃鸡年（829年±）宋三娘借杂物契》两件，债权人的身份分别为僮仆和女佣，僮仆本身就是主人财产的一部分，女佣这样的身份显然也没有处置明显是属于主人的财物的权力，因此这两件契约的实际债权人应当是他们的主人高参军和令狐什比。表 5-1 中还有债权人为左憧憙的六件契约，它们是在左憧憙的墓葬中被发现的，因此我们能够通过墓志了解作为"折冲府卫士、高利贷者和牧主"① 的左憧憙的生平，以此管窥唐代敦煌和吐鲁番地区放贷人的情况。在墓志记载中，左憧憙"财丰齐景"②，将左憧憙的豪富程度与春秋时齐国国君齐景公相比较，以此凸显他在当地的地位和财富。相较而言，地主、僧侣、小官吏等收入较为稳定的阶层比起纯粹靠天吃饭，又要承担税赋徭役的小农有更强的抗风险能力，因此更容易积累财富。

明确提到知见人社会身份的私人借贷契约包括三件汉文契约以及四件吐蕃文契约，《吐蕃酉年（817 年?）敦煌曹茂晟便豆契》《吐蕃寅年（822 年?）敦煌阴海清便麦粟契》《吐蕃寅年（822 年?）敦煌赵朋朋便豆契》等三件汉文契约中的知见人为僧侣；《吐蕃某年（801 年?）年冬李萨宗借布契》《吐蕃狗年（818 年±）借粮契》《吐蕃虎年（822 年/834 年）央勒借马契》《吐蕃虎年（834 年±）慧英借棉布契》等四件吐蕃文契约中知见人的身份包括官员和僧侣。这七件契约均来自于吐蕃统治时期的敦煌地区。按照前文所述的证人的责任来看，担任知见人一职的人，需要具有一定的社会威望。官吏自不必多言，吐蕃统治敦煌时期，佛教受到吐蕃政权的大力扶持，因而其社会影响力获得了极大的提升，与之相对应的，就是僧侣的社会威望的提升，因此作为知见人出现在契约中的僧侣，也符合知见人需要具有一定的社会威望的要求。

在表 5-1 中，保人的身份信息更多地被记录的是他们的居住地以及与债务人的亲缘关系，这是由于保人的责任要求他们对债务人有足够的了解，因此需要保人与债务人之间具有较为密切的关联，因此可以推测他们的社会身份多与债务人重合，保人与债务人之间的私人关系如表 5-2 所示。

---

① 张荫才. 吐鲁番阿斯塔那左憧憙墓出土的几件唐代文书 [J]. 文物，1973（10）.
② 张荫才. 吐鲁番阿斯塔那左憧憙墓出土的几件唐代文书 [J]. 文物，1973（10）.

表 5-2　　　　　　　　　　　**债务人与保人关系表**

序号	契约名称	债务人及其与保人的关系
1	唐龙朔元年（661年）高昌龙惠奴举练契	隆绪（子）；康文憙（不详）
2	唐麟德二年（665年）高昌卜老师举钱契	石德（子）；翟子隆（不详）
3	唐麟德二年（665年）高昌赵丑胡贷练契	白秃子（或为同行人）
4	唐麟德二年（665年）高昌张海欢、白怀洛贷银钱契	张欢相（同姓）；张欢德（同姓）；郭如连（张海欢之妻）；阴欢德（不详）
5	唐乾封元年（666年）高昌郑海石举银钱契	张海欢（不详）；张欢相（同乡）
6	唐乾封三年（668年）高昌张善憙举钱契	如资（女）；高隆欢（不详）
7	唐总章三年（670年）高昌张善憙举钱契	君洛（子）；如资（女）
8	武周长安三年（703年）高昌曹保保举钱契	师子（曹保保之女、阿目十金之孙）
9	唐某年高昌严秃子贷麦契	赵（妻、同取人）；行师（子、同取人）
10	唐天宝十三载（754年）龙兴观道士杨神岳便麦契约	氾志灯（同门①道士）
11	唐大历十七年（782年）于阗霍昕悦便粟契	马三娘（妻、同便人）；霍大娘（女、同便人）
12	唐建中三年（782年）于阗马令庄举钱契	范二娘（母、同取人）；马二娘（妹、同取人）
13	吐蕃酉年（817年?）敦煌曹茂晟便豆契	沙弥法珪（子）
14	吐蕃寅年（822年?）敦煌阴海清便麦粟契	阴家进（同姓）；阴通通（弟）
15	吐蕃寅年（822年?）敦煌赵朋朋便豆契	僧义超（弟）

　　表5-2由表5-1汇总的契约中明确体现出债务人与保人关系的14件契约构成。其中保人中包括子女的有8件；保人中包括兄弟或姐妹的有3件；保人中包括母亲或妻子的也有3件；保人中包括同姓但具体关系不详的有2件。其中

————————

　　① ［法］童丕. 敦煌的借贷：中国中古时代的物质生活与社会［M］. 余欣，陈建伟，译. 北京：中华书局，2003：79.

还有两个特殊的例子，一是《唐麟德二年（665 年）高昌赵丑胡贷练契》，从契约所叙述的内容来看，这次借贷活动应当发生在出征途中，因此可推测保人为同行人且很有可能与债务人赵丑胡熟识；另一件是《唐天宝十三载（754年）龙兴观道士杨神岳便麦契约》，这件契约中的保人与债务人是同一个道观的道士。至于其他关系不详者，可能为债务人的姻亲、朋友、邻居等。毕竟按照契约条款和唐代律令中对保人所承担的责任的规定，保人需要对债务人的情况有一定的了解才能发挥担保的作用，同时保人还要在债务人逃亡或死亡后代替他承担履约责任，因此，保人首先要对债务人的履约能力有较为全面的了解，而这就需要保人和债务人之间具有密切的关系。至此，就总体而言，"担保仍然还是家族内部事物"①。

三、律令对唐代敦煌和吐鲁番地区私人借贷活动的直接干预

尽管汉文借贷契约中大量存在着"官有政法，人从私契"这样的将私人契约与官府律令作出切割的声明，但如果完全脱离第三方监管，那么私契的履约就只能完全依靠当事人的自觉，这一方面会导致私契在执行过程中缺乏强制力，使得债权人无法保障自己的权益。另一方面，由于私人契约中的债务人相较于债权人往往处于弱势地位，因此，债务人容易受到高利贷的盘剥。马克思在《资本论》中曾这样论述作为小生产者的债务人的脆弱性："小生产者是保持还是丧失生产条件，则取决于无数偶然的事件，而每一次这样的事故或丧失，都意味着贫困化，使高利贷寄生虫得以乘虚而入。对小农民来说，只要死一头母牛，他就不能按原有的规模来重新开始他的再生产。这样，他就坠入高利贷者的摆布之中，而一旦落到这个地步，他就永远不能翻身。"② 而与此同时，小农阶级是唐王朝主要的税收、徭役来源，官方自然不会坐视大量小农因债务破产，因此，唐政府不可能放弃对民间借贷活动进行直接干预的权利。只不过，尽管唐代律令在维护债权人的权益和保障小农的生存这两个方面均做出了努力，但律令中所反映的唐政府对民间私人借贷活动的直接干预又显得十分

---

① ［法］童丕. 敦煌的借贷：中国中古时代的物质生活与社会 ［M］. 余欣，陈建伟，译. 北京：中华书局，2003：80.

② 中央编译局. 马克思恩格斯文集 7·资本论（第三卷）［M］. 北京：人民出版社，2009：677-678.

克制，具体表现为律令对地方官府介入民间私人借贷活动程度的限制：

"诸公私以财物出举者，任依私契，官不为理。每月取利，不得过六分。积日虽多，不得过一倍。……又不得回利为本（其放财物为粟麦者，亦不得回利为本及过一倍）。若违法积利、契外掣夺及非出息之债者，官为理。收质者，非对物主不得辄卖。若计利过本不赎，听告市司对卖，有剩还之。如负债者逃，保人代偿。

诸以粟麦出举，还为粟麦者，任依私契，官不为理，仍以一年为断，不得因旧本更令生利，又不得回利为本。"①

上述"官不为理"和"官为理"中的"理"意为"干预"或"介入"。②从中可以看出，唐代官方干预民间借贷活动的范围包括四种情况：其一，月利超过六分的高利贷；其二，回利为本，即收取复利的借贷；其三，掣夺债务人家资超过契约规定；其四，债权人私自出售抵押物。其中，高利贷和复利计息这两类"官为理"的违法行为出现于契约订立阶段，而订立契约的过程却并不在官方干预的范围内，因此对利息数额和计息方式的约束实际上仅可能存在于契约当事人，特别是债务人在契约成立后又反悔的情况中，毕竟契约的签订需要双方合意，如果债务人不认可契约中规定的利息或计息方式，那么这份借贷契约就不会被签订，也就不存在月利超过六分和回力为本的情况了。至于掣夺家资和出售质物则是属于契约执行阶段的环节。由此可见，唐令中对民间借贷活动真正的直接干预主要存在于契约执行环节中的纠纷阶段，同时，唐政府对私人借贷活动的干预范围也显示出，律令一方面维护债权人的合法权益，另一方面也在努力避免处于弱势地位的债务人受到债权人的盘剥、压榨。

（一）唐代律令对私人借贷活动各阶段的干预

1. 私人借贷契约订立阶段

尽管借贷双方对于利率和计息方式的商定存在于契约订立这一官方并不参与的阶段，但律令中涉及利率和计息方式的规定出现的频率却很高。除了《宋刑统》所引的唐杂律规定的"每月取利，不得过六分。积日虽多，不得过

---

① （宋）窦仪编. 宋刑统 ［M］. 薛梅卿，点校. 北京：法律出版社，1999：468.

② 霍存福. 论中国古代契约与国家法的关系——以唐代法律与借贷契约的关系为中心 ［J］. 当代法学，2005（1）：44-56.

一倍"① 之外，唐政府还通过下达敕令的方式对月利不过六分和严禁复利的规定反复进行强调——长安元年（701 年）十一月十三日的敕文命令全国各州县禁止回利作本以及收取超出规定的利息："负债出举，不得回利作本，并法外生利，仍令州县，严加禁断"②；开元十六年（728 年）二月十六日诏书对民间借贷利率做了新的调整："比来公私举放，取利颇深，有损贫下，事须厘革，自今已后，天下负举，只宜四分收利，官本五分取利"③ 即私债月利从不得超过六分变为四分，公债月利为五分，这一诏令在《册府元龟》中也有记录："自今已后，天下私举质，宜四分收利，官本五分取利"④；开成二年（837 年）八月二日的敕文将月利上限定为五分，并再次强调不得回利作本以及利息不得超过一倍本金⑤；咸通八年（867 年）："又辄不得许利上生利，及回利作本，重重徵收。如有违越，勘实奏闻"⑥ 重申了禁止以复利计算利息，一旦出现复利，要如实上告。但显然，民间的实际执行情况与官方的期望相去甚远，利息超过本金的情况在私人借贷活动中时有发生，唐明宗长兴元年（930 年）的诏令对由此引发的纠纷提出了解决意见："应诸色私债纳利已经一倍者，只许征本，本外欠数并放；纳利已经两倍者，本利并放"⑦，即无论契约规定债务人应偿付多少利息，债权人能收取的利息最多不超过一倍本金，也就是债务人最多只需偿付两倍的本金就算完成了契约规定的义务，这一诏令实际上否定了以复利计息和具有高利贷性质的私人借贷契约的效力。

从这些每隔一段时间便要对利率和计息方式进行重申的敕令、诏书中可以看出，自初唐起，民间私人借贷中取利过六分、按复利计息和取息过本的现象一直未曾彻底断绝。尽管诏令中有"仍令州县，严加禁断"之语，但在唐代，私人债务纠纷属于不告不理的范畴，且最重要的是订立契约这一环节不属于官府的管理范围，因此高利贷和复利的情况难以被及时发现。因而，面对地方政府对上述违法现象治理不力的情况，唐中央政府不断通过敕令等辅助手段不断

①　（宋）窦仪．宋刑统［M］．薛梅卿，点校．北京：法律出版社，1999：468.

②　（北宋）王溥．唐会要［M］．北京：中华书局，1955：1618.

③　（北宋）王溥．唐会要［M］．北京：中华书局，1955：1618.

④　（宋）王钦若，等．册府元龟：校订本（第二册）［M］．周勋初，等，校．南京：凤凰出版社，2006：1775.

⑤　（宋）窦仪．宋刑统［M］．薛梅卿，点校．北京：法律出版社，1999：470.

⑥　（宋）宋敏求．唐大诏令集［M］．北京：商务印书馆，1959：491.

⑦　（宋）王钦若，等．册府元龟：校订本（第一册）［M］．周勋初，等，校．南京：凤凰出版社，2006：697.

重申律令的规定，以起到警示、震慑债权人的作用。

对于债权人违法取利的行为，唐代的律令是鼓励检举揭发的，并会将违法收取的利息作为奖励送给举报人："诸出举，两情和同，私契取利过正条者，任人纠告，利物并入纠人。"① 与此同时，对于违法取利的债权人，无论他是何种身份，都将受到一视同仁的刑罚："如有违越，一任取钱人经府县陈论，追勘得实，其放钱人请决脊杖二十，枷项令众一月日。如属诸军、诸使，亦准百姓例科处。"② 这一条款也对前文所引唐令中"官为理"的具体实施进行了补充，官为理的前提条件除了债权人确实有违法取利的行为，还需要债务人向地方官府检举这一情况。

除了设置利率上限，唐代律令对私人借贷活动在契约订立阶段的干预还包括对契约参与人身份的规定。首先，贵族、官员以及他们的亲属、奴仆等不被允许放私债。唐代律令中规定："诸王公主及宫人，不得遣亲事帐内邑司、奴客部曲等在市肆兴贩及邸店沽卖者出举"③；开元十五年七月二十七日敕："应天下诸州县官，寄附部人兴易，及部内放债等，并宜禁断"④；天宝九载十二月敕："郡县官寮，共为货殖，竟交互放债侵人，互为征收，割剥黎庶。自今已后，更有此色，并追人影认一匹以上，其放债官先解见任，物仍纳官，有剩利者，准法处分"⑤。此类敕令意在避免债权人与债务人之间过大的身份差距导致的弱势方被过度盘剥却无力检举的问题。

其次是前文已经提到过的，经济不独立的人没有独立借贷的资格。"诸家长在（'在'谓三百里内，非隔阂者），而子孙弟侄等，不得辄以奴婢六畜田宅及余财物，私自质举及卖田宅（无质而举者亦准此）。其有质举卖者，皆得本司文牒，然后听之。若不相本问，违而辄与，及买者，物即还主，钱没不追"⑥。唐令中的这一条例说的是在家有长辈且长辈不知情的情况下，家族的公共财物不可作为借贷的抵押物，债权人若将钱物借给这样的人，那么这一借贷契约就是无效的，作为抵押的财物要归还原主，而借出去的钱物也不得凭契

---

① （宋）窦仪. 宋刑统［M］. 薛梅卿，点校. 北京：法律出版社，1999：469.

② （宋）窦仪. 宋刑统［M］. 薛梅卿，点校. 北京：法律出版社，1999：470.

③ ［日］仁井田陞. 唐令拾遗［M］. 栗劲，霍存福，王占通，郭延德，译. 长春：长春出版社，1989：792.

④ （北宋）王溥. 唐会要［M］. 北京：中华书局，1955：1618.

⑤ （北宋）王溥. 唐会要［M］. 北京：中华书局，1955：1617.

⑥ ［日］仁井田陞. 唐令拾遗［M］. 栗劲，霍存福，王占通，郭延德，译. 长春：长春出版社，1989：788-789.

索要，即使没有使用家族公产作为质押的借贷也适用这一规则。这一条例避免了家族成员私下举债造成家族财产流失，同时也要求贷方在放贷时考察借方的资质，阻断了放贷者通过诱骗家族中的子孙弟侄等后代、旁支借贷的方式谋夺家主财产的可能性。

2. 私人借贷契约执行阶段

在契约的执行阶段，唐政府对私人借贷活动的干预包括三个方面。第一是针对债务人违约行为的处罚——

"诸负债违契不偿，一疋以上，违二十日笞二十，二十日加一等，罪止杖六十；三十疋，加二等；百疋，又加三等。各令备偿。

《疏》议曰：负债者，谓非出举之物，依令合理者，或欠负公私财物，乃违约乖期不偿者，一疋以上，违二十日笞二十，二十日加一等，罪止杖六十。'三十疋加二等'，谓负三十疋物，违二十日，笞四十；百日不偿，合杖八十。'百疋又加三等'，谓负百疋之物，违契满二十日，杖七十；百日不偿，合徒一年。各令备偿。若更延日，及经恩不偿者，皆依判断及恩后之日，科罪如初。"①

也就是说，债务人不仅要在官府的介入下被强制履约，还要受到刑罚处罚，按照纠纷数额接受不同等级的杖刑惩罚，针对违约情节严重的债务人，按照其拖欠财物数量和逾期时间的不同，最高将被处以一年徒刑。

第二是针对债权人违法收债、取利的处罚——

"诸负债不告官司，而强牵财物，过本契者，坐赃论。

《疏》议曰：谓公私债负，违契不偿，应牵掣者，皆告官司听断。若不告官司而强牵掣财物，若奴婢、畜产，过本契者，坐赃论。监临官共所部交关，强牵过本契者，计过剩之物，准'于所部强市有剩利'之法。"②

此段与唐令中"若违法积利、契外掣夺及非出息之债者，官为理"一节相对应，对债权人牵掣债务人财物抵债这一行为做出了限制，为了防止债权人掣夺的财物数额超过契约规定，债权人要求债务人用家产抵债前应向有司报告，牵掣财物的数量应由官府判断，如果债权人私自牵掣债务人财物，那么一

---

① （唐）长孙无忌，等．唐律疏议［M］．刘俊文，点校．北京：中华书局，1983：485.

② （唐）长孙无忌，等．唐律疏议［M］．刘俊文，点校．北京：中华书局，1983：485-486.

且牵掣数量超过契约规定债务人应偿还的数额，那么官府将按照非法获取财物的罪行标准对债权人进行处罚。

第三则是对违约债务人的保护。私人借贷发展到唐代，早已成为一部分人谋取利益的手段，显然，唐政府也十分清楚这一点："京城内私债，本因富饶之家，乘人急切，终令贫乏之辈，陷死逃亡。"① 京城内的私人借贷活动的债权人多为富民阶层，他们放贷给急需用钱的人，这笔附带了高昂利息的救急借贷最终不仅没能将债务人从经济困境中解救出来，反而让他们陷入了更加不堪的境地。因此，唐朝中央政府会不定期地以诏令的形式对私人债务进行免除或延期，以维系小生产者的生存空间。

鉴于普通百姓中有因私债而陷入困顿，无力维持生活的状况，颁布于咸通八年（867 年）的德音通过放宽私债的履约期限的方式，避免债务人受到刑罚处罚，来保障当前无偿还能力的债务人的人身自由，使他们能够通过劳动逐渐还清债务："如闻府县禁人，或缘私债及锢身监禁，遂无计营生，须有条流，俾其存济。自今日已前，应百姓举欠人债，如无物产抵当，及身无职任请俸，所在州县及诸军司，须宽与期限，切不得禁锢校料，令其失业。"②

同时，唐政府还会按照农时颁布诏令延长私债的偿还期限，如武德六年（623 年）六月颁布的《劝农诏》："其公私债负及追征输送，所至处，且勿施行。"③ 开元二十三年（735 年）五月的《缓逋赋诏》："其公私债负，亦宜听征。"④ 贞元元年（785 年）的《冬至大礼大赦制》："公私债负，容待蚕麦熟后征理。"⑤ 开成三年（838 年）的《淄青蝗旱赈恤德音》："公私债负，一切停征，至麦熟，即任前征理，及准私约计会。"⑥ 这些诏令并不是免除债务，它们颁布于非农作物收获期，此时的债务人大多是没有余力应对债务偿还的，倘若债权人于此时上门讨要债务，那么他们就很容易破产或陷入更深的债务漩涡中。如果能在收获季节，即麦熟时再偿还债务，显然能够在很大程度上避免小农家庭因债破产。并且，考虑到百姓长久以来的债务负担和未来可能会出现

① （宋）李昉，等. 文苑英华 [M]. 北京：中华书局，1966：2140.

② （宋）宋敏求. 唐大诏令集 [M]. 北京：商务印书馆，1959：491.

③ （宋）王钦若，等. 册府元龟：校订本（第一册）[M]. 周勋初，等，校. 南京：凤凰出版社，2006：746.

④ （宋）王钦若，等. 册府元龟：校订本（第二册）[M]. 周勋初，等，校. 南京：凤凰出版社，2006：1642.

⑤ （唐）陆贽. 陆宣公全集 [M]. 何衡孙，校. 上海：世界书局，1936：8-10.

⑥ （宋）李昉，等. 文苑英华 [M]. 北京：中华书局，1966：2206.

的新的经济困窘，仅一次的丰收也不足以使他们拥有足够的抵抗风险的能力，即唐玄宗在《缓逋赋诏》中提到的"如闻关辅蚕麦虽稍胜常年，百姓所收，才得自给，若无优假，还虑艰弊"①，显然，统治者还希望能够通过延缓债务的催收使得百姓能够有机会获得一些积蓄。由于此类诏令只是要求延期偿还债务，而不是简单粗暴地直接免除，虽然会给债权人的利益造成一定的损失，但其最终还是能够收回契约中约定的本金和利息，相对而言，债权人也比较容易接受这样的诏令，因而这类诏令的执行效果理论上应当优于直接免除债务的诏令。

在契约的实际执行过程中，出于各种原因，债务拖欠经年的现象是必定会存在的，对此类债务的处理，唐代也有与之相对应的干预措施。元和十四年（819年）的《上尊号赦》对京城内"本主及元保人死亡，又无资产可征理"②的私债进行了赦免；长庆四年（824年）三月三日制节文为"官不为理"的私人借贷划定了新的范围："契不分明，争端斯起。况年岁寖远，案验无由，莫能辩明，只取烦弊。百姓所经台、府、州、县论理远年债负，事在三十年以前，而主保经逃亡无证据，空有契书者，一切不须为理。"③也就是签订超过三十年的契约所产生的纠纷官府不再受理；宝历元年（825年）正月七日赦节文对官府不再受理的契约纠纷的契约存续时间定为十年以上："应京城内有私债，十年已上，出利过本两倍，本部主及元保人逃跑或死亡，并无家产者，宜令台府勿为征理。"④但细看这三条赦令的内容，我们会发现，其中提到的都是由于债务人、保人逃亡或死亡而缺乏人证或可执行对象，导致在事实上已经无法执行的契约。也就是说，这些赦令所免除的本来就是存在巨大争议或无法执行的契约，并不是具有实际意义的债务免除。

长庆四年制文的适用范围是全国，尽管没有对债务人实际履约状况的限制，但将赦免的债务范围限定于30年以前，赦免条件是比较高的；而元和十四年和宝历元年的赦文仅在京中适用，其中宝历元年的赦文对放免的私人债务的条件作了具体的要求：已偿还过两倍于本金的利息，即实际上债务人已经向债权人偿还了本金并支付了法定的足够的利息。因此，唐中央政府颁布这些赦

---

① （宋）王钦若，等．册府元龟：校订本（第二册）［M］．周勋初，等，校．南京：凤凰出版社，2006：1642.

② （宋）李昉，等．文苑英华［M］．北京：中华书局，1966：2140.

③ （宋）窦仪．宋刑统［M］．薛梅卿，点校．北京：法律出版社，1999：470.

④ （北宋）王溥．唐会要［M］．北京：中华书局，1955：1618.

令从效果上看，主要是化解、减少无意义的私人债务纠纷以及减少地方官府无效工作。尽管这些恩赦对于债务人本人并无切实的帮助，但它们切断了债务人的家庭及后代与债务之间的关系。因此，相比于延期偿还，恩赦免债对债务人保护力度较小，与之相对的，恩赦免债对债权人利益的损害则要小于延期偿还。

综上所述，唐代律令在民间私人借贷活动中所起的作用不仅是保障契约的正常履行，更是在一定程度上维护了小生产者的生存空间，避免他们陷入高利贷的压榨以致失去再生产能力和人身自由，是对社会公序良俗的维护。但其中包含着以刑事手段惩戒民事纠纷的条例，对于实际执行的这些律令的地方官员来说，按章施行有可能因过于严苛而违背地方风俗，但有法不依又会有损律令的威严，这就导致调解成为地方官府处理此类问题时的常用手段，但这又可能导致地方官府在处理私人债务纠纷时，自由量裁空间过大，进而削弱官府的威信。

（二）律令对民间私人借贷活动的干预效果

1. 契约订立阶段

唐政府多次发布敕令禁止收取复利和打击高利率行为，一方面反映出唐政府对民间借贷利率管理的重视，另一方面也反映出复利和高利率在民间私人借贷活动中可谓屡禁不止。如果将利率高于法定的私人借贷定义为高利贷，那么，从唐代敦煌和吐鲁番地区私人有息借贷的利率情况可见，有息借贷几乎就是由高利贷构成的（见表5-3）。

表 5-3　　　　唐代敦煌和吐鲁番地区私人有息借贷利率表

序号	契约名称	标的物	利率（月）
1	唐显庆五年（660年）天山县张利富举钱契	银钱	10%
2	唐龙朔元年（661年）高昌龙惠奴举练契	练	13%
3	唐麟德二年（665年）高昌卜老师举钱契	钱	10%
4	唐乾封三年（668年）高昌张善憙举钱契	钱	10%
5	唐总章三年（670年）高昌张善憙举钱契	钱	10%
6	唐总章三年（670年）高昌白怀洛举钱契	钱	10%

序号	契 约 名 称	标的物	利率（月）
7	唐咸亨四年（673年）酒泉城张尾仁举钱契	钱	10%（?）
8	唐仪凤二年（677年）高昌卜老师举钱契	钱	12.5%
9	武周长安三年（703年）高昌曹保保举钱契	钱	月别依乡法生利
10	唐某年刘□达举麦契	麦	70%（借期利率）
11	唐建中七年（786年）于阗苏门悌举钱契	钱	6%
12	乙丑年（905年?）敦煌索猪苟便麦契	麦	100%（借期利率）

这12件有息借贷契约中，月利率符合律令要求，即月利率不超过六分的，仅《唐建中七年（786年）于阗苏门悌举钱契》一件。

关于唐代民间借贷利率的普遍情况，陈国灿在《唐代的民间借贷——吐鲁番、敦煌等地所出唐代借贷契券初探》一文中指出："年利率最高可达百分之二百以上（月息百分之二十者），一般是百分之一百二十（月息百分之十者）。举粮大多是春借秋还，半年为期取利百分之五十，年利也是百分之百，个别高者达百分之二百。"① 可见在以钱和纺织物为标的物的借贷中10%左右的月利率，以及以粮食为标的物的借贷中100%至200%的年利率在唐代的敦煌和吐鲁番地区已经成为借贷活动中默认的规则，也就是说，《武周长安三年（703年）高昌曹保保举钱契》中的"月别依乡法生利"中的乡法所允许的月利率大致应在10%左右。

表5-3中提到的《唐咸亨四年（673年）酒泉城张尾仁举钱契》因为缺损导致利息不明，但因为后来张尾仁拖延不肯还债，债主王文欢将其诉至当地官府，要求张尾仁按照契约偿还债务，使得我们得以在诉状中见到了双方约定的利息："……拾文后［生利］钱贰文"②，尽管我们尚不能得知最终的判决结果，但王文欢既然将利息直接写入诉状，就说明他这份高利贷契约并不会对起诉张尾仁造成不利影响，官府并不会因为双方约定的利率高于官方律令的上限而否定其向张尾仁追索欠债的权利。也就说，地方官府在面对私人借贷纠纷时，实际上是承认民间这一约定俗成的、远超官方所规定的上限的利率的。并

---

① 陈国灿. 唐代的民间借贷——吐鲁番、敦煌等地所出唐代借贷契券初探［M］// 唐长孺. 敦煌吐鲁番文书初探. 武汉：武汉大学出版社，1983：218-274.

② 张传玺. 中国历代契约粹编［M］. 北京：北京大学出版社，2014：310.

且这也反映出，官府也不会真的严格按照"脊杖二十，枷项令众一月日"这样的规定处罚违反律令的债权人。这就说明，地方政府至少也是没有严格执行中央的律令，这必会导致限制民间借贷利率的律令并不能够有效地震慑放高利贷者，甚至在敦煌和吐鲁番地区，这一民间默认的高利率的效力在私人借贷活动中是要高于法定利率的，这也就使得私人借贷活动中的高利贷难以禁绝。

唐代民间借贷利率久控不降，除了民间借贷活动中本来就自有一套秩序，也是因为民间私人借贷的利率还会受到唐代规模巨大的公廨本钱的利率的影响。公廨本钱源于隋代，"隋文帝开皇中，以百寮供费不足，咸置廨钱，收息取给。"① 公廨本钱最初设置的目的是补充各政府部门的开销。公廨本钱在性质上属于官营高利贷，其运作形式为中央和地方政府拨出专门款项作为本钱交人经营，并将上缴的利润作为各级官员俸禄和其他杂费使用，而为了达成官府所要求的利润，这笔钱通常被用作经商或民间高利贷的本金。② 因此，公廨本钱刚一设立，时任工部尚书的苏孝慈便以"官人争利，非兴化之道"③ 为由请求罢黜这一制度。

唐因隋制，于武德年间在京中再设公廨本钱，于贞观年间几经废立，后又在永徽元年（650年）至麟德二年（665年）期间设立，并且这一政策的适用范围从京师扩张至全国。④ 唐代复立公廨本钱制的原因除了补充各部门的经费，还有一个原因就是限制高门富户的发展。既然要限制和打击高门富户和地方豪强的发展，那么公廨本钱必然不会是低息借贷："天下置公廨本钱，以典史主之，收赢十之七。"⑤ 作为削弱和控制豪强、富商的手段，公廨本钱制不可谓不成功："典史有彻垣墉，鬻田宅以免责者"⑥，但由于公廨本钱的放贷对象典史，即捉钱户是由相关官员负责筛选，因此捉钱户实际上并不都是家资丰厚的人家，这种地方官府执行上的偏差造成了"富户幸免徭役，贫者破产甚众"⑦ 的情况，因而随着其后公廨本钱制的几次废立，这一政策的具体规则也发生了一些变化，主要表现在利率的变化和对捉钱户资质的要求上。

初唐时公廨本钱的利率可以根据传世文献估算出大致数额。褚遂良于贞观

---

① （唐）杜佑．通典［M］．北京：中华书局，2016：964.

② 阎守诚．唐代官吏的俸料钱［J］．晋阳学刊，1982（2）：8.

③ （元）马端临．文献通考［M］．北京：中华书局，1986：586.

④ 刘玉峰．唐代公廨本钱制的几个问题［J］．史学月刊，2002（5）：8.

⑤ （宋）欧阳修，宋祁．新唐书［M］．北京：中华书局，2000：917.

⑥ （宋）欧阳修，宋祁．新唐书［M］．北京：中华书局，2000：917-918.

⑦ （宋）欧阳修，宋祁．新唐书［M］．北京：中华书局，2000：918.

十二年二月的上疏：“大率人捉五十贯已下，四十贯已上，任居市肆，恣其贩易。每月纳利四千，一年凡输五万”①，经计算可知公廨本钱的月利率为 8% 至 10%。开元十八年略有下降：“复置天下公廨本钱，收赢十之六”②，并且为了防止地方随意指定捉钱户，律令特意指出“以高户捉之”。唐代宗宝应元年（762 年）的敕令也因为回本获利的原因，要求“今请一切不得与官人及穷百姓并贫典吏，拣择当处殷富干了者三五人，均使翻转回易，仍放其诸色差遣，庶的永存官物，又冀免破家”③，虽然主要目的是使官府所付出的本金不至于亏损且能获得收益，但不将其交给贫穷的百姓和典吏经营使他们不会因此破产，也算是对小生产者的保护了。但这些交由高户经营的公廨本钱最终还是有一部分流向了民间，成为了民间借贷的一部分，又有元和十一年（816 年）敕令中提到：“其所放官本，并许添私本”④，也就是说，除了公廨本钱，还有捉钱户个人将个人财产作为本金添入其中，由于开元十六年（728 年）二月十六日诏书规定私人借贷为四分利，而官本为五分，将私本混入官本不仅可以多收一分利，捉钱户还可以假托官债之名向债务人追索。公廨本钱流入民间借贷无形中又抬高了民间私人借贷的实际利率。

律令对民间私人借贷利率约束力不足的另一个原因是民间私人借贷的利率往往也是“乡法”的一部分。乡法是“当地民众所创造、拥有和信奉，并据以安排其生活”⑤ 的惯例、习俗，契约正是其中一部分乡法的文字表述。为了便于进行地方管理，只要乡法于道德教化无碍，政府官员一般不会强行干涉。因此这种利率远超律令规定的借贷契约仍能作为乡法的一部分，在地方官员的妥协和默许下得到正常执行。但负责执行国家法律的地方官员也并不是总是默许乡法的运行的，“当契约以乡里惯例为后盾，而该乡法既有违于法制条格，亦悖于社会善良风俗，甚至难脱剥削榨取之嫌时，就正是国家公权力与地方习俗、民间私意间互相角力的时刻”⑥。也就是说，在处理私人借贷纠纷的过程中，地方官员的侧重点在于对社会公序良俗的维护，一旦高利率的存在违背了这一点，那么地方官府也会对此进行干预。

---

①　（北宋）王溥．唐会要［M］．北京：中华书局，1955：1675.

②　（北宋）王溥．唐会要［M］．北京：中华书局，1955：1676.

③　（北宋）王溥．唐会要［M］．北京：中华书局，1955：1677.

④　（宋）王钦若，等．册府元龟：校订本（第六册）［M］．周勋初，等，校．南京：凤凰出版社，2006：5769.

⑤　罗彤华．唐代民间借贷之研究［M］．北京：北京大学出版社，2009：341.

⑥　罗彤华．唐代民间借贷之研究［M］．北京：北京大学出版社，2009：341.

律令对借贷利率约束力不足，在限制官员参与高利贷经营的方面同样软弱。唐太宗时，高季辅曾言："勋贵之家，俸禄足供器服，乃戚戚于简约，汲汲于华侈。放息出举，追求什一。"① 唐玄宗抄没太平公主家产时，太平公主名下"财货山积，珍奇宝物，侔于御府，马牧羊牧田园质库，数年征敛不尽"②，可见官吏贵族为追求奢华的生活，放贷取利已是常事，且贵族阶层放贷的利息也多为10%。唐敬宗时，担任京兆尹兼御史大夫的崔元略"误征畿甸经赦免放缗钱万七千贯"③，对于已经在赦免范围内的债务，崔元略也照收不误，尽管他因此在事后遭到了弹劾；唐宪宗时，五坊使杨朝汶向商人放贷④；唐昭宗时，县令崔銮被百姓告发"举放缣绢价"，而准备上奏他举放罪行的刺史韩建自己也"举放，数将及万"⑤。尽管自唐玄宗时就有禁止官员及其亲属、童仆放贷的诏令，但显然，这样的现象并没有被真正禁止。

在契约的订立阶段，借贷双方对于利率的约定除了有息借贷中明确写出的利率，债权人可以获得的额外收益还包括违约惩罚中所约定的数额。

所谓"违约"，是指债务人没有在规定期限内按照契约内容偿还本金或利息。在债务人没有足够的标的物用以偿还债务的情况下，私人借贷契约通常要求债务人用自己的其他财产抵债。初期，这种抵偿多是以本金和利息为限，客观上仅是出于保护债权人权益的目的。但后来抵偿的范围扩大到罚金，这就使私人借贷契约中规定违约惩罚的条款真正具有了惩罚的意味。从功能上说，违约惩罚加重，对债务人的震慑作用更强，更有利于避免债务人恶意拖欠的情况。

表5-4罗列出了有明确违约惩罚的契约共计37件，并对它们各自的惩罚条款以及契约的计息类型进行了汇总。

表5-4　　敦煌和吐鲁番地区出土唐代私人借贷契约违约处罚汇总表

序号	契约名称	违约处罚	备注
1	唐显庆四年（659年）高昌白僧定贷麦契	到年年田不得耕作者，当还麦肆斛入王才	小麦肆斛为本金；力役抵偿

① （后晋）刘昫. 旧唐书 [M]. 北京：中华书局，2000：1825.

② （后晋）刘昫. 旧唐书 [M]. 北京：中华书局，2000：3225.

③ （后晋）刘昫. 旧唐书 [M]. 北京：中华书局，2000：2903.

④ （后晋）刘昫. 旧唐书 [M]. 北京：中华书局，2000：3009-3010.

⑤ （宋）李昉，等. 太平广记（全十册）[M]. 北京：中华书局，1961：4100.

序号	契约名称	违约处罚	备注
2	唐显庆五年（660年）天山县张利富举钱契	若延引不还，听掣家资杂物，平为钱直	有息借贷
3	唐龙朔元年（661年）高昌龙惠奴举练契	其利若出月不还，月别罚练壹疋入左。如憧憙须练之日，并须依时酬还	有息借贷
4	唐麟德二年（665年）高昌卜老师举钱契	听扡家财，平为钱直	有息借贷
5	唐麟德二年（665年）高昌赵丑胡贷练契	到过其月不还，月别依乡法酬生利。延引不还，听拽家财杂物，平为本练直	无息借贷
6	唐麟德二年（665年）高昌张海欢、白怀洛贷银钱契	如违限不偿钱，月别拾钱后生利钱壹文入左。若延认（引）注托不还钱，任左牵掣张家杂物、口分田桃（萄），用充钱直取	无息借贷；海欢母替男酬练，若不上（偿），依月生利。
7	唐乾封元年（666年）高昌郑海石举银钱契	若郑延引不还左钱，任左牵掣郑家资杂物、口分田园，用充钱子本直。取所掣之物，壹不生庸	有息借贷
8	唐乾封三年（668年）高昌张善憙举钱契	若延队（引）不还，听左拽取张家财杂物，平为本钱直。若延引不与左钱者，将中渠菜园半亩，与作钱质。要须得好菜处	有息借贷
9	唐总章三年（670年）高昌张善憙举钱契	前却不还，任掣家资，平为钱直	有息借贷
10	唐总章三年（670年）高昌白怀洛举钱契	若延引不还，听牵取白家财及口分，平为钱直。仍将口分、蒲桃（葡萄）用作钱质	有息借贷
11	唐仪凤二年（677年）高昌卜老师举钱契	若延引不还，任拽家财杂物及口分（田园）平充钱	有息借贷
12	武周长安三年（703年）高昌曹保保举钱契	如延引不还，及无本利钱可还，将来年辰岁石宕渠口分常田贰亩折充钱直	有息借贷

序号	契约名称	违约处罚	备注
13	唐景龙二年（708 年）交河县宋悉感举钱契	其物至九月卅日内不得，壹罚贰入成	借钱还物
14	唐天宝十三载（754 年）敦煌龙兴观道士杨神岳便麦契约	如违限不还，一任□□牵掣常住车牛杂物等，用充麦直	无息借贷
15	唐大历十七年（782 年）于阗霍昕悦便粟契	如违限（不还），一任僧虔英牵掣霍昕悦家资牛畜，将充粟直。有剩不追	无息借贷
16	唐建中三年（782 年）于阗马令庄举钱契	如不得，一任虔英牵掣令庄家资牛畜，将充钱直。有剩不追	有息借贷
17	唐建中七年（786 年）于阗苏门悌举钱契	如违限不付，每月头分生利随月。如延不付，即任夺掣家资，用充本利直	有息借贷
18	吐蕃丑年（797 年?）敦煌曹先玉便麦契	如违，即任夺掣家资牛畜等，用充麦直	无息借贷
19	吐蕃某年（801 年?）年冬李萨宗借布契	届时未还，须双倍赔偿	无息借贷
20	吐蕃狗年（818 年±）借粮契	〔如不〕按时归还，〔返回加倍，〕从债务人家中〔收缴〕大麦三驮。不管如何，不得有任何怨言，也不得诉讼	无息借贷
21	吐蕃寅年（822 年?）敦煌阴海清便麦粟契	如违限不还，即任掣夺家资杂物用充麦粟直。中间如有恩赦，不在免限	无息借贷
22	吐蕃寅年（822 年?）敦煌赵朋朋便豆契	如违不还，一任掣夺家资杂物，用充豆直。如后有恩赦，不在免限	无息借贷
23	吐蕃虎年（822 年/834 年）央勒借马契	在此期间，母马若死亡或遗失，须立即找一匹同样大小的马匹，归还给灵贤。即便母马没有死亡或遗失，若在夏天归还时怀了幼驹，应收取报酬。即便母马若未怀孕，也由央勒负责。如届时央勒没有归还母马，或提出其他借口，保人郭玛勒和拉唐唐等负责〔补偿〕契约所规定的内容	无息借贷

续表

序号	契约名称	违约处罚	备注
24	吐蕃龙年（824年±）刘六通借麻纸契	如果没有按时归还，纸张和汉麻绳的数量将倍增；不需要签订第三份契约，而是根据原契约立一份委托书，不管是六通的墨水瓶、手巾等，还是他所拥有的任何财物，即便是抢来了，也不能有一句怨言	无息借贷
25	吐蕃龙年（824年±）薛珍兴借刀契	若未能按时归还，一件变成两件，不管是珍兴的用品、手巾等，还是其他任何财物，根据契约，双方立一规矩，即便是抢来，也不能有一句怨言	无息借贷
26	吐蕃鸡年（829年±）借码尔（dmar（？））契	如不按时归还，一两将变成二两，不管任何财物，将从梅辛拉色家中没收，不得有任何抱怨	无息借贷
27	吐蕃酉年（829年?）下部落百姓曹茂晟便豆契	如违不纳，其豆请陪（倍），一任掣夺家资杂物，用充豆直。中间或有恩赦，不在免限	无息借贷
28	吐蕃猪年（831年±）阿骨萨部落何山子借麦契	定于今年秋季，〔让其〕收割三汊突地的小麦和大麦，收割之时，若蓄意不守承诺，不按时履行，收割大麦时将毗邻田地一起归属山子。不管有多少大麦，将以物双倍偿还。若不及时解决，不管屋外的牲口和屋内的财物，以及衣物等所有财产，包括本息等，即使被抢去，也不得有任何怨言	无息借贷
29	吐蕃鼠年（832年±?）王良春借羊毛契	如未按期归还，将会加倍归还	无息借贷
30	吐蕃鼠年（832年/844年?）夏阿骨萨部落索格勒借麦契	若不按时偿还，或有所耽搁，应双倍地偿还。即便折算成财物，包括他家中的财物和门口的牲畜、背上的衣物和手上的工具等，不管什么东西，按照契约规定，即是抢来，也不应该有一句怨言。如果格勒不在家，或是支官差耽误，按照契约规定，由保人负责偿还	无息借贷

序号	契约名称	违约处罚	备注
31	吐蕃兔年春（835 年/847 年）阿骨萨部落索格丹借麦契	届时没有归还，或出现差错，将双倍偿还。即便是折算成财物，包括本息，按大麦的价格计算，按照规矩，即是被抢去，也不应该有一句怨言	无息借贷
32	吐蕃羊年（828 年±）十月悉董萨部落常海奴延期还纸契	届时，如不按期偿还，或者延误，则应数倍地处罚。包括本息，不管是他屋外的牲口、还是家中的物品用具，即便是抢夺来，也不能有任何怨言，并会因为影响供奉功德，受到鞭刑。从二百卷偿还的纸张中，一折纸张作为年供	无息借贷
33	吐蕃龙年（824 年±）悉董萨部落侯达子借麦契	如因其他原因不能按期归还，商定抵押一空置的宅基地〔…〕，北五〔…〕，东西二十尺，作为抵押的信物〔…〕，成倍偿还。如果折算成财物，其屋外的牲畜，屋内的财物，不管是什么均可。按照本契约规定，即便抢来，不应有任何怨言。〔…〕如果〔借方〕不在家，或者出现差错〔…〕，保人〔…〕，其妻子曹氏佛子应负责偿还〔…〕	无息借贷
34	吐蕃鸡年（829 年±）宋三娘借杂物契	如未按时归还，数量将翻倍，不管其家中的大麦、铜具或瓷碗等，即便悉数夺走，也不得有任何怨言。再者，棉布三尺半、大麦四汉升，以门锁及钥匙为抵押，必须在狗年春二月初十日以前赎回。如不按时赎回，门锁和〔钥匙〕将一同被没收	无息借贷
35	吐蕃虎年（834 年±）慧英借棉布契	如未按时偿还，应支付双倍的上等棉布。棉布的抵押品，为装三升〔粮食〕的上好布袋。如果丢失，将翻倍偿还。如届时慧英不在，由保人田本德和赵和朵两人按照以上规定，立即偿还	无息借贷

续表

序号	契约名称	违约处罚	备注
36	唐某年高昌严秃子贷麦契	若过月不了，一月壹斛上生利麦壹（斗。若廷引）不还，任听拽家资杂物，平为麦直	无息借贷
37	唐某年刘□达举麦契	（若）违时限不还，壹任夺掣（家资）杂（物），平充麦直	无息借贷

　　如表5-4所示，民间私人借贷契约中规定的违约惩罚大体上包括三类：一是夺掣家资，即以债务人的其他财物抵债；二是超期生利，这一惩罚方式主要存在于无息借贷中；三是双倍偿还本金，这一措施多出现在吐蕃统治时期的契约中，且常与掣夺家资相伴出现。唐政府治下的敦煌和吐鲁番地区仅有《唐景龙二年（708年）交河县宋悉感举钱契》一例将双倍本金偿还作为违约惩罚，这一契约的特殊之处还在于宋悉感借的是钱，而需要偿还的是缥花、乌麻和粟等实物，或可推测宋悉感借贷的目的是将其作为经商的本钱，而非为了应对生活、赋税的需要，因此在债务到期时，他可以用手中的货物抵债。在吐蕃政权控制两地以前，尽管掣夺家资仅是用于抵偿债务本身，但这种情况往往伴随着债务人失去他的生产资料，如土地和生产工具等，因而从最终效果来说也可视为一种对债务人的威慑。《唐麟德二年（665年）高昌赵丑胡贷练契》和《唐麟德二年（665年）高昌张海欢、白怀洛贷银钱契》两件使用的是超期生利的处罚规则。《唐龙朔元年（661年）高昌龙惠奴举练契》因为所借本金数额较大（练30疋），且只对还利的时间做了规定，因此未能按时偿还利息就要每月再额外偿还1疋练，这一件也可视作超期生利。此外，还有三件违约处罚较为特殊的契约。《唐显庆四年（659年）高昌白僧定贷麦契》是力役抵债，违约只需要偿还本金；《吐蕃虎年（822年/834年）央勒借马契》标的物为活物，因此契约是对母马在出借期可能会出现的各种情况以及每种情况下债务人央勒需要承担的责任做出了规定；《吐蕃羊年（828年±）十月悉董萨部落常海奴延期还纸契》则因为涉及宗教活动，除了常规的双倍偿还以及夺掣家资外，债务人若违约还需要接受鞭刑的处罚。

　　总的来说，夺掣家资这一惩罚措施在初期仅是以债权人能够收回本金和契约中约定的利息为目的，可以理解为一种抵偿债务的方式。而超期生利和双倍本金赔偿两种，由于债务人需要支付超出契约规定的数额，因此就具有了明确的惩罚的意义，特别是吐蕃统治时期，双倍本金赔偿与夺掣家资并行，也就意味着家资抵偿的内容也包含了罚金部分，因此，夺掣家资在这一阶段的作用已经超出了早期收回本金和利息的目的，因此就成为了真正的违约处罚手段。

从上述契约中约定的违约处罚的数额上来看，它们均未超过唐代律令所规定的一倍本金，但执行方式往往是债权人直接索取债务人的家产，并未就是否申请市司执行做出说明，且部分契约明确表示夺掣家资超过债务金额的部分也不会归还给债务人，这显然是违背了唐令中"有剩还之"的规定。换言之，在契约订立时，违约惩罚条款的执行方式普遍没有遵守唐令的规定。

2. 契约执行阶段

官方对私人借贷活动执行阶段的干预主要表现在对借贷纠纷的裁定上，本小节主要以反映借贷纠纷处理情况的契约及文牒为基础，考察地方官府在处理私人借贷纠纷过程中对律令的执行情况。

敦煌和吐鲁番地区出土的反映借贷纠纷及处理的文书共有五件，其中四件记录的是由债务人违约引起的纠纷。这四件文书为我们大致勾勒出唐代敦煌和吐鲁番地区债权人以合法方式向追索债务的流程：

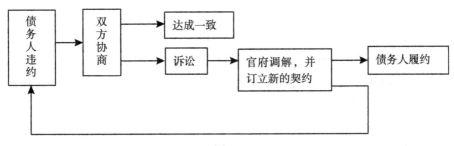

图 5-1

《唐咸亨五年（674 年）高昌王文欢诉张尾仁贷钱不还辞》(编号：64TAM19：36)① 文书形式对应的是"诉讼"阶段，文书的内容同时也反映了诉讼前双方的私下协商：

1. 酒泉城人张尾仁。

2.……件人，去咸亨四年正月内立契，……

---

① 张传玺. 中国历代契约粹编 [M]. 北京：北京大学出版社，2014：311.

3. ……银钱贰拾文，准乡法和立私契。……

4. 拾文后［生利钱］贰文。其人从取钱以来……

5. 索，延引不还。酒泉去州……

6. 来去，常日空归。文欢……

7. 急，尾仁方便取钱人……

［后缺］

王文欢和张尾仁之间签订的借贷契约显示双方有约定明确的偿还的日期，故王文欢应当是在到期后多次前往酒泉向张尾仁索要欠款，具体的协商结果由于文书的缺损我们不得而知，但结果显然是双方未能达成协议，因此才有王文欢向官府起诉一事。

《唐贞观二十二年（648 年）洛州河南县桓德琮典舍契》　（编号：72TAM204：18）① 反映的是质押借贷②的债权人起诉违约债务人的后续处理情况，对应"官府调解并订立新契约"这一阶段。这件出土于吐鲁番阿斯塔纳二〇四号墓的契约记载的事件发生于中原地区，具体内容如下：

1. 贞观廿二年八月十六日，河南县张口口

2. 索法惠等二人，向县诉桓德琮口宅价

3. 钱三月未得。今奉明府付坊正追向县。

4. 坊正、坊民令遣两人和同，别立私契。

5. 其利钱限至八月卅日付了。其赎宅价

6. 钱限至九月卅日还了。如其违限不还，任

7. 元隆宅与卖宅取钱足，余剩任

8. 还桓琮。两共和可，画指为念。

9. 负钱人　桓德琮　琮

10. 男大义　义

11. 同坊人　成敬嗣

12. 　　　　嗣

13. 坊正李　差　经

该契约显示，桓德琮以房舍为抵押物向张元隆、索法惠借钱，到期未还。两个债权人向河南县官府起诉桓德琮追索欠款，县府的处理意见是由坊正负责

---

① 唐长孺. 吐鲁番出土文书（第四册）［M］. 北京：文物出版社，1983：269-270.

② 陈国灿. 唐代的民间借贷——吐鲁番、敦煌等地所出唐代借贷契券初探［M］//唐长孺. 敦煌吐鲁番文书初探. 武汉：武汉大学出版社，1983：218-274.

安排三人重新订立一份延期还款的契约，再次到期不还，将变卖桓德琮抵押的房舍用以偿还欠款，卖房所得超出债务的部分仍归桓德琮所有。结合敦煌和吐鲁番地区出土的借贷契约的普遍样式以及律令的规定，在作为债权人的张元隆和索法惠上告后，就应该由有司负责变卖作为抵押的房舍来偿还桓德琮所欠债务，而县令却首先进行了调解，给予债务人桓德琮一次延期还款的机会，尽量使他能够继续保有这所房子，同时将剩余卖房款归还桓德琮也遵循了律令的规定。孟宪实以这件契约为例，认为这反映了唐代官府将处理私人借贷纠纷侧重于调解，而私契是重要的调解手段。①

《唐大历七年（772年）客尼三空请追征负麦牒并判词》（编号：伯3854）②所反映的是已经经过一次官府调解但债务人再次违约的纠纷：

1. 百姓李朝进、麹惠忠共负麦两石九斗。
2. 右件人，先负上件麦，频索付，被推延。去前日
3. 经□□状，蒙判追还。至今未蒙处分。三
4. 空贫客，衣钵悬绝，伏起追征，请处分。
5. 牒件状如前　　谨牒。
6. 　　大历七年九月　日客尼三空牒。
7. 先状征还，至今延引，公私俱慢，
8. 终是顽狠，追过对问，九日继。

这件文书显示，尼姑三空针对欠麦已经进行了一次诉讼，尽管我们尚不能确切知晓第一次起诉以及判决的具体情况，但根据官府倾向于调解的习惯，可以推测，前一次诉讼就是以重新订立契约，并使双方在延期偿还问题上达成一致的方式了结的，而新契约到期后，债务人李朝进和麹惠忠并没有按期履约，官府也未对二人采取任何强制执行的措施，三空多次索债不成，只得再次提交诉状。

《唐乾元二年（759年）赵小相立限纳负浆钱牒》（编号：73TAM506：4＼34）③尽管也是以商定新的偿还期限结案，但它与前两件文书有着明显的差别：

1. □小相并妻左负阎庭浆六石，今平章取壹仟伍佰文。

---

①　孟宪实. 国法与乡法——以吐鲁番、敦煌文书为中心［J］. 新疆师范大学学报（哲学社会科学版），2006（1）：7.

②　王震亚，赵莹. 敦煌残卷争讼文牒集释［M］. 兰州：甘肃人民出版社，1993：3.

③　唐长孺. 吐鲁番出土文书（第十册）［M］. 北京：文物出版社，1990：243.

2. 陆伯文限今月十八日纳，叁伯文限二月十五日纳，

3. 陆伯限伍月十日纳右缘家细累，请立限。请於此输纳，不向交河县。

4. 右件通三件如前。如违一限，请夫妇

5. 各决十下。如东西逃避，一仰妻翁代纳。

6. 牒件状如前。谨牒。

7. 乾元贰年正月 日负浆人赵小相牒

8. 妻左年卅

9. 保人妻翁左义琛年六十

赵小相夫妇所欠的浆被官府折算为钱进行偿还，标的物、期限等要件与普通的私人借贷契约大致相同，但这件文牒作为判决书，在还款期限的效力上与私人契约有着巨大差异，文牒中规定的偿还期限是明确且具有强制力的，这主要体现在，如果违背文牒中的期限，债务人将面临刑罚："如违一限，请夫妇各决十下"①，即分为三期归还的欠款，一期未能按时偿还，赵小相夫妇就要接受鞭笞十下，这里的惩罚依据显然是来自《唐律疏议·杂律》中的"诸负债违契不偿"条——"一疋以上，违二十日笞二十"②的条款。而在前两起纠纷的处理中，官府主持订立的新契约显然不涉及违约的刑罚处罚，因而并不具有强制力。在这种情况下，即便桓德琮再次违约，他受到的最多也只有经济处罚，即彻底失去他用来做抵押的房舍的所有权，同时可以想见，李朝进、魏惠忠在没有抵押物的情况下，他们的债权人三空连可以售卖的抵押物都没有，因此只能选择第二次提起诉讼，来维护自己的利益。由此可见，唐代的地方官府在处理私人债务纠纷时，尽管都是优先采用调解手段，但不同的当事双方经调解后订立的新契约的效力存在巨大差异。阎庭的权益由针对赵小相夫妇的刑事处罚进行保障，张元隆和索法惠的权益由桓德琮房舍的处置权作为保障，而三空的权益实质上没有任何保障。另一方面，在正式程序下，作为原告的债权人要受到更多的约束，比如尽管契约中都会写明如果债务人拖延不肯还债，那么就要用他们的家产抵偿，但显然，债权人们并没有在起诉前的私人协商环节中以此为依据强夺债务人的其他财产抵债，张元隆和索法惠在判决生效后才获得了售卖桓德琮房舍的权利，而王文欢和三空也没有在诉讼前通过对各自的债

① 唐长孺. 吐鲁番出土文书（第十册）[M]. 北京：文物出版社，1991：243.

② （唐）长孙无忌，等. 唐律疏议 [M]. 刘俊文，点校. 北京：中华书局，1983：485.

务人采取强制措施收回债务。

由上述四桩债务纠纷可见，官府在介入民间债务纠纷时，以调解为主，主要手段是促使双方订立新的契约，延长还款期限，新订立的契约通常不涉及原契约中的违约惩罚内容，仅继承原契约的标的物和应偿还数额。但新的契约未必都是具有强制力的，而没有强制力的新契约的执行仍然需要依靠债务人的自觉性。受材料限制，我们难以获知这三桩债务纠纷的最终结果，但显而易见的是，官府在受理民间债务纠纷时，并不会在第一时间就严格按照律令中的规定，强制债务人履约以及对债务人施以刑罚。这也就反映出地方官府在处理民间私人借贷纠纷时具有一定的随意性。

通常情况下，债务纠纷多是由债务人违约引起的，但由于唐代承袭前朝，保留了赦免私债的传统，因此也会出现债权人拒绝执行恩赦而被债务人诉至官府的情况。

在唐哀帝于907年逊位大约八年后，处于归义军治下的敦煌就发生了这样一起债务人起诉债权人的案件，纠纷的具体内容和官府的裁决结果被记录于《乙亥年（915年?）金银匠翟信子等三人状》（编号：北剑98）① 中，现转引如下：

1. 金银匠翟信子曹灰灰吴神奴等三人状
2. 右信子等三人，去甲戌年缘无年粮
3. 种子，遂于都头高康子面上寄
4. 取麦三硕，到当年秋断做六硕。
5. 其六硕内填还纳一硕二斗，亥
6. 年断做九硕六斗，于丙子年秋填
7. 还内（纳）七硕六斗，更余残两硕。今年
8. 阿起大慈大悲，放其大赦，矜割旧年
9. 宿债，其他家乘两硕，不肯矜放。今信子
10. 依理有屈，伏望阿郎仁慈，特赐
11. 公凭，裁下处分。
12. 其翟信子等三人，若是宿债，
13. 两硕矜放者。

作为原告的债务人翟信子等三人于甲戌年的春天向高康子借麦三硕，契

---

① 沙知. 敦煌契约文书辑校［M］. 南京：江苏古籍出版社，1998：420-421.

约中约定当年秋天应还麦六硕，但实际上只偿还了一硕二斗。高康子将剩下的四硕八斗翻倍，要求三人在乙亥年偿还九硕六斗，这里应当是遵循原契约中的约定，因此三个债务人对欠额翻倍没有异议并按照要求继续偿还债务，在丙子年秋天之前共偿还七硕六斗。由于归义军政府颁布了包含免除私债的恩赦，翟信子三人认为剩下的两硕麦无须再偿还，而债权人高康子拒绝执行官府的恩赦令，因此双方对簿公堂。最终，官府判定如果经过核实，双方的契约确实符合赦令免除私债的范围，翟信子三人最后所欠的两硕麦就不需要偿还。

由于翟信子的名字也出现在《丙午年敦煌翟信子欠麦粟契》（编号：伯3860）① 中，此件契约的订立时间被学者们确定为 886 年。据此，这起纠纷发生的乙亥年的具体时间通常被认为是 915 年。而距离 886 年较近的另一个乙亥年为 855 年，作为诉讼的发生时间也存在一定的可能。

855 年是张议潮收复敦煌的约七年后，距离张议潮正式出任归义军节度使也已经过去四年，此时敦煌地区的习俗已经恢复汉人旧制；而 915 年是曹议金取代张氏成为归义军节度使的第二年，曹议金虽然是粟特人，但曹氏的上位和政权的平稳过渡与其同敦煌当地包括张氏家族在内的汉人望族的普遍联姻有很大的关系，且曹氏掌权后，也并未抛弃姻亲，汉人望族在对敦煌的治理中也有较强的话语权。同时，曹议金掌权后一直致力于恢复与中原王朝之间的联系，最终也成功受到后唐的正式册封。由此可见，尽管此时的敦煌地区在事实上已经独立于中原王朝，但此地的两届统治者都仍然奉中原政权为正统，遵循中原的习俗和传统对此地进行治理。

也就是说，此项诉讼无论是发生于名义上仍在唐王朝统治下的张氏归义军政权，还是发生于曹氏当政时期，双方当事人签订、执行契约的流程和官府的判决依据，大体上应当是遵循唐代敦煌地区的私人借贷活动秩序。将这一诉状所反映的内容作为我们管窥涉及私债的恩赦令在唐代民间的效力是具有可行性的。

作为诉讼发生的起因，尽管双方所签订的借贷契约目前无从得见，但我们可以通过其他材料的佐证对其加以推测。首先，鉴于债权人高康子拒绝执行官府免除私债的恩赦令，可以推测翟信子等三人与高康子所签订的契约中必然有明确的抵赦条款，在此次纠纷发生之前，包含抵赦条款的私人借贷契约共有四

---

① 沙知. 敦煌契约文书辑校［M］. 南京：江苏古籍出版社，1998：392.

件（见表5-5）。

表5-5

序号	契　　约	抵　赦　条　款
1	唐乾封元年（666年）郑海石举银钱契①	公私债负停征，此物不在停限
2	吐蕃酉年（817年?）敦煌曹茂晟便豆契②	中间或有恩赦，不在免限
3	吐蕃寅年（822年?）敦煌阴海清便粟契③	中间如有恩赦，不在免限
4	吐蕃寅年（822年?）敦煌赵朋朋便豆契④	如后有恩赦，不在免限

这四件契约中，一件订立于初唐时期，其余三件订立于吐蕃统治敦煌的早期，彼时的私人借贷契约依然遵循吐蕃统治之前的格式并使用汉文书写。抵赦条款在目前已经整理刊布的私人借贷契约中占比不高，且目前也尚未见到唐以前的敦煌和吐鲁番地区的借贷契约中存在这样明确的抵赦条款。可见，抵赦条款并非是在私人借贷契约自然发展的产物，结合前文所述始于北魏的私债赦免传统，抵赦条款的出现应当是债权人为了使自己的利益免受私债恩赦的影响而专门设置的抵抗性条款。我们将唐政府曾颁布过的三次恩赦按施行范围、适用条件和具体措施进行整理，从而进一步分析它们对唐代敦煌和吐鲁番地区的债权人利益的影响：

表5-6

时　　间	施行范围	适　用　条　件	具体措施
元和十四年（819年）七月⑤	京城内	1. 十年以上； 2. 本主及元保人死亡； 3. 无资产可征理	并宜放免

----

① 唐长孺. 吐鲁番出土文书（第六册）［M］. 北京：文物出版社，1985. 417-418.

② 唐耕耦，陆宏基. 敦煌社会经济文献真迹文献释录（第二辑）［M］. 北京：书目文献出版社，1990：83.

③ 唐耕耦，陆宏基. 敦煌社会经济文献真迹文献释录（第二辑）［M］. 北京：书目文献出版社，1990：106.

④ 唐耕耦，陆宏基. 敦煌社会经济文献真迹文献释录（第二辑）［M］. 北京：书目文献出版社，1990：80.

⑤ （宋）李昉，等. 文苑英华［M］. 北京：中华书局，1966：2140.

续表

时　　间	施行范围	适 用 条 件	具体措施
长庆四年（824 年）年三月①	全国	1. 契约订立于三十年以前； 2. 主、保经逃亡； 3. 无证据，空有契书	不须为理
宝历元年（825 年）四月②	京城内	1. 十年以上； 2. 曾出利过本两倍； 3. 本主及原保人死亡，并无家产	勿为征理

前文曾提到过，这些赦免私债的诏令在保护债务人和损害债权人利益的方面并没有实质性的作用。对于敦煌和吐鲁番地区的影响而言，仅有长庆四年的私债免除是全国范围的，但此时敦煌已经在吐蕃政权的统治之下了，唐政府颁布的诏令对这两个地区不再有任何影响。换言之，三件订立于吐蕃统治时期的契约中仍然存在抵赦条款的可能原因有二，一是此前契约书写习惯的延续；另一个是吐蕃政权在刚接管敦煌地区时，在一段时间内曾有过赦免私债的命令，因此导致了立约时间相对较近的这三件契约中出现了抵赦条款。值得注意的是订立于初唐时期的《唐乾封元年（666 年）郑海石举银钱契》，它的抵赦条款的用词不同于另外三件的"免"而是"停"，这与唐政府颁布过的要求私债延期偿还的诏令中所使用的表述相同。这反映出唐代初期，官方以诏令的形式干预民间私人借贷的形式多为延长履约期，而其后，中央或者地方政权采取的干预形式则多为直接免除债务，因此在抵赦条款的用语上就表现出了这样的差异。

回到《乙亥年（915 年?）金银匠翟信子等三人状》，此时的敦煌地区尽管名义上依然属于中原王朝，但是其实际管辖权完全属于归义军政府，因此诉状中提到的"大赦"只能是由归义军政府主导的，并且不同于唐政府将赦免私债的范围牢牢控制在已无执行可能的契约内，从诉状内容来看，此次由归义军政府赦免的私债也包括翟信子等人这类立约时间较近的私人借贷中还未履约的部分。诉状末尾，官府的处理意见显示，翟信子三人尚未偿还的债务经核实后可以免除，完全无视了原契约中很可能存在的抵赦条款，也就是说，官方赦免私债的效力是高于契约中的抵赦条款的。

---

① （宋）窦仪. 宋刑统 [M]. 薛梅卿，点校. 北京：法律出版社，1999：470.

② （北宋）王溥. 唐会要 [M]. 北京：中华书局，1955：1618.

而《乙亥年（915 年?）金银匠翟信子等三人状》涉及的利率问题与王文欢诉张尾仁案互为对照和补充，反映了地方官府对民间私人借贷利率的态度。翟信子等人向高康子借麦三硕，约定偿还六硕，即半年利率约为 100%，这一约定符合唐代利息不超过本金的法律规定，但三人最后实际偿还的数额为八硕八斗。根据计算，在翟信子三人第一次未能按时偿还时，高康子是以三人尚欠的四硕八斗为基础，将下一次偿还数量翻倍"断做九硕六斗"，这意味着双方很可能重新订立了一份翟信子三人欠高康子麦四硕八斗的契约，这四硕八斗中很明显包含有最初借麦的利息，因此这一行为明显构成了唐律中所不允许的回利做本。或许军政府对民事案件的处理依然奉行唐律中"不告不理"的原则："诸鞫狱者，皆须依所告状鞫之。若于本状之外，别求他罪者，以故入人罪论。"① 又或许归义军政府对私人借贷的利率和取息方式另有规定，作为原告的翟信子等三人在诉状中也没有就高康子取利过本和回利做本的事实提起诉讼，因而官府最终仅就双方因赦令而起的争议数额进行了裁决，未对双方借贷契约中不符合唐律的部分进行追究。

这件诉状和前文提到的《唐咸亨五年（674 年）高昌王文欢诉张尾仁贷钱不还辞》共同反映出，地方官府对借贷双方已经达成协议的私人借贷利率采取的是默认的态度，尽管这一利率已经远远超过法定的利率上限。并且，在未能按时履约后，翟信子三人也同意以六硕麦为基础计算双倍偿还，可见这种违约赔偿方式是当时民间默认的规则。也就是说，从官府处理私人债务纠纷的实际情况来看，乡法，即民间默认利率，同时也是被地方官府默认的，律令中的利率上限在民间私人借贷活动中几乎不会得到有效的落实。

四、私人借贷活动中非正式制度存在的必然性与民间秩序的形成

在第四章中我们探讨了收支不平衡导致的唐代敦煌和吐鲁番地区小农家庭的旺盛的借贷需求，和在经济因素和宗教文化因素影响下两个地区相对富裕的群体的放贷意愿，共同促成了两地私人借贷活动十分活跃的状况。而通过本章第二、三小节的梳理，我们可以发现国家法律为私人借贷活动所建立的正式制度由于得不到完全实施，因而难以满足维系民间活跃的私人借贷活动的需求。

---

① （唐）长孙无忌，等 . 唐律疏议 [M]. 刘俊文，点校 . 北京：中华书局，1983：555.

因此，其中必然存在正式制度以外的规则来进一步约束和规范私人借贷活动的开展，这就是本小节将要讨论的非正式制度出现的原因，以及它是如何填补正式制度留下的空缺，并和正式制度一起最终成为覆盖了唐代敦煌和吐鲁番地区私人借贷活动全过程的民间秩序的。

有研究者归纳了促成非正式制度产生，且非正式制度能够主导实践的三个因素①。一是违背大多数人利益的显规则是潜规则产生的基础；二是显规则留下的过大的自由量裁空间以及对显规则执行者的监督的缺失为潜规则的产生提供了空间；三是组织内部信息不对称和力量不平衡为潜规则的产生提供了可能。接下来，本节将从上述这三种因素出发，探析唐代敦煌和吐鲁番地区私人借贷活动民间秩序是如何形成的，进而为下一章讨论民间秩序在唐代敦煌和吐鲁番地区的私人借贷活动中所发挥的作用作出铺垫。

（一）债权人与债务人的力量对比失衡

如前文所述，由于小农家庭在税赋、生产、生活等必要支出的压力下，长期处于收支不平衡的状态，因此他们对借贷的需求是长期存在的，私人借贷又是为数不多的能够快速将他们从经济窘境中解救出来的途径之一，且中国古代的民间私人借贷多为信用借贷，获得门槛较低。结合前文对唐代敦煌和吐鲁番地区债务人群体的考察可见，私人借贷活动中的债务人所具有的特征包括：持续性收支失衡、家庭抗风险能力差以及对借贷有着旺盛的需求。也就是说，私人借贷在敦煌和吐鲁番地区存在着广泛且迫切的需求。

与之相对的是，在私人借贷活动刚刚产生的时候，出贷的一方多为王室贵族以及依附于他们的大商贾，这导致私人借贷关系在其产生伊始，主导权便掌握在债权人手中。到了唐代，出贷方所属阶层进一步扩大，成为放贷人的门槛有所降低，但其基本条件依然是家有余财，即在满足正常的生产生活之外，还拥有一笔用于放贷的本金。而即便是邻里间互通有无性质的借贷，也需要出贷的一方在某一方面的储备是充足的。因此，从经济实力上说，在唐代敦煌和吐鲁番地区的绝大多数私人借贷活动中，债权人必然是强于债务人的。

本章前序章节对敦煌和吐鲁番地区出土的唐代借贷契约中借贷活动参与人的身份考察显示，唐代敦煌和吐鲁番地区私人借贷契约的债权人主要为乡绅地主、小官吏和僧道，而债务人多为小农、士兵、僧道、小官吏和商人。

---

① 罗昌瀚. 非正式制度的演化博弈分析 [D]. 长春：吉林大学，2006.

其中，士兵和小官吏的借贷多用于出征、赴任所需费用，商人则是用于经商本金，小农、僧道等的借贷目的则集中于生产和生活支出。显然，无论是士兵、小官吏还是商人，他们借贷的目的都是从中获得一定的收益。而普通的农民和低级僧道的则往往是迫于生存压力而举债，而且受限于敦煌和吐鲁番地区的自然条件，这些主要以农业为生的人能够通过他们所背负的债务中获得的收益，相较于前一组，不仅同样具有风险，而且收益更低。因此对于占私人借贷活动多数的，出于生存目的而举债的群体来说，一方面，由于事关生存，他们对借贷的需求十分迫切；另一方面，他们的收入水平又不足以对自己的偿还能力作出保证，这就导致了他们在获得借贷资格的方面竞争力较弱，进而在借贷的供求关系中必然处于弱势地位，最明显的一点就是，他们要将土地、财产等作为额外的支付保证写入信用借贷契约，才能换取放贷人向他们提供借贷。

私人借贷市场上的放贷人主要是地主乡绅和僧道，在这里需要注意的是，尽管债务人中也有僧道的存在，但作为债务人的僧道和作为债权人的僧道在各自体系中的等级也是存在差异的，只有居于上位的僧道才有能力为他人提供借贷。同理，地主乡绅因其社会地位和财力，在他们生活的地方所拥有的话语权也是高于自耕农和低等级僧道的。也就是说，尽管与前代相比，唐代私人借贷活动中的债权人所属阶层呈现向下扩散的趋势，放贷人群体在借贷关系中的地位总体来说不再如过去那样始终处于绝对强势地位，但仅从单一债务关系中的债权人和债务人的力量对比来看，唐代敦煌和吐鲁番地区的私人借贷活动与以往由绝对上位者作为债权人的借贷双方的力量对比是一致的，即绝大多数债务人在各自的借贷关系中始终处于劣势地位。

由于唐代是借贷契约发展的完备期，换言之，私人借贷活动的民间秩序在此之前就已经逐步形成，到了唐代，这一系列的规则已经臻于完善，民间私人借贷非正式规则的发展也处于一个较为稳定的阶段。在这样的力量对比下，民间私人借贷非正式制度的建立由哪一方主导便不言自明。回到唐代敦煌和吐鲁番地区的私人借贷契约，我们可以看到，契约内容几乎是完全围绕着债权人的利益展开的，对债务人的义务有着非常详尽的规定。债权人在其中所主张的不仅有指定本金的偿还时间、向债务人收取违约赔偿等不在律令管辖范围内的权利，更有牵掣财物、没收土地以及确定超出法定上限的利率等明显与律令相抵触条款。并且此类条款作为私人借贷活动中约定俗成的规则，最终成为固定内容进入私人借贷契约的模板中。尽管敦煌和吐鲁番地区出土的唐代民间私人借贷契约中都有声明契约是在借贷双方都认可的情况下自愿签订的，但从契约内容来看，它是明显倾向于私人借贷活动的强势方，即债权人的；从当时的供求关系来看，绝大多数债务人在各自的借贷关系中也并不具有谈判的能力。

（二）官方对私人借贷活动的干预违背了参与人的利益

在官方视角下，民间私人借贷被泾渭分明地划分为两类，一是以解困救急为主要目的的借贷，此类借贷多为无息或低息；另一类是以盘剥盈利为主要目的的高利贷，此类借贷不仅利率高于法定上限，甚至还可能伴随以债务人的土地、人身自由为质押物的条款。对待这两类借贷活动，官方采取的是完全不同的态度。由于救济性质的借贷旨在帮助小生产者恢复、维持生产和生活，因此，无息或低息借贷是有利于封建王朝统治的，故而，对于这一类借贷活动，官方是非常支持的，比如前文所提到的汉成帝永始二年和汉桓帝永寿元年的两次赈灾中，中央政府都对参与赈灾的地方豪民做出了授官、免税等奖励。与救助性质的低息或无息借贷相反，高利贷对小生产者的生产和生活的打击是毁灭性的，对封建王朝统治者而言，高利贷普遍存在的最终结果就是将王朝的统治根基消灭殆尽。至迟在汉代，统治者已经意识到高利贷的扩张与其政权稳定性之间的矛盾，因此开始介入对高利贷的管理，首要的就是给民间借贷利率划定上限，期间，汉武帝更是通过"算缗""告缗"等政策直接对高利贷从业者和整个行业进行打压。其后各代统治者也多次重申高利贷禁令，北魏文成帝更是有过禁止一切"大商富贾"放贷的极端政令，而且对违反禁令者施以极为严厉的惩罚："犯者十疋以上皆死。"① 但正如马克思所引述的邓宁的观点一样："一旦有适当利润，资本就胆大起来。如果有 10% 的利润，资本就会保证到处被使用；如果有 20% 的利润，资本就蠢蠢欲动起来；如果有 50% 的利润，资本就会铤而走险；如果有 100% 的利润，资本就敢践踏一切人间法律；有 300% 以上的利润，资本就敢犯任何罪行，甚至去冒绞首的危险。"② 尽管古代中国的自然经济中尚不存在"资本"的概念，但死亡的威胁显然同样不能吓退中国古代高利贷从业者们对暴利的渴望，更遑论民间对借贷的旺盛需求也本就不是这样的禁令能够消弭的，民间高利贷的存在是供需双方，特别是需求方决定的。这种同时违背供需双方利益的简单粗暴的一刀切式禁令的执行效果难以达到目标也就是必然的，以至于其后的统治者们只能转变策略，针对民间高

---

① （北齐）魏收. 魏书 [M]. 北京：中华书局，2000：80.

② 中央编译局. 资本论（第一卷）[M]. 北京：人民出版社，2004：817.

利贷问题的处理措施变得迂回婉转，从直接针对高利贷行业的打压转变为通过限制有息借贷的利息和计息方式控制民间借贷的利率，进而减轻高利贷对普通百姓的危害，这一转变的发端便是北魏宣武帝时期出现的针对回利过本和复利计息的禁令①。

官方划定民间借贷利率上限与禁止回利过本、禁止复利计息的规定相配合，在一定程度上是可以起到抵消高利贷负面影响的作用的。但从唐代多次出现的相关敕令可知，彼时的唐王朝仍在致力于平抑民间借贷的利率，可见此前历代对高利贷行业的针对性打击的效果并不理想，至少没有对民间私人借贷利率的确定起到规范化的作用。究其原因，一方面是，在需求端，小生产者阶层长期入不敷出的问题始终没有得到解决，且即便到了唐代，长期面临入不敷出问题的小生产者能够获得财物借贷的途径依然十分有限，官方借贷的渠道并不对他们直接开放，私人借贷始终是他们能够触及的为数不多的借贷渠道之一；另一方面，在供给端，高利率乃至复利所带来的暴利使得家有余财者追逐财富的本性根本不可能放弃这一生财渠道。同时，值得注意到的是，唐王朝所属的中国古代社会是熟人社会，地方官府在进行基层治理时，仍然需要借助当地的乡绅、耆老的力量，这带来了两个后果，一是碍于熟人社会的关系网络，借贷双方的联系、订契等活动不易被地方官府察觉，私人借贷契约的订立过程难以被纳入监管范围，国家限制利率和禁绝复利的相关政令的执行难以真正到达基层；二是这些负责基层事务的乡绅、耆老本身就极可能是放贷者中的一员，他们的隐瞒和保护，使得地方官府在对民间高利贷的治理问题上难以发挥有效的作用。

总而言之，由于民间通行的私人借贷中同时存在着高利贷和低息乃至无息借贷，而后者符合法律规范且具有救济性质，但这两类私人借贷很难完全剥离，因此唐政府不可能一刀切地禁绝民间借贷，只能延续前代针对高利贷进行限制和打压的传统，显而易见的是，这样的措施也使得民间高利贷如前朝一般，始终与低息和无息借贷并存。与此同时，小生产者们对借贷的旺盛需求，决定了举报高利贷并不符合他们的利益，因此地方行政机构很难直接对民间高利贷活动进行准确打击。更何况，唐王朝对基层的治理主要依靠耆老、乡绅等地方话事人，而他们也很可能以放贷人的身份参与私人借贷活动，这就使得私人借贷活动中的高利贷部分被更好地隐藏起来。封建王朝对高利贷的打压直接侵害了借贷双方，特别是放贷人的利益，因此私人借贷活动的参与人就有动力

---

① （北齐）魏收. 魏书［M］. 北京：中华书局，2000：2021-2022.

将私人借贷活动隐藏起来，使其逐步摆脱官方的管控。

（三）地方和基层司法机构拥有较大的自由量裁空间且缺乏有效的监管

敦煌和吐鲁番地区在唐代属于州一级的辖区，被分别称为沙州和西州，其长官为刺史，根据《唐六典》的记载，"（刺史、都督）掌肃清邦畿，……宣布德化，……每岁一巡县属，……录囚徒"① 即刺史的职责包括维护辖区内治安、以礼教民，以及每年都要前往其所辖的县巡查，考察囚犯罪行可否减免是其巡查的项目之一。也就是说，刺史并不直接参与案件的审理工作。其下有司法参军事一职，"掌律、令、格、式，鞫狱定刑，督捕盗贼，纠逖奸非事，以究其情伪，而制其之法。赦从其重而罚从其轻，使人知所避而迁善远罪。"② 即具体负责刑事案件的缉捕、审理和判刑等工作的是刺史之下的司法参军事。刺史之下，还有负责户籍、计账，道路、逆旅，田畴、六畜、过所、蠲符等事项的司户参军事一职。而司户参军事其中一项工作内容为："凡井田利害之宜，必止其争讼，以从其顺。"③ 即处理百姓间的经济纠纷。也就说，在州一级，具体负责刑事和民事案件的机构是分开的，负责处理民事纠纷的为司户参军事，而这一工作方式实际上是调解，目的是制止事件发酵到对簿公堂的地步。只不过这并不意味着州一级的长官完全不需要处理其辖区内发生的民事纠纷，在一起发生于开元年间的租佃纠纷中，西州都督广济的处理方式是将此事交由下属定夺，由于都督府与州平级，机构与人员职能也与州相似，都督之下设户曹参军事一职，其职能与刺史之下的司户参军事相同。也就是说，广济作为都督，尽管不必具体负责民事纠纷的调停工作，但他实际上依然有了解、过问案件的职责，也因此这件应该由户曹参军事具体负责的租佃纠纷才会被呈放到他面前。只不过处理民事纠纷并不是州一级的长官的工作重心，他们也不需要全程参与此类事务的处理，因此广济对这一民事纠纷显得不够重视的态度也是符合当时情况的。

州之下的行政单位为县，唐代沙州下辖敦煌、寿昌两县，西州下辖高昌、交河、蒲昌、柳中、天山五县。县的长官称为令，县令"掌导扬风化，……

---

① （唐）李林甫，等．唐六典［M］．陈仲夫，点校．北京：中华书局，1992：747.

② （唐）李林甫，等．唐六典［M］．陈仲夫，点校．北京：中华书局，1992：749.

③ （唐）李林甫，等．唐六典［M］．陈仲夫，点校．北京：中华书局，1992：749.

养鳏寡，恤孤穷，审察冤屈，躬亲狱讼，务知百姓之疾苦。"① 即在县一级，刑事案件和民事案件的审理、判决等事宜均由县令总领，其下的县尉则"亲理庶务，分判众曹，割断追催"②。不过县一级的判决权是有限制的："杖罪以下，县决之，徒以上，县断定，送州覆审讫，徒罪及流应决杖、笞若应赎者，即决配征赎。"③ 县令能够直接作出判决的仅包括杖罪及以下的案件，而按照唐律的规定，在由债务人违约引发的债务纠纷中，被告者的最高量刑为一年徒刑，其下则为杖刑和笞刑。

根据目前可见的敦煌吐鲁番出土的唐代私人借贷契约可以推断，当债务人无法在契约所规定的期限内偿清债务时，借贷双方通常会经过协商重新约定偿还期限，直至债权人和债务人无法继续就延长偿还期限进行协商时，债权人才会将债务人诉至当地官府，而"徒一年"的量刑标准是债务人欠债数额达到百疋且违约时长达到百日。由于借贷双方达成协议后通常会订立新的契约，因此债务人同时达成违约时间超过百日以及数额达到"百疋"这两个条件的情况，在普通的民间私人借贷中也十分罕见。因此，可以合理推测，绝大多数的私人债务纠纷诉讼的全部流程在县一级即可完成。

唐代诉讼主要由事发地所属官府进行受理："诸犯罪，皆从所发州县推断。"④ 以及"凡有冤滞不申欲诉理者，先由本司、本贯，或路远而踬碍者，随近官司断决之。"⑤ 私人债务纠纷也不例外，诉讼由纠纷发生地的官府进行审理。不过，由于民事案件的具体诉讼流程缺乏相关材料，因此对于民事诉讼的流程的考察，本文暂且将现存的刑事案件卷宗所记载的刑事案件侦办审理的流程作为参考，并以此与私人债务纠纷诉讼的相关记载进行对照。

唐代刑事诉讼程序的开启以原告向官府提交诉状为标志，随后官府将根据诉状判断原告的诉讼内容是否符合受理标准，并对符合受理标准的起诉进行正式立案，然后由官府鞫问被告，经庭审后依法科罪。⑥ 根据距离唐代时间较

① （唐）李林甫，等．唐六典 ［M］．陈仲夫，点校．北京：中华书局，1992：753.

② （唐）李林甫，等．唐六典 ［M］．陈仲夫，点校．北京：中华书局，1992：753.

③ （唐）长孙无忌，等．唐律疏议 ［M］．刘俊文，点校．北京：中华书局，1983：561-562.

④ 天一阁博物馆．天一阁藏明钞本天圣令校证：附唐令復原研究 ［M］．北京：中华书局，2006：643-644.

⑤ （唐）李林甫，等．唐六典 ［M］．陈仲夫，点校．北京：中华书局，1992：192.

⑥ 陈玺．唐代诉讼制度研究 ［D］．西安：陕西师范大学，2009.

近，且保存较为完整的民事纠纷案卷《后晋开运二年（945年）寡妇阿龙牒》① 显示，敦煌地区的土地纠纷的诉讼、审理流程大致与之相同，只不过相较刑事案件，民事纠纷的调查取证工作没有那么复杂。先是由原告阿龙提交诉状阐明诉求，经第四任曹氏归义军节度使曹元忠批示，由左马步都押衙王文通负责具体核查，王文通调查取证的工作内容包括整理与纠纷土地相关的契约文书、对相关当事人进行问询并形成记录由当事人签字画押，而后将这些证据提交曹元忠，最后由曹元忠根据上述证据作出判决。

在私人借贷纠纷方面，前文所引述的《唐咸亨五年（674年）高昌王文欢诉张尾仁贷钱不还辞》反映了原告提起诉讼这一阶段。唐代官府立案的标志是在诉状上作出相应的批示，如前文转引的《乙亥年（915年？）金银匠翟信子等三人状》和《唐大历七年（772年）客尼三空请追征负麦牒并判词》中末尾所显示的那样，翟信子诉状后的批示要求查实诉状内容并直接给出了相应的处理意见，三空的诉状后是要求追查前一次判决未能执行的原因。《唐乾元二年（759年）赵小相立限纳负浆钱牒》是官府就赵小相夫妇欠浆一案给出的正式判决结果。虽然目前未见完整的案卷留存，但这几件文书所拼凑出的流程与《后晋开运二年（945年）寡妇阿龙牒》所显示的流程大体上是一致的。

在诉讼得到判决后，后续的债务追索和调解工作并不完全由县司负责。《唐贞观二十二年（648年）洛州河南县桓德琮典舍契》则反映了一个有权处理私人债务纠纷但不在唐代官吏体系中的组织——基层行政组织。其长官包括里正、村正、坊正等，他们对其辖区的民事纠纷有调解、仲裁的权力。《通典》中记载了基层行政组织负责人的选拔工作："诸里正，县司选勋官六品以下白丁清平强干者充。其次坊正。若当里无人，听于比邻里简用。其村正取白丁充。"② 也就是说里正、坊正和村正是由县司选拔、任命的，他们同样肩负着教化的职责，并且也负责"监察非违"③。而私人债务纠纷中，既包含违反律令的行为，同时背信、违约与社会道德风气也有着不可分割的关系，对债务纠纷的后续处理的监督、调停的工作被划入里正、坊正等的职责范围也就是顺理成章的了，更何况，他们通常与债务纠纷的当事人生活在同一片区域，对双方的情况有着比县司更深的了解。

---

① 刘进宝. 敦煌文书"寡妇阿龙牒"校释（初稿）［C］//百年敦煌文献整理研究国际学术讨论会论文集，2010.

② （唐）杜佑. 通典［M］. 北京：中华书局，2016：65.

③ （唐）杜佑. 通典［M］. 北京：中华书局，2016：65.

通过上述梳理，我们可以看到，私人借贷纠纷的官方解决渠道主要为县司和其下的基层行政单位里、坊等。对县级司法机构执法情况的监督由州府长官每年一次的巡查实现，即上文提到的"录囚徒"，亦作"虑囚"，这是一种"封建君主或官吏查阅囚犯案卷或直接向囚犯讯问决狱情况，平反冤狱或督办久系未决案的制度。"① 从中可以看出，这一巡查监督机制主要针对的对象是刑事案件。至于对基层行政组织的监督，县的权力则仅在选拔、任命这一环节，如前文所述，里正、坊正等职位并不在唐代官吏体系内，即他们得不到国家发放的俸禄，同时也不受官吏体系的规则的约束，这也就意味着地方官府对他们的控制力较弱。而另一方面，这些在基层行政组织任职的人，他们的实际身份同样是平民，因此是可以参与私人借贷活动的，如《武周长安三年（703年）高昌曹保保举钱契》中的债权人史玄政在此之前就担任过崇化乡的里正，即便脱去里正这层身份，按照唐代选拔里正的标准来看，他也必不可能出身于穷困潦倒之家，而应当是接受过良好教育且本人及家族在当地有一定威望。这就意味着，他们的家庭经济条件较当地其他百姓更为宽裕，并且在基层本来就拥有高于一般百姓的话语权。因此，无论是在人望方面还是在经济方面，里正、坊正等一旦得到任命，当地县司对他们的约束力就非常有限了。

在官方对私人债务纠纷的量裁方面，显而易见的是，由于教化是州、县长官的重要职责，甚至是县和基层行政机构的第一要务，因此这就意味着对于债务纠纷这样无关封建王朝统治根基的细故，地方各级司法机构必定是倾向于调解，而非重刑的。毕竟，民事纠纷在大多数官吏看来不过是个人道德问题，处理方式自然也就以提高百姓道德修养的教化为主，而将刑罚作为辅助手段，主要发挥其震慑作用。这一点在前文所列举的地方官府对私人债务纠纷的处理方式中表现得非常明显，尽管律令中对于债务人违约有着明确的量刑和罚款规则，但地方官府很少会一丝不苟地照章执行，诸多私人债务纠纷都是在地方官府或乡、里长官的调解下，以协商的方式解决。以协商调解化解诉讼固然可以减少县司的工作量，同时对债务纠纷的处理也更加因地制宜且人性化，但这种处理方式带来了一个不可忽视的问题，那就是一旦脱离了律令的明文规定，以怎样的标准进行调解几乎就完全取决于主导调解的人的心意，并且在调解人几乎没有第三方约束的情况下，在调解过程中，调解人就很容易受到外部干扰，这样一来，第三方对债务纠纷的干预也就不再具有明确的标准。

在民间私人借贷活动非正式制度建立的原因上，组织内部力量不平衡、正

---

① 高潮，马建石. 中国古代法学辞典［M］. 天津：南开大学出版社，1989：214.

式制度违背大多数参与人的利益、正式制度留下大量自由量裁空间以及缺乏监督这三者是相互交错、相辅相成的。首先，民间的私人借贷，乃至高利贷的存在由于其旺盛的需求和其中包含的巨大利益导致官方机械性的行政命令难以得到真正执行，放贷人和借贷人之间的财力以及社会地位的差距导致了双方在借贷关系中力量对比失衡，处于强势地位的放贷人自然而然地倾向于制定对自己有利的规则，而借贷人由于对私人借贷的依赖不得不选择遵守这个由放贷人主导建立的地下秩序，对于这些民间规则中违反律令的部分也只能选择忍耐，久而久之，这些规则成为了支配私人借贷活动运转的非正式制度，放贷人主导的对自己有利的规则必然是要尽可能将正式制度中对自己不利的影响排除在外的，借贷人受制于经济上的困窘，不会主动去破坏，也无力破坏这一正式制度之下的脆弱平衡，因此州、县官府从借贷活动当事人入手进行干预的途径基本被封堵。其次，唐代地方官府对于民事纠纷往往倾向于遵循以教化为主的原则，所谓教化，其内容除了儒家礼法，还有当地的风俗习惯中的公序良俗，官府即便插手私人借贷纠纷，在处理这些案件时，也不得不考虑当地业已定型的传统，这就进一步削弱了律令在民间私人借贷活动中的影响力。最后，在强势的非正式制度和不断被削弱的正式制度的对抗中，无论是私人借贷活动的参与人，还是地方管理者，他们的最优选择都变成了围绕非正式制度对其进行优化改良，以公序良俗和乡土人情削弱非正式制度中对债务人的残酷的一面，这种来自地方司法机构的妥协，显然比鼓励债务人检举、揭发债权人的违法行为更容易被借贷双方所接受，久而久之，在国家法律与当地风俗的融合下产生出的民间秩序也就成为了私人借贷活动参与者们默认且自愿遵守的规则。

五、小结

本章以唐代国家对民间私人借贷活动的干预为线索，从传世文献和出土文献两类材料出发分析国家干预的实际效果。作为构成私人借贷民间秩序的一部分，国家法律，即正式制度为民间秩序的形成提供了规范和基础。私人借贷契约由先秦时期的傅别、约剂发展而来，邻里、宗族的互助是无息借贷的源头，而"以国服为息"则是有息借贷的滥觞。随着宗法制的崩溃，周天子周济万民的责任逐渐下移，借贷逐渐发展成诸侯贵族的政治手段，并进一步成为敛财手段。到了汉代，豪民阶层崛起，有息借贷向着高利贷发展，历代统治者都已经意识到高利贷会"破坏和毁灭小农民和小市民的生产"①，然而一直到唐代，历代政权都没能寻找到行之有效的控制民间借贷利率的方法，甚至在这一过程中，有息借贷的高利率已经成为民间私人借贷活动参与者们默认的规则，甚至唐代的地方官府都对此视而不见。

另一方面，借贷的救济性质在私人借贷的发展过程中或多或少地得到了保留，富户对贫民的低息或无息放贷被认为是善举而受到国家的鼓励，这就导致古代中国的历代政权在面对民间私人借贷活动时，一方面要维护作为统治基础的小农阶级的稳定，他们多以债务人身份出现在私人借贷活动中，封建王朝统治者要尽可能保证作为税赋徭役来源的小农不因债务问题而失去人身自由；另一方面又要维护地主、富农的基本利益，使他们在救济贫民方面能够分担国家的责任。这就使得封建政权面对高利贷的态度软弱且矛盾，矛盾性表现在它们一方面承认私人借贷活动合法性，完全不干预私人借贷契约的订立，给予借贷双方高度的自由；而另一方面又通过限制民间利率、禁止复利、颁布恩赦令等方式压制债权人的收益从而减轻债务人的债务负担。软弱性体现在地方官府在处理私人债务纠纷时，以调节为主，为纠纷双方主持一次新的契约签订，由于新的契约如普通的私人契约一般，大多不具有强制力，因此这也在一定程度上反映出作为律令执行者的地方官府对以私契为代表的乡规的妥协。而当借贷双方在履约过程中没有发生纠纷时，国家干预就被完全排除出民间私人借贷活动。未有纠纷绝不干预和遇到纠纷首选调解两相叠加，就意味着国家法律在对民间私人借贷活动管理方面实质上的长期缺位，正式制度的空缺就需要由非正式制度补全，而两者的相互影响就促成了民间秩序的形成。唐代敦煌和吐鲁番地区的私人借贷契约所记录的内容就是这一民间秩序在实践中的形态，正因如此，我们可以从中发现诸多与律令不符，但又被官方默许存在的条款。

与借贷相关的律令对私人借贷活动的影响和干预是直观的，而唐代的土地制度和户籍管理制度对私人借贷活动的影响则是巨大但不易观察的。在唐代前期的土地赋税制度和户籍管理制度对人口严密控制下，人口流动的客观条件相对严苛，各地区的常住人口相对稳定。即使到了唐代中后期，中央政府的权威有所下降，但地方的实际控制者主观上依旧不可能放松对人口的控制，这是由于"据地出税，天下皆同；随户杂徭，久已成例，将务致治，实为根本"②，

---

① 中央编译局. 马克思恩格斯文集 7 · 资本论（第三卷）[M]. 北京：人民出版社，2009：674.

② （北宋）王溥. 唐会要 [M]. 北京：中华书局，1955：1545.

赋税和徭役是统治者维系政权的基础，而农民正是赋税和徭役的提供者，因此吐蕃统治敦煌时期也有计口授田制这种将人口与土地绑定的设计，归义军在收复敦煌吐鲁番两地后，也立即开展了人口统计和土地分配工作，并在当地恢复唐王朝的赋税和人口管理政策。在这种人口流动水平十分有限的社会大环境下，债权人和债务人的生活地点距离较近，双方的联系较为方便，当纠纷发生时，地方官府也能较为容易地联系到借贷双方，因此，唐代的土地赋税制度和户籍管理制度为私人借贷活动中的协商、履约和第三方介入提供了基础性的保障。

第六章　唐代敦煌和吐鲁番地区私人借贷活动的民间秩序

唐代敦煌和吐鲁番地区的私人借贷活动主要产生于百姓生活中的消费和生产需求，这些需求是民间自发的经济活动，当事人们在私人借贷活动中的行为规则所遵循的自然就是民间秩序。在对唐代律令对民间私人借贷活动的管理以及地方官员对律令的执行效果进行梳理之后，我们可以看出，私人借贷活动的运行主要依靠的是民间秩序中非正式制度的部分，而这并不意味着国家法律，即正式制度完全被排除在民间秩序之外，首先，非正式制度在发展过程中有着对前代正式制度的吸纳，其次，代表着民间秩序的私人借贷契约的效力受到唐代法律的承认，并且唐代的律令也始终在不同程度上表现出对债权人和债务人利益的保护。但正式制度的缺陷在于它对私人借贷活动的干预和管理非常克制，并且由于地方官员大多不能对律令条款严格执行，因此，正式制度对唐代敦煌和吐鲁番地区私人借贷活动的干预始终不够深入，真正完全渗透到私人借贷活动每一道程序的规则是民间秩序，或者说是受到正式制度影响的非正式制度。

以契约为载体的私人借贷活动规则仅是民间秩序的成文部分，其他诸如文化传统、宗教信仰、道德信念等构成的社会风俗则是民间秩序中不成文，但对私人借贷活动影响更为深入的部分。本章将分四个部分论述民间秩序在唐代敦煌和吐鲁番地区私人借贷活动中发挥的作用。第一部分主要从债务人受到的影响出发，论述社会风俗是如何为借贷双方信任关系的建立提供基础的；第二部分从理论角度出发，通过对借贷行为的博弈分析，说明社会风俗是如何在借贷双方的行为选择中发挥作用的；第三部分再次回到契约本身，从汉文和吐蕃文契约所记录的各类私人借贷活动出发，印证第二部分所做的理论分析；最后一部分侧重于社会风俗对债权人影响，探讨私人借贷契约未被完全实施的现象。

一、社会风俗对债务人的影响

通过前文对唐代律令中与借贷相关条例的梳理，我们可以看出，地方官员治理当地的侧重点在于维护社会的传统秩序。而民间的私人借贷活动的运转基本依靠民间秩序维持，因此在实践中，由地方官员负责执行的律令对借贷双方的约束力是非常有限的，只有当律令条款比民间秩序更符合百姓的利益以及他们心中的朴素正义观时，才能发挥出它本来的作用。更遑论，契约订立这一最为重要环节更是完全脱离了律令的约束，即便在双方发生纠纷需要官府介入的阶段，地方官员也不会对违背律令条款的契约作出纠正。

基于唐代的律令中并没有为与契约有关的条款进行单独分类，而是使其分散于不同的类目下这一事实，韩森认为与契约有关的条款看起来"很可能是后加上去的"①，并认为这一现象表明"正是这些极少的条款，反映出当时朝廷不愿干预民间的交易，而与此同时，契约越来越多地被用于记录这些交易"②。结合前文，这一段话可以被理解为，国家律令与私人借贷活动的民间秩序之间存在的明确界限并不是自然形成的，而是正式制度与非正式制度对峙之后留下的缓冲空间，甚至可以说这一界线是国家律令有意出让的一个空白地带，而填补这片空白，并且使民间私人借贷活动得以正常运转的就是私人借贷在长期发展中形成的民间秩序。借贷契约作为民间秩序的成文部分，立足于私人借贷活动的种种现实，补足了国家律令对私人间借贷活动管理的空缺部分，因此，国家律令对民间借贷活动的管理越宽泛，民间秩序就会越严密，私人借贷契约的内容也就越详细。

私人借贷契约作为具象化的民间秩序，其合法性是受国家律令承认的，而即使脱离律令给予的合法性，契约在民间的私人借贷活动中也拥有不逊于律令的权威性。而所有的唐代私人借贷契约，无论汉文还是吐蕃文，都不约而同地强调了"信"，为表明言而有信，双方订立契约并于契约末尾签字、画押或盖章。可见，"信"在私人借贷活动中有着重要的地位，这一重要性主要由两个方面体现，一是放贷人与借贷人之间信任关系的建立，这是私人借贷活动发生

①　［美］韩森. 传统中国日常生活中的协商：中古契约研究［M］. 鲁西奇，译. 南京：江苏人民出版社，2008：17.
②　［美］韩森. 传统中国日常生活中的协商：中古契约研究［M］. 鲁西奇，译. 南京：江苏人民出版社，2008：17.

的基础；另一方面是债务人的诚信，这是在缺乏强有力的第三方干预的情况下，债务人履约的保证。本节将从这两个方面出发，论述民间秩序对私人借贷活动中的"信"的影响。

（一）传统社会秩序中的信任

从第四章对敦煌和吐鲁番地区的借贷契约中当事人的身份及其之间的关系的分析中可以看出，债权人与债务人的生活以及活动范围均十分接近，多为同乡、同县；保人多为债务人的亲属、姻亲、友人、邻人等与债务人在血缘或地缘上的关系十分密切的人；知见人则由对于借贷双发来说都具有一定威望的人担任。契约当事人之间的关系有一个共同特征就是他们彼此之间是认识的，由此可以看出，私人借贷关系缔结的基础极大地依赖契约当事人之间的私人关系。

民间私人借贷活动开始的基础是债权人对债务人的信任。在传统社会秩序中，熟悉正是人与人之间产生信任的基础。费孝通在《乡土中国》中将中国基层的传统社会称为"乡土社会"，在乡土社会中起到维持秩序作用的并不是法律，而是建立在熟人社会和差序格局之上的礼治秩序。

1. 熟人社会中的信任

在安土重迁的思想传统的影响下，中国古代社会在稳定时期本就甚少发生大规模的自愿性人口迁移，到了唐代，唐王朝统治下的敦煌和吐鲁番地区，不仅社会稳定，而且又有严密的户籍制度对人口进行管理，在这种情况下，普通百姓的活动范围尤其有限。而后，吐蕃统治时期的敦煌，前有"毋徙佗境"的和平开城条件，后有吐蕃政权的土地和人口管理政策，在一定时间段内，敦煌的常住人口发生大规模变动的可能性较小。因此，唐王朝治下的敦煌和吐鲁番地区和吐蕃政权治下的敦煌和吐鲁番地区在一定时间段内均为一个相对稳定且封闭的社会环境，生活在这样环境中的人们经过一代代繁衍，便形成了一个"'熟悉'的社会，没有陌生人的社会"①。

我们将科尔曼在《社会理论的基础》中所阐述的信任关系建立的基础代入唐代敦煌和吐鲁番地区的私人借贷关系中后，可以作出如下表述：对债权人而言，他对债务人的信任是基于债务人是否具有履约，即信守承诺的能力，而

---

① 费孝通. 乡土中国·生育制度·乡土重建 [M]. 北京：商务印书馆，2011：9.

非他对于履约的愿望或允诺。① 于是，在一个没有陌生人的社会中，人与人之间的熟悉意味着彼此间个人信息的透明。存在于此种近似完全信息的社会中的借贷活动，关于契约当事人的一切信息都是其他当事人能够较为容易地获得的。这也就意味着，债权人获知与债务人偿还能力相关的信息的成本相对较低，债务人也可以根据债权人以往的表现和当地的社会风俗获知自己在履约和违约这两种情况下能够获得的收益。由此，当债权人确信履约是债务人的最优选择时，双方的信任关系便水到渠成地建立了起来，这就解释了在敦煌和吐鲁番地区私人借贷契约中，原生契约在几乎没有物保，甚至个别契约连人保都不具备的情况下仍然能够被订立的原因。《乡土中国》还指出："乡土社会的信用并不是对契约的重视，而是发生于对一种行为的规矩熟悉到不假思索时的可靠性。"② 尽管从敦煌和吐鲁番地区出土的借贷契约文书来看，当时的人们并非不重视契约，毕竟除了货币和纺织物这类贵重物品的借贷，时人连生活用品的借贷都通过契约加以记录。但同时，如今可见的汉文契约的表述，特别是违约赔偿这一部分，都是在几乎统一的模板下完成的，即使在吐蕃文契约中，各借贷契约的违约赔偿部分的表述也十分相似，并且与汉文契约也有着一定的相似性。因此，这些表述风格统一的契约或可视为乡土社会中为人们所熟知的"规矩"的书面化，也就是说，唐代敦煌和吐鲁番地区的私人借贷契约的主要作用比起明确借贷双方的权利义务，更重要的是对双方之间发生借贷关系这一事实的记录。

科尔曼在谈到信任的给予时认为，以信任为基础的行动都存在滞后性，而克服时间的滞后性，可以使"给予信任的必要性得到缓和"③。回到唐代敦煌和吐鲁番地区的私人间的借贷活动中，这意味着，即使债权人对债务人偿还能力的了解程度不够，他仍然拥有其他的手段来保障契约的履行。在科尔曼给出的三种应对方式中，本书所考察的私人借贷契约文书中出现了其中两种，一是利用中介人，另一种是签订有明确承诺、受法律保护以及对违约一方有制裁措施的合同，④ 即契约文书中的知见人与违约赔偿条款。

---

① ［美］詹姆斯·科尔曼. 社会理论的基础［M］. 邓方，译. 北京：社会科学文献出版社，1992：114.

② 费孝通. 乡土中国·生育制度·乡土重建［M］. 北京：商务印书馆，2011：11.

③ ［美］詹姆斯·科尔曼. 社会理论的基础［M］. 邓方，译. 北京：社会科学文献出版社，1992：115-117.

④ ［美］詹姆斯·科尔曼. 社会理论的基础［M］. 邓方，译. 北京：社会科学文献出版社，1992：115-117.

在熟人社会中，信任基于人与人之间对彼此的了解，债权人更容易获得与债务人的履约能力或者说偿还能力相关的准确信息，在此基础上对债务人给予信任。同时，民间私人借贷契约又引入保人、知见人和违约赔偿等规则，适当放宽了债权人对债务人给予信任的条件，从而使更多的陷入暂时性经济困难人能够通过借贷维持生活，也使通过放贷牟利的债权人能够扩大出借对象的范围，从而获得更大的收益。

2. 礼治秩序下的诚信

费孝通将乡土社会的社会结构定义为"差序格局"，在差序格局中，社会关系是私人关系的增加，而社会范围是由私人关系构成的网络，在这种以个人为中心扩展开的社会关系中，公与私的界限往往是不明确的，一个人真正能够管理约束的只有自己，因此当社会中的每一个人都能够按照规范严格地进行自我约束时，整个社会就能够按照一定的秩序，正常地运行。于是，"克己就成了社会生活中最重要的德行"①。

克己与修身奠定了礼治秩序的基础。费孝通将礼治秩序中的"礼"解释为："社会公认合式的行为规范。合于礼的就是说这些行为是做得对的，对是合式的意思。"② 作为一种行为规范，礼与法最根本的区别是，法是由国家权力制定并强制推行的行为规范，而礼形成于社会传统，并由社会中的人们自发来维持。而"传统是社会所积累的经验"，③ 即中国的乡土社会中存在一种在传统习俗中所形成的、以道德规范为基础的秩序，这种民间秩序支配着基层百姓生活的方方面面，在日常生活中、在国家法律无法触及的地方，指导着人们的生活和人与人之间的交往，并被视作与法律具有同等的权威。也就是说，前文提到的乡规俗约可以理解为乡土社会中的礼治秩序。

由于礼形成于人们的日常生活和交往中，因而"礼并不是靠一个外在的权力来推行的，而是从教化中养成了个人的敬畏之感，使人服膺；人服礼是主动的。"④ 礼作为乡土社会的秩序，人们在世代遵从礼的规范的过程中，最终将其内化为自身的道德理性。又由于礼是社会经验的一部分，于是年长者在解释"礼"这一秩序方面具有天然的权威。同时，作为积存已久的社会经验，

---

① 费孝通. 乡土中国·生育制度·乡土重建 [M]. 北京：商务印书馆，2011：31.
② 费孝通. 乡土中国·生育制度·乡土重建 [M]. 北京：商务印书馆，2011：53.
③ 费孝通. 乡土中国·生育制度·乡土重建 [M]. 北京：商务印书馆，2011：53.
④ 费孝通. 乡土中国·生育制度·乡土重建 [M]. 北京：商务印书馆，2011：55.

王朝的更迭对于处于封闭环境中的传统社会而言，影响甚微，甚至面对地方上已经形成的礼治秩序，新王朝的统治者也只能遵循已有的秩序，将教化作为基层管理的手段，从而使国家意志能够介入对地方的管理。《唐律疏议》中载："德礼为政教之本，刑罚为政教之用"① 即德和礼是行政教化的根本，而刑罚是行政教化的表现，也就是说，管理百姓的核心是德、礼，刑罚所起的只是震慑和辅助的作用。中央对地方管理的这一思想的具体表现为，唐政府在基层选出年长者作为官方维系礼治秩序的代言人，进一步强化百姓在思想上对礼治秩序和国家管理的认同，并监督他们在行动上遵守这些秩序。

负责这项任务的基层管理者被称为"耆老"。《通典》记载："乡置耆老一人。以耆年平谨者，县补之，亦曰父老。"② 耆老是唐代最基层的管理者，但他们不具备行政职能，仅是掌教化之职。从这一点上来看，耆老实际上是一地的精神领袖，负责的是"参与乡饮礼、乡学（校）、乡社、劝农"③ 等与普通百姓的日常生活关系密切的社会活动。

在礼治秩序全面地支配着人们日常生活的唐代，当普通百姓之间发生债务纠纷时，当事人的第一选择便是按照礼治秩序下的民间规则进行协商调解。在《唐咸亨五年（674年）高昌王文欢诉张尾仁贷钱不还辞》④ 中，债权人王文欢的陈述，当张尾仁到期未还钱时，他"酒泉去州……来去，常日空归"，强调自己曾多次前往张尾仁的居住地协商履约事宜而未果。这样的表白说明了两个问题，一是王文欢在遭遇债务人张尾仁违约时并未第一时间寻求官府或者说律法的干预，而是按照当地传统与保人、违约的债务人等进行协商，由于地方官府在处理民间债务纠纷时也习惯于先进行调解，因此他的目的或是希望官府能够省略调解环节，从而更快地强制债务人履约，或是借此给地方官府留下一个更好的印象，以便在接下来由官府介入的调解中获得有利地位；二是只有当民间秩序无法制约债务人的行为时，百姓才会求助于国法，由于国家律法实际上也是大部分乡规俗约的保护者，具有比乡规俗约更强的强制性，因此国法也就成为了普通百姓遭遇乡规俗约无法发挥作用时，维护自身利益的最后手段。正如《乡土中国》中所言："如果有非打官司不可，那必然是因为有人破坏了

① （唐）长孙无忌，等. 唐律疏议 ［M］. 刘俊文，点校. 北京：中华书局，1983：3.

② （唐）杜佑. 通典 ［M］. 北京：中华书局，2016：917.

③ 林文勋，谷更有. 唐宋乡村社会力量与基层控制 ［M］. 昆明：云南大学出版社，2005：198.

④ 张传玺. 中国历代契约粹编 ［M］. 北京：北京大学出版社，2014：311.

传统的规矩。"① 由于张尾仁破坏了言而有信、欠债还钱的传统规矩，在礼治秩序下，债权人王文欢对此是无能为力，这时他便只能借助国家律法对民间的礼治秩序的支持，来维护自己的权益。

尽管违约行为在唐代敦煌吐、鲁番地区的私人借贷活动中并不能被完全杜绝，但诸多借贷契约的订立还是在一定程度上反映出了债权人给予债务人的信任。这一信任关系的建立正是基于债权人对债务人的熟悉以及礼治秩序在人群中的内化。

(二) 儒家文化中的诚信思想

1. 儒家文化中的"信""义"思想

乡土社会中的礼治秩序的形成与儒家文化是分不开的，因此敦煌和吐鲁番地区的民间秩序的建立和运行同样受到儒家文化的深刻影响。两地在唐以前就因为战乱等原因陆续迁入了许多中原移民，到了唐代，经过长期休养生息的汉族移民成为当地主体民族，并从中产生了在当地具有影响力的著姓大族，随着他们的迁入，一同传播至此的以儒家文化为核心的汉文化自然就成为了敦煌、吐鲁番两地的主流文化。以儒家经典为主的汉文典籍是两地官学和私学中所使用的主流教材，当地民众受到的教化自然也打上了儒家文化的烙印。因此在私人借贷活动中，儒家思想中的"信""义"观自然就会对人们的行为选择产生影响。

《说文解字》中将"信"解为："信，诚也。从人从言，会意。讯，古文信。"② 作为由"人"和"言"组成的会意字，信即诚实不欺。"信"在儒家礼教中占有中重要的地位，位列五常"仁、义、礼、智、信"之一。而君子是对我国传统文化中，品德高尚的人的称呼。孔子认为，君子应当具有"言忠信而心不德，仁义在身而色不伐"③ 这种将忠信、仁义视为理所应当的品质。"信"字的组成虽是人言，但它应当是通过行动表现出来的，即所谓"君子寡言而行以成其信"④，反之，"狂而不直，侗而不愿，悾悾而不信，吾不

---

① 费孝通. 乡土中国·生育制度·乡土重建 [M]. 北京：商务印书馆，2011：57.
② (汉) 许慎. 说文解字 [M]. 北京：中华书局，1963：52.
③ 章诗同. 荀子简注 [M]. 上海：上海人民出版社，1974：333.
④ 杨天宇. 礼记译注 [M]. 上海：上海古籍出版社，2004：743.

知之矣"①。也就是说,无论一个人表现得多么诚恳,最终在行动上没有做到守信,这便不是君子应有的作为。儒家思想认为,信是人立身的根本,"自古皆有死,民无信不立"②,本意为无法得到百姓信任的国家无法发展,后来被引申为人没有信用(得到他人的信任)就没有立足之地;"人而无信,不知其可也。大车无輗,小车无軏,其何以行之哉?"③ 信之于人,就像是车身上最关键的连接处,没有这些销钉,车无法使用,同样,缺失了诚信,一个人在社会中也就失去了他的作用。

信的重要性还体现在它是儒家思想中人伦的一项——"人之有道也,饱食、暖衣、逸居而无教,则近于禽兽。圣人有忧之,使契为司徒,教以人伦——父子有亲,君臣有义,夫妇有别,长幼有序,朋友有信。"④ 吃饱、穿暖、生活安逸并不是为人的道理,通过教化习得人伦正是人有别于禽兽的关键。人伦就是人与人之间相处的行为准则,父子、君臣、夫妻、手足、朋友之间各有其相处的方式,其中信是与朋友交往的准则。

信在儒家思想中的另一重重要性还体现在它是个人发展的一个重要环节:"君子不重则不威,学则不固。主忠信,无友不如己者,过则勿惮改。"⑤ 也就是说,君子要行为庄重,行事遵循忠信的原则,因此不与不忠不信的人交朋友,犯错要勇于改正;子张向孔子询问如何提高品德,孔子回答:"主忠信,徙义,崇德也。"⑥ 即恪守忠信,按照义的标准行事,就可以成就自己崇高的人格了。也就是说,君子在进行提升德行的修行时,首要的便是忠恕信实;做到了忠信,才能进一步提升道德修养和建功立业,也就是"君子进德修业,忠信,所以进德也。修辞立其诚,所以居业也"⑦,而忠信最终将帮助君子成就他的大道:"君子有大道,必忠信以得之,骄泰以失之。"⑧

儒家文化中的信不仅是君子在精神层面的追求,更要在生活中践行,君子应当将信作为每日自省的内容:"吾日三省吾身。为人谋而不忠乎?与朋友交

---

① 杨伯峻. 论语译注 [M]. 北京:中华书局,1980:81.
② 杨伯峻. 论语译注 [M]. 北京:中华书局,1980:126.
③ 杨伯峻. 论语译注 [M]. 北京:中华书局,1980:21.
④ 万丽华,蓝旭. 孟子 [M]. 北京:中华书局,2007:111.
⑤ 杨伯峻. 论语译注 [M]. 北京:中华书局,1980:6.
⑥ 杨伯峻. 论语译注 [M]. 北京:中华书局,1980:127.
⑦ 黄寿祺,张善文. 周易译注 [M]. 上海:上海古籍出版社,2007:9.
⑧ 杨天宇. 礼记译注 [M]. 上海:上海古籍出版社,2004:808.

而不信乎？传不习乎？"① 信为言出必行，因此在对信的实践中，首要的是言语谨慎，即所谓"弟子……谨而信，泛爱众，而亲仁；行有余力，则以学文"②。在日常生活中，人们会选择忠诚守信，也是因为"信矣，而亦欲人之信己也；忠矣，而亦欲人之亲己也；修正治辨矣，而亦欲人之善己也"③。希望别人相信自己，自己就要做到守信，这不仅与孔子"己所不欲勿施于人"的思想相契合，也遵循了"行以成其信"的思想。

儒家还赋予了"信"应当合乎正义④的含义："信近于义，言可复也。"⑤也就是信合乎正义，所说的话就能兑现。因此，义可以看作信的基础和准则，"大人者言不必信，行不必果，惟义所在"⑥，即人守信但不能违背正义，有违正义的承诺可以不去执行。在重要性上，义高于信，"然则凡为天下之要，义为本，而信次之"⑦，以至于在儒家非常重视的人伦关系上，义也是高于君臣、父子关系的："入孝出弟，人之小行也。上顺下笃，人之中行也。从道不从君，从义不从父，人之大行也。"⑧ 当父子之亲与义相违背时，君子应遵从道义而非父子之亲。

义是信的基础，两者又同是"礼"的组成部分："先王之立礼也，有本有文。忠信，礼之本也；义理，礼之文也。无本不立，无文不行。"⑨ 信是礼的根本，义是礼的具体规则，因此，君子的行为必然是义、信兼备的，这两者通过礼表现出来："君子义以为质，礼以行之，孙以出之，信义成之。君子哉。"⑩ 能够在行动中信、义、礼兼备，一举一动都能为人表率的人也就是儒家所推崇的仁人君子了："若夫忠信端悫而不害伤，则无接而不然，是仁人之质也。忠信以为质，端悫以为统，礼义以为文，伦类以为理，喘而言，臑而动，而一可以为法则。"⑪

① 杨伯峻. 论语译注 [M]. 北京：中华书局，1980：3.
② 杨伯峻. 论语译注 [M]. 北京：中华书局，1980：4.
③ 章诗同. 荀子简注 [M]. 上海：上海人民出版，.1974：29.
④ 古代汉语词典编写组. 古代汉语词典 [M]. 北京：商务印书馆，1998：1850.
⑤ 杨伯峻. 论语译注 [M]. 北京：中华书局，1980：166.
⑥ 万丽华，蓝旭. 孟子 [M]. 北京：中华书局，2007：175.
⑦ 章诗同. 荀子简注 [M]. 上海：上海人民出版社，1974：175.
⑧ 章诗同. 荀子简注 [M]. 上海：上海人民出版社，1974：324.
⑨ 杨天宇. 礼记译注 [M]. 上海：上海古籍出版社，2004：284.
⑩ 杨伯峻. 论语译注 [M]. 北京：中华书局，1980：8.
⑪ 章诗同. 荀子简注 [M]. 上海：上海人民出版社，1974：142.

与以信义为行动原则的君子不同，"言无常信，行无常贞，唯利所在，无所不倾，若是则可谓小人矣"①。说话不讲信用、行动不守气节、唯利是图是小人的行为，为君子所疏远，为世人所唾弃。人一旦做出背信弃义的行为，就会成为世人眼中的小人，严重影响自己的声誉。

2. 士族官僚阶层中诚信思想的传承

唐太宗曾言："朕今所好者，惟在尧、舜之道，周、孔之教，以为如鸟有翼，如鱼依水，失之必死，不可暂无耳。"② 唐统一全国后，将儒家学说确立为施政的基本指导思想，作为统治者，自然首先要身体力行地践行儒家思想中对君主品德要求。言出必行是一个优秀的执政者必备的素质。在封建王朝，政令的有效性与统治者是直接相关的，同时执政者的个人信誉也与政权的信誉直接挂钩，当政者无信就会是百姓对其所代表的政权缺乏信任，这会极大削弱国家的动员能力，因此诚信治国与国家的兴衰是直接相关的，也就是所谓的"政令信者强，政令不信者弱"③。《尚书》中也给出了诚信执政和取得人民信任的具体做法："钦乃攸司，慎乃出令。令出惟行，弗惟反。以公灭私，民其允怀"④，也就是令出必行、公正无私。这一执政思想一直延续到唐代，经历了隋末离乱，新生的唐王朝必须尽快稳定局势，面对百废待兴的现实，唐太宗在总结了前代王朝兴衰的规律之后，提出"今欲专以仁义、诚信为治，望革近代之浇薄也"⑤，希望通过仁义、诚信的执政方式革除社会的轻浮、虚伪之风。而为了实现这一政治愿景，在用人方面，自然也要优先选用拥有儒家所推崇的君子之德的人，魏征提出以儒家思想教化臣民，从而获得上古时代的能臣贤士："从仕者，怀君之荣，食君之禄，率之以义，将何往而不至哉？臣以为与之为孝，则可使同乎曾参、子骞矣；与之为忠，则可使同乎龙逢、比干矣；与之为信，则可使同乎尾生、展禽矣。与之为廉，则可使同乎伯夷、叔齐矣。"⑥ 具有孝、忠、信、廉等优秀品德的人可以帮助国家成就太平盛世。而唐太宗所重用的，也都是深受儒家文化熏陶的大臣，如魏征、房玄龄、杜如晦等人，均为隋末大儒王通的弟子。《中说》以王通和弟子之间对话的形式记录

① 章诗同. 荀子简注［M］. 上海：上海人民出版社，1974：23.
② 骈宇骞. 贞观政要［M］. 北京：中华书局，2011：423.
③ 章诗同. 荀子简注［M］. 上海：上海人民出版社，1974：151.
④ 李学勤. 十三经注疏·尚书正义［M］. 北京：北京大学出版社，1999：486.
⑤ 骈宇骞. 贞观政要［M］. 北京：中华书局，2011：314.
⑥ 骈宇骞. 贞观政要［M］. 北京：中华书局，2011：196.

了他在政治、哲学和文学等方面的思想主张，其中也包括对诚信的论述："推之以诚，则不言而信。"① 以诚待人的人即便不张口承诺，也能获得他人的信任，不言而信是对"君子寡言而行以成其信"的进一步解释。"交游称其信，可以立功矣"② 同样是继承了先秦时期儒家思想中信对个人修养的重要性的观点。因此可以说他的弟子们的信义观皆是承袭儒家思想。与之相对应的是，初唐时期的皇帝们对诚信思想大力推崇，尽管作为统治者，他们奉行诚信原则的侧重点在于保障唐王朝政权的稳定，但他们对儒家信义思想的推崇，以及将儒家学说作为取仕标准的行为，导致了士人阶层对儒家思想的重视，儒家思想中的信义观自然也就在社会上产生了影响力。

到了中唐时期，政治环境虽然已经不及初唐时清明，但士人中仍有坚持以诚信治国的人，唐德宗时期的宰相陆贽曾进言："臣闻人之所助在乎信，信之所立由乎诚。守诚于中，然后俾众无惑；存信于己，可以教人不欺。唯信与诚，有补无失。一不诚则心莫之保，一不信则言莫之行。故圣人重焉，以为食可去而信不可失也。"③ 可见诚信治国的理念一直存在于有理想的儒生心中，即使政治环境发生变化也不曾改变，足见儒家思想中的诚信观在官僚士大夫阶层中的深远影响。

3. 庶民阶层中诚信思想的传播

庶民阶层中的诚信思想，除了自上而下的礼治秩序在庶民阶层中的内化，还来自于敦煌和吐鲁番地区延续已久的儒学教育。

敦煌地区官学的兴建，始于西汉再次设立敦煌郡之后，④ 至汉平帝时，敦煌已经拥有了用以开展儒学教育的完善的官学体系："郡国曰学，县、道、邑侯国曰校。校、学置经师一人。乡曰庠，聚曰序。序、庠置孝经师一人。"⑤ 其后的魏晋及十六国时期，敦煌地区因避开了中原战乱侵扰，社会相对安定，因而文化传承得以保持，在中原儒学发展遭受战争破坏时，敦煌地区的儒学则处于发展繁荣的阶段，其学校发展的规模更是在西凉政权统治时期达到了一个高峰，⑥ 不仅官学体系一直延续，私学的发展也进入繁荣期。儒学在敦煌地区

---

① 张沛. 中说校注 [M]. 北京：中华书局，2013：117.
② 张沛. 中说校注 [M]. 北京：中华书局，2013：137.
③ （清）董诰，等. 全唐文 [M]. 北京：中华书局，1983：4783-4784.
④ 李正宇. 唐宋时代的敦煌学校 [J]. 敦煌研究，1986（1）：9.
⑤ （汉）班固. 汉书 [M]. （唐）颜师古，注. 北京：中华书局，2000：248-249.
⑥ 李正宇. 唐宋时代的敦煌学校 [J]. 敦煌研究，1986（1）：9.

的传播和发展情况远超同一时期的中原地区，这一盛况，为《北史》所记载：
"区区河右，而学者埒于中原。"①

　　吐鲁番地区在唐以前由中原王朝直接管辖的时间比敦煌地区要短暂，但大量的中原移民和河西地区浓厚的儒学风气还是对这一地区的文化发展产生了较大的影响。另外，在高昌郡时期（327—460 年），先后控制吐鲁番地区的五个政权的统治者也大多崇尚儒学。吐鲁番地区的官学在前凉时期已经建立，前凉的统治者张轨"征九郡胄子五百人，立学校，始置崇文祭酒，位视别驾，春秋行乡射之礼"②。其后建立北凉政权的沮渠氏虽然不是汉人，但依然延续了吐鲁番地区的儒学教育传统，并且向南朝刘宋的皇帝求取"《周易》及子集诸书，……合四百七十五卷"③。到了高昌王国时期（460—639 年），先后在此地称王的阚氏、张氏、马氏、麹氏诸政权的统治者均为汉人，尽管此时的吐鲁番地区正处于北方游牧民族政权如柔然、高车、突厥、铁勒等的控制之下，但高昌王国的汉族士族仍未停止对中原王朝的向往，高昌国王麹嘉曾向北魏纳贡，"又遣使奉表，自以边遐，不习典诰，求借五经、诸史，并请国子助教刘燮以为博士"④，并效仿中原王朝设置了官学体系，传授《毛诗》《论语》《孝经》等儒家经典。儒学在高昌王国的兴盛还反映在吐鲁番地区的墓葬中出土的大量书写有儒家典籍内容的纸裁剪而成的衣帽鞋袜，以及作为随葬品的《论语》《孝经》等儒家典籍上。

　　可以说，在唐以前，敦煌和吐鲁番地区就已久经儒家思想浸润，儒家所倡导的忠、信、诚、义等思想自然也就在两地流传开来。到了唐代，国家的统一、社会的稳定和统治者对儒家思想的重视使得地方上地官学体系迅速建立、发展、完善，唐高祖武德年间"州、县、乡皆置学焉"⑤。

　　在武德二年（619 年）至建中二年（781 年）处于唐政府治下的敦煌地区，传授经学的官学有州学和县学两级。据敦煌文书中的遗存来看，当时州县学生的教材包括《尚书》《易经》《左传》《春秋谷梁传》《礼记》《文选》《毛诗》《论语》《孝经》等，与《唐六典·国子监》中的记载基本一致。除了官学，这一时期的敦煌地区也有私学的存在。私学第一次出现在官方文件中

---

①　（唐）李延寿. 北史［M］. 北京：中华书局，2000：1842.

②　（唐）房玄龄，等. 晋书［M］. 北京：中华书局，2000：1481.

③　（梁）沈约. 宋书［M］. 北京：中华书局，2000：1609.

④　（唐）李延寿. 北史［M］. 北京：中华书局，2000：2133.

⑤　（宋）欧阳修，宋祁. 新唐书［M］. 北京：中华书局，2000：763.

是在唐玄宗开元二十一年（733 年）的敕文中："许百姓任立私学，欲其寄州县受业者，亦听。"① 与官学相对应，私学就是由个人或非官方组织所建立的学校，据现有资料来看，唐代的私学包括私塾和寺学等。如果说官学侧重于对未来国家官吏的培养，需要具备一定的基础才能入学，那么私学所传授的内容则更偏向基础的、实用性较强的知识，也就是说，启蒙教育大多是由私学承担的，② 部分具备了一定基础的学生再前往官学进行进一步深造。因此，在对教育普及的贡献方面，私学的启蒙教育发挥了比官学更大的作用。敦煌地区的启蒙教育包括识字、基础知识和思想道德教育三大方面，出土文献中关于思想道德教育的启蒙教材包括《新集文词九经抄》《文词教林》《百行章》《太公家教》《武王家教》《辩才家教》《新集严父教》《一卷本王梵志诗》《夫子劝世词》等，这些启蒙教材以儒家思想为主，融合了佛、道思想，内容与日常生活中的伦理道德密切相关，由于其现实性和实用性而在民间广为流传。③

贞观十三年（639 年），唐朝将领侯君集收复高昌国，唐政府在原高昌国所在地区设立西州都督府。得益于吐鲁番地区原有的儒学教育基础和中原地区已经日臻完善的地方教育体系，官学系统在吐鲁番地区重归中原王朝版图后的一二年间就迅速建立，且它的运转一直得到了良好的维持。④ 据出土文书显示，吐鲁番地区早在景龙四年（710 年）就已经有私学存在。⑤ 与敦煌地区类似，吐鲁番地区私学的教学内容同样以儒学为主，并且官、私学校所使用的的教材也与敦煌地区一致。

民间儒学教育的盛况中断于唐政府失去对两地的控制权时期。吐蕃占领敦煌、吐鲁番后，两地原有的教育系统遭到了毁灭性的破坏，官、私学校不再见于记载，然而儒学的传承并未中断。由于吐蕃政权对寺院的扶持，寺学在这一时期一枝独秀，发展迅速。一些不愿意接受吐蕃统治的士人、学者选择落发出家，在寺庙中开堂授课；也有直接依托于寺院传道授业的世俗学者，这就使得寺学教授的内容从早期的以向僧人传授佛学为主，转变为兼收世俗学生、兼授世俗学问。虽然儒学此时仍是寺学中授课内容的一部分，但它已不再是学子们

---

① （北宋）王溥. 唐会要 [M]. 北京：中华书局，1955：634.

② 高明士. 唐代敦煌的教育 [J]. 汉学研究（台湾地区），1986（1）：231-270.

③ 黄金东. 唐五代时期敦煌地区童蒙教育研究 [D]. 中央民族大学，2006.

④ 姚崇新. 唐代西州的官学——唐代西州的教育（之一）[J]. 新疆师范大学学报（哲学社会科学版），2004（1）：7.

⑤ 姚崇新. 唐代西州的私学与教材——唐代西州的教育之二 [J]. 西域研究，2005（1）：10.

踏入仕途的条件，因而蒙学成为了寺学的重要教学内容。

归义军收复敦煌后，州县官学得到了恢复，同时，寺学也继续存在。而私学中，除了私塾，隶属于乡、里、坊、巷的学校和社学也陆续出现在出土文献中。①

总的来说，在唐以前，敦煌和吐鲁番地区就已经具备了一定的儒家文化基础，儒家思想在两地得到了较为广泛的传播，以至于成为当地的主流文化并深入庶民阶层中日常秩序的构建。到了唐代，儒学通过完备的学校教育体系，在回归中原王朝统治版图的敦煌和吐鲁番地区的传播更为顺畅、深入。但需要注意的是，尽管官、私学校体系中都包含有启蒙教育，但由于接受儒学教育的最终目的是入仕，这就意味着两地与中原地区步调一致的儒学教育含有较强的功利性，因此官、私学校中的儒学教育的受众未必能够覆盖数量相对庞大的庶民阶层，对于未能接受学校教育的庶民而言，他们与儒家信义思想的交集似乎仅限于儒家思想对礼治秩序建立的影响。更何况，敦煌、吐鲁番两地进入吐蕃统治时期以后，吐蕃语取代了汉语，儒学也不再是人们入仕的阶梯，儒家文化的影响力在这一时期受到了严重的削弱。直到张义潮在归义军收复地区恢复唐制，汉文化的影响力才在当地逐渐恢复。

然而，信、义的思想始终贯穿于民间私人的借贷活动中。这一点在契约中表现为频繁出现于汉文借贷契约结尾处的"两和立契，获指为信/验""恐人无信，故立此/私契""□恐人无信"等套语上。由于敦煌、吐鲁番两地出土的汉文私人借贷契约均是以债务人的视角行文，这些套语表明了债务人对契约内容的认可和履约的决心，他们作此强调，正是非常积极地向债权人、知见人和保人证明自己拥有守信这一品行的表现，这也符合儒家文化中"修身"的要求，即按照道德进行自我约束。这一点在吐蕃文的借贷契约的表述中略有不同，吐蕃文契约中对债务人责任的叙述更偏向于第三方视角，相比汉文契约，缺少了债务人对自身信用的承诺，但在违约赔偿条款后，常有"根据契约……不得有怨言"等语，强调债务人应当按照契约内容行事，诚实守信从债务人的自我约束变为外部约束。但综合来看，上述表达能够成为私人借贷契约中固定的组成部分，也说明了守信是民间私人借贷活动参与者们的共识。

（三）宗教信仰对履约的影响

如前一节所述，儒家文化为当时的庶民阶层构建了理想的社会行为规范，

---

① 李正宇. 唐宋时代的敦煌学校［J］. 敦煌研究，1986（1）：9.

但儒家的道德思想强调的"修身"属于自我约束，对整体受教育水平较低的庶民阶层而言，一方面由于受教育的人口比例较低，另一方面由于儒家思想在以生存为主要目标的庶民阶层中的实用性较低，因此，这种主要依靠自我约束的道德规范在实践过程中所发挥的作用存在一定的局限性。

而从敦煌和吐鲁番地区的出土的唐代借贷契约文书中可以看出，即使是在庶民阶层，契约诚信也备受重视，诸多私人借贷契约的存在本身反映了私人借贷活动在民间发生的频繁性，或者说放贷人对借贷人的信任程度，而这也从侧面说明了当时的债务人们在履行契约这一环节的诚信精神，因此才会有如此之多的借贷关系被缔结。这表明，在以儒家道德观为基础的社会秩序之外，应当还有另一重约束在共同维护这一秩序的运行。

马克斯·韦伯在《新教伦理与资本主义精神》一书中指出："在构成近代资本主义精神乃至整个近代文化精神的诸基本要素之中，以职业概念为基础的理性行为这一要素，正是从基督教禁欲主义中产生出来的。"[1] 也就是说，宗教信仰的虔诚性、超越性和自觉性等特征对其信众在坚守道德原则方面产生了深刻的影响："一方面，宗教把道德抬高为宗教的教义、信条、诫命的律法，把恪守宗教关于道德的诫命作为取得神宠和进入天国的标准；另一方面，宗教的教义和信条又被神以道德诫命的形式加于整个社会体系，被说成是一切人等行为当与不当，德与不德，善与不善的普遍准则。这就在历史上形成所谓道德的宗教化和宗教的道德化的现象。"[2] 宗教在其发展和传播过程中，将社会道德纳入自身的戒律体系，社会道德观念再以宗教戒律的形式更为深入地在信众中传播。信众们为了在宗教的最终考核中获得优秀的成果，就会更加遵守化身宗教戒律的道德规范，其最终表现就是对现行社会道德秩序的遵守和维护。

尽管中国的宗教传统与制度化的西方宗教有很大的差别——中国的宗教是非制度化的，即中国的宗教是"普化的"（diffused-religion），或者说是具有散开性的，它的宗教组织与教义仪式是依托于世俗制度和社会秩序而存在的，是世俗制度和社会秩序的一部分。[3] 但正因如此，佛、道的教义、思想在长期的发展中与儒家思想互相交融、密不可分。儒家思想是中国乡土社会礼治秩序的基础，因此维系民间秩序运转的更多的是"克己"，或者说自律、自我约束。

① ［德］马克斯·韦伯. 新教伦理与资本主义精神［M］. 于晓，陈维纲，等，译. 北京：生活·读书·新知三联书店，1987：141.
② 吕大吉. 宗教学通论［M］. 北京：中国社会科学出版社，1989：363.
③ 范丽珠. 中国宗教的制度性与散开性［J］. 中国宗教，2002（6）：60.

与传统儒家思想回避对鬼神、冥界的探讨不同，佛教和道教均有对鬼神，特别是冥界的讨论。在此基础上展开的轮回转世、因果报应等观念均含有对信众示警，即违背教义的行为会受到惩罚的意味。比起儒家以更高的道德追求为理由要求人们遵守道德规范，但却没有足以震慑违规者的惩罚，佛教和道教作为宗教，则在吸收了以儒家文化为基础的社会道德规范后，以戒律、箴言的形式明确告知信众应遵守的规范，宗教也会对遵守或违反教义信众给予精神上的奖励或惩罚，从而进一步引导他们约束自己的行为，使其符合社会道德规范。

1. 道教与佛教信仰中的死亡、报应观在民间的传播

中国自古便有"视死如生"的观念，即死亡并不是一个人生命的终结，亡者会以另一种形态进入一个新的世界继续如同他在现世一般的生活。人死后会转换为另一种形态继续存在的观点，在《礼运》中已有记载："形气归于天，形魄归于地。"① 人死后的存在形态被称为"鬼"，《说文》和《释言》中解释了"人"与"鬼"之间的这种转化关系："人所归为鬼""鬼之为言归也"②。而鬼生活的地方，或者说人在死后所前往的新世界就是冥界。

在中国本土的原始冥界信仰中，亡者在冥界会过着怎样的生活，是由他生前的言行决定的，也就是所谓"报应"。《古代汉语大辞典》中将报应解释为："迷信者谓今世之祸福穷富，皆因于前世之所作所为。"③ 也就是说，"报应"是一个主要存在于宗教信仰中的概念，毕竟，在先秦诸子的思想中，除了墨家，均认为人死后无知无觉、不复存在，因此也就不需要容纳亡者的冥界，而墨家虽承认鬼神之说，但墨家思想中的鬼神观的重点并不在构建亡者生活的世界上面。④

佛教中所谓的"报应"，指的是因果报应。《禅宗大词典》将其解释为："佛教认为凡有善恶的思想言行，必然会引来相应的善恶报应；反之，善恶果报也必定有此前的善恶缘因。"⑤ 从上述释义中可以看出，佛教与中国本土宗教信仰中的"报应"的含义存在一定的区别，中国本土冥界信仰中的报应是跨越生死的，对今生所作所为的评价应验于下一世；而佛教中的因果报应的应

---

① 王治心. 中国宗教思想史大纲 [M]. 上海：东方出版社，1996：28.

② 王治心. 中国宗教思想史大纲 [M]. 上海：东方出版社，1996：28.

③ 徐复. 古代汉语大词典 [M]. 上海：上海辞书出版社，2007.

④ 余英时. 中国思想传统及其现代变迁 [M]. 桂林：广西师范大学出版社，2004：9.

⑤ 袁宾，康健，向德珍. 禅宗大词典 [M]. 北京：崇文书局，2010.

验则没有这一时间上的限制。

中国的原始信仰对于死亡后世界的构建在商周时期就已经出现了，当时的统治者们相信祖先的灵魂存在于天上的帝廷中。祭祀祖先的传统也起源于上古时期："黄帝崩，其臣左彻取衣冠几杖而庙祀之"① 此时的祖先指的是有功、有德的已故之人，到了周代，祭祀的对象转变为血缘上的先人。《礼记》中记载了夏商周三代对鬼神的态度："夏道遵命，事鬼敬神而远之，近人而忠焉。……殷人尊神，率民以事神，先鬼而后礼。……周人尊礼尚施，事鬼敬神而远之，近人而忠焉。"② 尽管夏商周三代对鬼神的态度有所不同，但冥界信仰始终是中国原始信仰的一部分。并且，随着时间的推移，人们对冥界的构建也在不断地细化、发展。

到了汉代，冥界存在的地方从天变为地。魂魄上天，或者说"升仙"不再具有死亡的含义，而且与之相反，升天成为了肉体不死和成为神仙表达方式，自此，天上不再是亡灵的归宿。③《左传》中首次出现了人死后归于地下世界的说法："不及黄泉，无相见也。"④ 其后，亡者魂魄的归处又出现了幽都、九泉、泰山、蒿里等名称，但无一例外的，这些地点都存在于地下。

汉明帝时，天堂地狱、投胎轮回等思想随着小乘佛教一起传入中国，佛教的信众很快遍布全国："至如佛教之兴，基于西域。爰自东汉，方被中华。神变之理多方，报应之缘匪一。泊乎道世，崇信滋深。"⑤ 几乎在同一时期，假托老子之名的道教也开始兴起。⑥ 道教学说、派别多样："盖清净一说也，练养一说也，服食又一说也，符箓又一说也，经典科教又一说也。"⑦ 到了唐代，佛教已经完成了在中国的本土化，而在本土信仰的基础上产生的道教也因为李唐皇室的支持而盛极一时，《道德经》被确立为道家经典。⑧

而在儒家的"入世"思想的影响下生发出的本土宗教无论是早期的自然崇拜还是后来在道家思想的基础上发展起来的道教都充满了实用的特色，与现

---

① 王治心. 中国宗教思想史大纲 [M]. 上海：东方出版社，1996：35.

② 杨天宇. 礼记译注 [M]. 上海：上海古籍出版社，2004：724.

③ 余英时. 中国思想传统及其现代变迁 [M]. 桂林：广西师范大学出版社，2004：9.

④ 郭丹，程小青，李彬源. 左传 [M]. 北京：中华书局，2012：12.

⑤ （宋）宋敏求. 唐大诏令集 [M]. 北京：商务印书馆，1959：587.

⑥ 王治心. 中国宗教思想史大纲 [M]. 上海：东方出版社，1996：76.

⑦ （元）马端临. 文献通考 [M]. 北京：中华书局，1986：1810.

⑧ 王治心. 中国宗教思想史大纲 [M]. 上海：东方出版社，1996：126.

世生活关系密切，而作为外来宗教的佛教，在中国的本土化过程中也一改其本来的虚玄面貌，融入了现世的精神。

早期道教继承中原地区原始信仰中对死后世界的认识，依据"鬼法人，人法仙。循环往来，触类相同"①的原则来构建冥界的社会秩序，即冥界的社会运行与生者所在的现世相类似。亡者进入冥府时需要接受考核，生前言行符合道教伦理的考核标准的人会在冥界担任官职乃至位列仙班，生前行善积德的人"乃时有径补仙官，或入南宫受化，不拘职位也。在世之罪福多少，乃为称量处分耳。大都行阴德，多恤穷厄，例皆速诣南宫为仙"②。而经过判定，阴德积攒不够的亡者则永无升仙的机会。既然鬼法人，那么在冥界为亡者授予职位的考核中，亡者生前的身份虽然也在考量范围内，但最重要的仍然是亡者生前所积攒的福德："虽略因生时贵贱，而大有舛驳。皆由德业之优劣，功过之轻重，更品其阶叙，不复得全依其本基耳。"③显然，道教体系下的冥界社会秩序完全就是参照现世建立的，甚至冥界的司法体系中也纳入了现世中的道德规范，④冥界的司法系统也承担着审判亡者生前不道德行为的责任。因此，生者无论是为了自己死后的在冥界的生活质量还是对升仙有所期待，他在活着的时候都要约束自己的言行，乃至多行善事，例如在力所能及的范围内帮助、救济穷困的人，以此积攒阴德好换取自己死后的美好生活。如此一来，冥界信仰也就对人们现世的言行产生了影响，也成为了影响人们日常行为选择的一个重要因素。

及至佛教传入中国，"地狱"的概念也随之传播开来。在佛教体系中，亡者首先要接受冥界十王中的五道转轮王的审判，这个审判是根据亡者生前的言行中所包含的善行和恶行决定其以何种方式转世，也就是包括了天道、人道、畜生道、饿鬼道和地狱道的"五道轮回"。由于道教体系下的冥界是按照现世的法律、伦理秩序运行的，因此，身怀罪业的人也只是按照现世的规则接受惩

---

①　[日]吉川忠夫，等．真诰[M]．朱越利，译．北京：中国社会科学出版社，2006：495.

②　[日]吉川忠夫，等．真诰[M]．朱越利，译．北京：中国社会科学出版社，2006：492.

③　[日]吉川忠夫，等．真诰[M]．朱越利，译．北京：中国社会科学出版社，2006：496.

④　[美]韩森．传统中国日常生活中的协商：中古契约研究[M]．鲁西奇，译．南京：江苏人民出版社，2008：177.

罚，并根据其罪业的轻重影响子孙的福运①以及决定本人在冥界的生活。而在佛教中，犯下罪孽的人会在地狱道中接受与现世差别极大的残酷惩罚。善行和恶行的判定所依据的也不是现世的法律和伦理，而是佛教自有的标准，即五戒："始一曰不杀，次二曰不盗，次三曰不邪淫，次四曰不妄言，次五曰不饮酒"②，以及十善："不杀生、不偷盗、不邪淫、不妄语、不两舌、不恶口、不绮语、不贪欲、不瞋恚、不邪见"③。五戒中的戒妄语，十善中的不妄语、不绮语、不贪欲等戒律直指诚信，配合破戒则死后要在畜生道、饿鬼道和地狱道转世的惩罚，就是意在告诫信众在日常生活中要诚信守诺、克制贪念。

佛教传入中国后，吸纳了儒家和道教的思想，原本完全由个人承担的因果报应，变成了个人因果波及家族、后代；原本的佛教戒律在吸纳了儒家思想后，五戒与儒家的五常之间建立了联系："内外两教，本为一体，渐积为异，深浅不同。内典初门，设五种禁；外典仁义礼智信，皆与之符。仁者，不杀之禁也；义者，不盗之禁也；礼者，不邪之禁也；智者，不酒之禁也；信者，不妄之禁也。"④ 也就是说，佛教的五戒为信徒们内心的禁忌，而人们遵循这些禁忌所表现出的行为就是儒家的五常。颜之推在这一论述中，将佛教的五戒与儒家的五常一一对应，这样一来，儒家的道德秩序也就被纳入了佛教戒律，进入五道转轮王的考察范围。

随着佛、道两教的影响力在敦煌和吐鲁番地区的扩大，它们所包含的报应、转世等生死观自然也在信众和民间广泛传播；它们所构建的对亡者的审判体系中又包含有儒家的道德标准，这不仅扩大了诚信思想的传播范围，同时也强化了人们在诚信方面的自律性。

2. 敦煌和吐鲁番地区的佛教与道教及其诚信观

佛、道两教在隋代就为官方所倡导，《隋书·高祖纪下》载："佛法深妙，道教虚融，咸降大慈，济度群品，凡在含识，皆蒙覆护。所以雕铸灵相，图写真形，率土瞻仰，用申诚敬。其五岳四镇，节宣云雨，江、河、淮、海，浸润

---

① 李文智. 视死如生——略论《搜神记》的死后世界观 [J]. 德州学院学报，2016 (1)：5.

② (宋) 契嵩撰，钟东，江晖点校. 镡津文集 [M]. 上海：上海古籍出版社，2016：54.

③ 任继愈. 宗教大辞典 [M]. 上海：上海辞书出版社，1998：727.

④ 张霭堂. 颜之推全集译注 [M]. 济南：齐鲁书社，2004：195.

区域，并生养万物，利益兆人，故建庙立祀，以时恭敬。敢有毁坏偷盗佛及天尊像、岳镇海渎神形者，以不道论。沙门坏佛像，道士坏天尊者，以恶逆论。"① 隋文帝以诏令的形式确立了佛教和道教官方宗教的地位，并且由官方建立庙宇、道观进行祭祀活动。

李唐建国后，更是以道教为尊，将三教次序定为道、儒、佛。② 次年，即唐高祖武德九年（626年）更是直接插手佛寺、道观的管理，对官方佛寺、道观的数量做了明确的规定："京城留寺三所、观二所，其余天下诸州，各留一所，余悉罢之。"③ 由此可见，佛寺、道观遍布全国，且在武德九年以前，京城以外的各州均有数量可观的官方寺、观。这在一定程度上反映出了佛、道两教在唐境内的强大影响力。

因此，在探讨敦煌和吐鲁番地区的民间秩序对借贷契约的履约影响的时候，同样不能忽视以佛教和道教为代表的宗教思想在其中发挥的作用。

（1）敦煌和吐鲁番地区的佛教信仰以及佛教中的诚信思想。

佛教在东汉时期就已经传入中国，只是作为外来宗教，在其传入初期主要处于翻译阶段。汉桓帝时期，来自西域的两位佛教学者建立了中原地区佛经翻译的两大系统，即安息国王子安世高的安派和月氏国支娄迦谶的支派，其中安世高所译佛经以小乘佛教为主，支娄迦谶所译佛经以大乘佛教为主。相较强调自我解脱的小乘佛教，强调普度众生的大乘佛教与中国的社会环境和文化习俗契合度更高，因此，二者虽然几乎同时传入中国，安世高又"为群译之首"④，但经历了魏晋时期的发展后，大乘佛教逐渐发展成为中国佛教的主流。

由于佛教在中国传播之前需要一个对经典进行翻译的过程，因此，佛教在中国的传播首先是在社会的上层阶级中开始的。汉桓帝在宫内"设华盖以祠浮屠、老子"⑤，《后汉书·襄楷传》也有"闻宫中立黄老、浮屠之祠"⑥ 的记载。佛教也因为统治阶级的喜爱和典籍翻译的完成而开始向民间扩散："后

---

① （唐）魏征. 隋书 [M]. 北京：中华书局，2000：31-32.
② （清）董诰，等. 全唐文 [M]. 北京：中华书局，1983：1373.
③ （后晋）刘昫. 旧唐书 [M]. 北京：中华书局，2000：11.
④ （梁）僧祐. 出三藏记集 [M]. 北京：中华书局，1995：248.
⑤ （南朝宋）范晔. 后汉书 [M]. （唐）李贤，等，注. 北京：中华书局，2000：211.
⑥ （南朝宋）范晔. 后汉书 [M]. （唐）李贤，等，注. 北京：中华书局，2000：727.

桓帝好神，数祀浮图、老子，百姓稍有奉者，后遂转盛。"① 到了三国时期，由地方豪族举办的佛教活动开始在民间出现："（笮融）乃大起浮图祠，以铜为人，黄金涂身，衣以锦采，重铜梁九重，下为重楼阁道，可容三千许人，悉课读佛经，令界内及旁郡人有好佛者听受道，复其他役以招致之。由此远近前后至者五千余人户。每浴佛，多设酒饭，布席于路，绎数十里，民人来观及就食且万人，费以巨亿计。"② 笮融所举办的耗费不菲的讲经、布施等活动最终吸引了上万人前来参与。

这一时期的佛教思想虽然已经由上至下地散播开来，但佛教尚被排斥在"诸华"之外，汉人皈依佛教被视为淫祀，已经出家的人则会被强制还俗："佛，外国之神，非诸华所应祠奉。汉代初传其道，惟听西域人得立寺都邑，以奉其神，汉人皆不出家。魏承汉制，亦循前轨。今可断赵人悉不听诣寺烧香礼拜，以遵典礼，其百辟卿士下逮众隶，例皆禁之，其有犯者，与淫祀同罪。其赵人为沙门者，还服百姓。"③ 因此，佛教的社会影响力还比较有限，佛教思想的传播速度也就比较缓慢。

十六国时期是佛教在中国发展的又一个重要阶段。后秦弘始三年（401年），鸠摩罗什被文桓帝姚兴邀请至长安，并拜为国师，新一轮的大规模译经由此开始。这一时期，一批学贯梵汉的僧侣加入译经工作，开启了佛教与中国本土的儒、道思想的融合。被誉为我国佛教史上第一位兼有佛、儒、道思想的译师的康居国僧侣康僧会在译经过程中将儒家的"仁""孝"思想融入其中，又将道教的玄学思想与佛教思想结合起来。经过这样一番本土化的改造，佛教在中国的接受程度进一步提高，在南北朝时期得到了迅速的发展，并得到了皇权的扶持。

到了隋代，隋文帝一改北周武帝灭佛的政策，大力扶持佛教的发展，并兴修寺庙："专弘佛教，开皇伊始，广树仁祠，有僧行处，皆为立寺"④，并命："所经四十州，及登极后，皆悉同时起大兴国寺。"⑤ 至此，佛教实现了与政

① （南朝宋）范晔．后汉书［M］．（唐）李贤，等，注．北京：中华书局，2000：1976.

② （晋）陈寿撰．三国志［M］．（宋）裴松之，注．北京：中华书局，2000：876.

③ （唐）房玄龄，等．晋书［M］．北京：中华书局，2000：1660.

④ 高楠顺次郎，等．大正新修大藏经（卷52）［M］．台北：台湾新文丰出版公司影印，1983：509.

⑤ 高楠顺次郎，等．大正新修大藏经（卷50）［M］．台北：台湾新文丰出版公司影印，1983：549.

治的结合。唐初期曾改国教为道教，但在唐高宗和武周时期，在统治者的推崇和扶持下，佛教已经成为事实上的国教。据统计，全国的僧尼数量从太宗时的不足七万，发展到武宗时的二十六万余；寺庙数量更是从不足四千发展到四万余。①

唐代是佛教在中原地区发展与传播的巅峰阶段，在距离佛教传入地西域更近的敦煌，甚至直接与西域相连的吐鲁番，佛教的影响力更是广泛而深远。

敦煌地区佛教信仰的存在，在魏晋时期已有记载："世信佛教……村坞相属，多有塔寺。"② 佛教的标志性建筑佛塔和佛寺在这一时期已经出现，说明佛教信仰彼时已在当地颇为流行。《高僧传》也记录有西晋时期的僧人竺法护在敦煌传教，并被称为"敦煌菩萨"的事迹。③ 说明魏晋时期，佛教已经被敦煌地区的居民所接受，并逐渐流行开来。到了隋代，因统治者崇信佛教，佛教成为隋朝国教，④ 这更加促进了佛教在敦煌地区的发展。到了唐代，佛教信仰在民间进一步扩散，据考证，敦煌地区建有佛寺 27 所，⑤ 其中就包括本书所收录的契约中出现的护国寺和龙兴寺两所。在唐代，佛教信仰不分年龄、不分阶层地存在于敦煌地区，其信众包含范围之广，几乎达到了全民信佛的程度。⑥

吐鲁番地区的佛教信仰出现的时间与敦煌地区相近，《魏书》记载有吐鲁番地区宗教信仰的特点——"俗事天神，兼信佛法"⑦。在随后的麹氏高昌时期，佛教因受到王室的推崇而在当地的宗教信仰中占据了统治地位。⑧ 而高昌王麹文泰更是与玄奘法师结拜并倾力资助他西行取经。

敦煌与吐鲁番地区的佛教都属于汉地佛教系统。吐鲁番地区的佛教是汉地佛教西传的部分，⑨ 佛教信仰的宗派与敦煌地区类似。流行于两地的佛教宗派

---

① 汤用彤. 隋唐佛教史稿［M］. 北京：北京大学出版社，2010：42.

② （北齐）魏收. 魏书［M］. 北京：中华书局，2000：201

③ （梁）释慧皎. 高僧传［M］. 汤用彤，校注. 北京：中华书局 1992：23-25.

④ （唐）魏征. 隋书［M］. 北京：中华书局，2000：32.

⑤ 李正宇. 敦煌地区古代祠庙寺观简志［J］. 敦煌学辑刊，1988（Z1）：16.

⑥ 李正宇. 敦煌佛教研究的得失［J］. 南京师大学报（社会科学版），2008（5）：7.

⑦ （北齐）魏收. 魏书［M］. 北京：中华书局，2000：1517.

⑧ 孟凡人. 高昌的地理、历史和文化［J］. 中国历史文物，2003（2）：7.

⑨ 陈世良. 从车师佛教到高昌佛教［C］//《新疆文物》编辑部编. 吐鲁番学研究专辑. 敦煌吐鲁番学新疆研究资料中心，1990：140-153.

主要有修往生的净土宗（又称"莲宗"）、以"即身成佛"为目的的密宗和修心性的禅宗。佛教经典因其减罪、消灾、祈福、往生、成佛等实用性较强的特征而在民间广为流行。在吐蕃统治时期，敦煌地区的佛教在吐蕃佛教"众信轻戒""有信无戒"的思想的影响下，日趋世俗化。① 又因吐蕃治下实行部落制下的寺户制度，佛教在民间的影响力进一步深化。其中的信义观自然也伴随着佛教在民间的影响力而广为流传。

佛教以"理"为标准，将人的行为区分为善与恶，《大乘义章》中论述五品十善时提出"顺理名善""违理名恶"②，即没有疏漏地遵循佛法行事便是善。而诚实守信正是善行中非常重要的部分，与之相对应的，说谎和花言巧语在佛教被称为"妄言"或"妄语"，是为恶行，做出恶行的人会受到惩罚："口业不善：妄言、两舌、恶口、绮语；……是为十恶，受恶罪报。"③《佛说须赖经》中阐述了妄言对于修行的危害："妄言者，亡失一切诸善根本，于己愚冥，迷失善路。妄言者，一切恶本，断绝善行闲居之本。"即诚信是百善根基，妄言是万恶之源，不守信便是断绝自己的善根。《大智度论》中解释了妄语的含义以及妄语是如何阻碍人们修得善果的："妄语者，不净心，欲诳他，覆隐实，出异语，生口业，是名妄语。……妄语之人，先自诳身，然后诳人。以实为虚，以虚为实，虚实颠倒，不受善法，譬如覆瓶，水不得入"④，意为妄语源于人心生恶念，在恶念的支配下说谎欺骗他人，从而造成口业，而这样颠倒黑白、骗己骗人的人无法获得修习善果的方法，自然也就不会得到善果。反之，若为人诚实守信，则会获得善报，如《奉法要》中所说："不杀则长寿，不盗则长恭，不淫则清净，不欺则人常敬信，不醉则神理明治"⑤，即不欺瞒别人就会获得他人的敬重和信任。获得他人的信任是在现世中能获得的益处，对于祈求往生的人来说，诚信的人会在往生时会获得佛陀的庇佑："递相

---

① 李亚.吐蕃统治敦煌时期对佛教的扶植及其影响［J］.湖北第二师范学院学报，2009（11）：3.

② （隋）慧远.大乘义章［M］//大正新修大藏经（第四十四册）.日本：大藏株式会社，1934：697.

③ 失译.佛说未曾有经［M］//大正新修大藏经（第十六册）.日本：大藏株式会社，1934：781.

④ 龙树菩萨.大智度论［M］.（姚秦）鸠摩罗什，译.台北：佛陀教育基金会，2006：508-509.

⑤ 刘立夫，魏建中，胡勇.弘明集［M］.北京：中华书局，2013：899.

接引，有信之人，如母救子，不辞劳倦"①，即佛陀超度诚信之人，会像母亲拯救自己的孩子那样不辞辛劳。佛教典籍中劝人守信除了将其列为诸善根本，声明无论是现世还是往生，守信之人会获得善报；更提出妄言为诸恶之本，说谎行骗的人会永远失去修得善果的机会，以此劝诫信徒规范自己的言行。

（2）敦煌和吐鲁番地区的道教信仰以及道教中的诚信思想。

依托于原始宗教、民间巫术、神仙传说、老庄哲学等思想而产生的道教②，几乎在其形成的同时就出现在了敦煌的记载中。根据北魏僧人玄光所著的《辨惑论》中提到的"汉时仪君，行此为道，魀魅乱俗，被斥敦煌"，以及《敦煌汉简释文》所收录的第 2425 简"卒郭彭祖"等民间和官方的记载，颜廷亮认为，早在西汉末年就已有道教相关人士出现在敦煌，且道教相关传说、思想在汉代就已在敦煌地区产生影响，而道教也在其形成之际在敦煌地区流行开来。③

道教约在十六国时期传入吐鲁番地区，与道教相关的民间记载主要存在于该地出土的衣物疏、地契等文书中。早在 418 年，《西凉建初十四年（418 年）韩渠妻随葬衣物疏》④ 中就出现了道教的四象："青龙""白虎""朱雀""玄武"，以及"急急如律令"这样与道教相关的用语。其他诸如证天衣、符箓、"注五"等纯粹的道教用语也频繁出现于高昌国时期的衣物疏中。⑤ 这说明，在唐代以前，特别是高昌国时期，尽管佛教在当地具有极大的影响力，但并不妨碍当地民众的日常生活，特别是丧葬仪式，受到道教思想、仪式的渗透。

到了唐代，道教被李唐皇室奉为国教，随着道观的修建和写经活动的举行，道教在全国范围内的发展可谓达到了顶峰。

道教自出现伊始，就是一个融合了多种流派的思想观点的宗教。道教在形成初期吸纳了部分儒家思想，成书于东汉时期的第一部道经《太平经》，将先秦诸子的思想融入原始信仰中，在宣扬神仙传说、修道长生的同时，又仿照儒家的三纲五常，以君、父、师为道教三宝，强调"此三行而不善"那么必将受到来自天地人鬼神的惩罚。因此，《太平经》能够维系人与人之间关系的运

---

① 善道．念佛镜［M］//大正新修大藏经（第四十七册）．日本：大藏株式会社，1934：120.

② 任继愈．中国道教史［M］．上海：上海人民出版社，1990：9.

③ 颜廷亮．关于敦煌地区早期宗教问题［J］．敦煌研究，2010（1）：6.

④ 唐长孺．吐鲁番出土文书（第一册）［M］．北京：文物出版社，1981：14-15.

⑤ 王启涛．道教在丝绸之路上的传播［J］．西北民族大学学报（哲学社会科学版），2019（4）：14.

转，使"邻里悉思乐为善，无复阴贼好窃相灾害"。① 东汉末年的五斗米道奉《老子想尔注》为经典。张道陵所著的《老子想尔注》是《道德经》的注释本，推崇黄老思想，主张通过"守道诚"的方式延年增寿，而道诚中就包含有儒家所倡导的忠孝仁义的观念。② 在这一流派思想的基础上发展起来的丹鼎派的集大成者葛洪在其所著的《抱朴子》中阐述了修德与修仙的关系："欲求仙者，要当以忠孝、和顺、仁信为本，若德行不修而但务方术，皆不得长生也。"③ 修仙者所追求的终极目标是长生，而在成仙之前，人必须要注重德行修养，德行是修仙的基础。而葛洪所强调的德行的根本——忠孝和顺仁信，又恰恰是儒家所谓"君子"应当具有的品质。

从东晋末年开始，道教开始从义理和仪式制度两方面吸收、融合佛教思想。到了南北朝时期，道教作为宗教的发展日趋成熟。我国第一部道藏《开元道藏》编纂于道教发展至巅峰时期的唐代。与此同时，道教也没有放弃对儒家思想的吸收。唐代道士吴筠认为道教教义与儒家伦理是并行不悖的："道之所尚存乎本，故至仁合天地之德，至义合天地之宜，至礼合天地之容，至智合天地之辩，皆自然所察，非企羡可及。……故礼智者，治乱之大防也；道德者，抚乱之宏纲也。……若尚礼智而忘道德者，所为有容饰而无心灵，虽则乾乾夕惕而天下敝矣。"④ 道家所崇尚的天地自然运行的规律，可以通过对人施以仁义礼智的教化实现，以道为根本，以儒为手段才可以实现治世。晚唐时期的杜光庭则是认为儒家思想中的忠孝仁信契合了《道德经》中的治国理念："道德二篇……非谓绝仁义圣智，在乎抑浇诈聪明，将使君君臣臣父父子子，见素抱朴，泯和于太和，体道复元，自臻于忠孝。"⑤ 道家家虽然讲究无为，但无为是通过德行显示出来的，而忠孝仁信正是在道的引导下所展现出来的德行。

吐蕃占领敦煌、吐鲁番后，由于其崇信佛教，道教在两地的发展遭到重创，官方的道教活动完全断绝，甚至唐代一度兴盛的写经活动也可能完全停

---

① 王明. 太平经合校 [M]. 北京：中华书局，1960：409.

② 李养正. 道教概说 [M]. 北京：中华书局，1959：67.

③ 张松辉. 抱朴子内篇 [M]. 北京：中华书局，2011：104.

④ 李大华. 宗玄先生玄纲论 [M] //中华道藏（第二十六册）. 北京：华夏出版社，2004：61-62.

⑤ 熊铁基. 道德真经玄德纂疏序 [M] //中华道藏（第十册）. 北京：华夏出版社，2004：1.

止。① 但作为存在已久的民间信仰，道教与佛教一样，并不可能完全被剥离出普通百姓的日常生活。道教的痕迹仍然遗留在敦煌写本中，《敦煌愿文集》中收录的编号为 P. 2058 的《儿郎伟》中道教意象频频出现："若说开天辟地，自有皇（黄）帝轩辕，押（压）伏名（冥）司六道，并交（教）守分帖然。五道大神执按（鞍），驱见太山府君。……造食鬼多费面米，饭食同吹（炊）上天。已前都为一队，领过阎罗王边。牛头钻心拔舌，狱卒铁叉来剜。"② 其中的冥司、泰山府君、造食鬼、牛头、阎罗王等都是十分典型的道教元素。《儿郎伟》是唐代敦煌地区的文人为驱傩仪式创作的歌功颂德以及祈福祝祷的文章。可见在吐蕃统治敦煌六十多年后，敦煌的道教传承是一直存续的。其后又有成于曹氏归义军曹元深掌权时期的《为亡兄太保追福文》中的"鼎湖上仙，百王留变化之迹"③，大约写于宋初的《金光明最胜王经》④ 中也有"太山府君""天曹地府""土府水官""风伯雨师"等意象。但它们都是夹杂在诸多佛教意象之间，甚至出现在佛经题记中，并不是作为独立的道教意象表达，从中可以看出敦煌地区佛道两教的融合现象，也反映出了即使在官方崇道完全断绝的吐蕃占领时期，道教信仰仍是通过与佛教彼此融合的方式延续了下去。

道教中的诚信思想的重要来源是先秦的道家思想。老子主张顺应天地自然的规律，为人应当不做伪饰，顺应本心，以真实的面貌待人，也就是所谓的："见素抱朴，少私寡欲。"⑤ 也因此，含有规训意味的"礼"是老子所排斥的："故失道而后德，失德而后仁，失仁而后义，失义而后礼。夫礼者，忠信之薄而乱之首。"⑥ 忠信是道的一部分，社会失道就会强调德，失德就会强调仁，若仁也缺失则强调义，最后道德仁义尽失，就会提倡礼，因此当社会上的人都违背了本性，失去了忠信之道而只能用礼这种外在的规范来约束他们的时候，社会就会发生动荡。信是道家认为的人天然的品性，也是值得称颂的品质："上善若水。水善利万物而不争，处众人之所恶，故几于道。……与善仁、言善信……"⑦ 老子认为水所具有的滋养万物、与世无争的特征最接近于

---

① 叶贵良. 唐代敦煌道教兴盛原因初探 [J]. 新疆社会科学，2005（2）：5.

② 黄徵. 敦煌愿文集 [M]. 长沙：岳麓书社，1995：944-945.

③ 黄徵. 敦煌愿文集 [M]. 长沙：岳麓书社，1995：752.

④ 黄徵. 敦煌愿文集 [M]. 长沙：岳麓书社，1995：986.

⑤ 陈鼓应. 老子注译及评介 [M]. 北京：中华书局，1984：136.

⑥ 陈鼓应. 老子注译及评介 [M]. 北京：中华书局，1984：212.

⑦ 陈鼓应. 老子注译及评介 [M]. 北京：中华书局，1984：89.

"道"，而具有与水相似的特征的待人至诚、恪守信用的人则是至善之人。而重信的人必然重视自己的承诺，所谓"轻诺必寡信"①，信反映在一个人的言行上则是"信言不美，美言不信"②。道家将具有水德的人称为"圣人"，圣人处事不应有私心，应以百姓的愿望作为自己的愿望，即"圣人常无心，以百姓之心为心。……信者吾信之，不信者吾亦信之，德信"③。圣人想要使百姓回归诚信的本性，就应当对诚信与不诚信的人施以同样的信任。此处强调了诚信与信任的相互作用，不再是一方凭借自身诚信的品质去获取对方的信任，而是只要保持对他人的信任，就会收获对方回报的诚信。

作为先秦道家的代表，庄子对诚、信也多有论述。首先，信是道所具有的特征："夫道，有情有信，无为无形；可传而不可受，可得而不可见；自本自根，未有天地，自古以固存，神鬼神帝，生天生地。"④ 由此，信也与道一样，是生于天然、无所不在的。正是由于信具有这样的性质，庄子认为信是人在不受外界约束干预的时候就能够自然流露的品质，也就是在百姓因为君主的无为而如野鹿一般无拘无束的"至德之世"，所展现出的"实而不知以为忠，当而不知以为信"⑤，这种行忠信之行而不知忠信之名的举止。这里也呼应了老子的礼是"乱之首"的观点。而对于违背了天性中的忠信的人，"为不善乎显明之中者，人得而诛之；为不善乎幽暗之中者，鬼得而诛之。明乎人，明乎鬼者，然后能独行。"⑥ 恶行显于人前，那么其他人会谴责、惩罚他；恶行隐于人后，那么谴责、惩罚他的就是鬼神，只有遵从天性的本真、自然的人才能无愧于人心、鬼神，从而独行于世。而诚的极致是真："真者，精诚之至也。不精不诚，不能动人。"⑦ 唯有待人以真，才能打动别人。这种不离本真的人，庄子称之为"至人"⑧。

先秦道家的诚、信思想在后来的道教中得到了继承，并且成为了修行的一个重要环节。以天人合一和善恶报应为主要思想的《太平经》中就有"至诚

① 陈鼓应. 老子注译及评介 [M]. 北京：中华书局，1984：306.
② 陈鼓应. 老子注译及评介 [M]. 北京：中华书局，1984：361.
③ 陈鼓应. 老子注译及评介 [M]. 北京：中华书局，1984：253.
④ 陈鼓应. 庄子今注今译 [M]. 北京：中华书局，1983：181.
⑤ 陈鼓应. 庄子今注今译 [M]. 北京：中华书局，1983：327.
⑥ 陈鼓应. 庄子今注今译 [M]. 北京：中华书局，1983：607.
⑦ 陈鼓应. 庄子今注今译 [M]. 北京：中华书局，1983：823.
⑧ 陈鼓应. 庄子今注今译 [M]. 北京：中华书局，1983：855.

信，天报此人"① 的说法。为了达到长寿目的的修行方法为守一之法，其中一项内容就是践行诚信："行信，信星往守之。相去远，应之近。天人一体，可不慎哉！"②《老子想尔注》是对《道德经》的注释，更是直接将老子的诚信思想宗教化，与修行、报应联系起来。如对"其在道"的注释为："欲求仙寿天福要在信道，守诚守信，不为贰过。"③《老子想尔注》强调报应，自然也就要树立天神的权威，注"国家昏乱，有忠臣"时说："臣子不畏君父，乃畏天神也。"④ 注"民莫之令而自均"时又说："王者尊道，吏民企效，不畏法律，乃畏天神。"⑤ 而臣子、吏民应当敬畏天神就是因为人品行的好坏由天神评定并施以奖惩——"绝仁弃义，民复孝慈"注云："人为仁义，自当至诚，天自赏之；不至诚者，天自罚之，天察必审于人，皆知尊道畏天 仁义便至诚矣。"⑥ 自此，先秦道家中用以返璞归真的诚信思想成为了道教用来规范、约束信徒言行的戒律，成为了修行的一部分。

除了上述直接与诚、信相关的论述，道教中也有据此延伸而出的契约观。"圣人执左契而不责于人。有德司契，无德司彻，天道无亲，常与善人。"⑦ 老子所推崇的圣人仅将契约作为信用凭证，并不据此强逼他人履约，而是待债务人有能力时自觉偿还。故而有德之人就像圣人持契一样，施恩不望报；而无德之人则像收税的官员一样索取不休。而人们的言行都在天道的监察之下，只有行善之人才能获得善报。河上公注对老子所说的"左契"做出了更具体的解释："古者圣人执左契，合符信也。无文书法律，刻契合符以为信也。但刻契之信，不责人以他事也。"⑧ 契约是在没有法律文书情况下的信用凭证，也就是说，老子所谓的"契"与国家律法并无干系，是纯粹的民间信用凭证。在老子所构想的小国寡民、淳朴天然的社会环境中，人们天然信守承诺，借贷双方无需法律约束，甚至无需债权人索债，仅凭民间契约就可以顺利完成一次借贷活动。

当然，这仅是道家所构想的理想社会，现实社会中的实际情况当然不会如

① 王明．太平经合校［M］．北京：中华书局，1960：465.
② 王明．太平经合校［M］．北京：中华书局，1960：16.
③ 饶宗颐．老子想尔注校证［M］．上海：上海古籍出版社，1991：31.
④ 饶宗颐．老子想尔注校证［M］．上海：上海古籍出版社，1991：23.
⑤ 饶宗颐．老子想尔注校证［M］．上海：上海古籍出版社，1991：41.
⑥ 饶宗颐．老子想尔注校证［M］．上海：上海古籍出版社，1991：24.
⑦ 陈鼓应．老子注译及评介［M］．北京：中华书局，1984：354.
⑧ 王卡．老子道德经河上公章句［M］．北京：中华书局，1993：298.

老子所愿，因此，契约诚信，特别是按照约定偿还债务也就从道家理想社会的基本秩序转化为了道教戒律的一部分，"负债拒捍不还"① 更是被写进道教"五恶"之中。违背契约诚信的人更是会因此承受因果报应："凡人逐日私行善恶之事，天地皆知其情。……心口意语，鬼闻人声，犯禁满百，鬼收其精，犯禁满千，地录人形，日行诸恶，枷锁立成，此阴阳之报也。皇天以诚议，故作违犯，则鬼神天地祸之也。"② 即人的种种行为，无论做得多么隐秘，都会展现在天地之间，因此人一旦做出恶行，就会受到来自天地鬼神共同的惩罚。

3. 宗教诚信观对世俗生活的影响

对于受教育程度普遍不是很高的庶民阶层而言，比起由经典所承载的宗教教义，"民间流行的艺术与文学的描写"③ 更容易被他们接受，从而使宗教教义和戒律更为深入人心。

从前文对佛、道两教诚信观的梳理中可以看出，两者对于信众的警示多集中在违犯戒律会在死后接受惩罚上。而原始的冥界信仰和道教对冥界的构建都遵循着现世的规则，其震慑力仍是来源于信众对现世法规的敬畏；而佛教带来的"地狱"的概念则完全不同，佛教的冥界审判自有一套与现世不同的规则，且惩罚在流行于民间的文学、艺术的渲染下，变得更为残酷，对于笃信转世与来生的信众而言，震慑力更强。

佛教的地狱观在被纳入道教的冥界架构后，开始在通俗文学中出现。"地狱"一词在中原小说中始见于南朝刘义庆所著的《幽明录》中"赵泰"一节，这也是"中国小说中现在最早的、完整地描写冥界的作品"④。故事主要讲述的是主人公赵泰死后在地狱中的见闻。整个故事佛道两教的冥界要素并存，赵泰由鬼差捉拿并送入地狱，初入地府时，赵泰见到了泰山府君，在随后的游历中见到了菩萨和佛，路上又有冥界官吏告诫他奉佛可以减免现世的罪孽。尽管故事中的地狱大体上是仿照道教冥界设置的，但其主旨又是劝人向

① 王卡编. 太上洞玄灵宝宿命因缘明经［M］//中华道藏（第四册）. 北京：华夏出版社，2004：3.

② 吴亚魁. 赤松子中诫经［M］//中华道藏（第四十二册）. 北京：华夏出版社，2004：656.

③ 台静农. 佛教故实与中国小说［M］//张曼涛. 现代佛教学术丛刊（第19册）. 台北：大乘文化出版社，1978.

④ 孙昌武. 佛教与中国文学［M］. 上海：上海人民出版社，1988：275.

佛。"地狱"这一说法在小说中出现的初期，仅是作为对冥界的另一种称呼，并没有具体的描写，《法苑珠林》《玄怪录》等中出现的"地狱"也是同样的情况。

而在《神鬼传》《冥报记》《冥报拾遗》《广异记》等所收录的同类型的入冥还阳故事中，主人公在地狱的见闻不再是走马观花式地一带而过，而是对地狱的刑罚场所有了简单的描述。如张应在地狱中见到的刑具"铁钩钩将北下一板岸，岸下见镬汤、刀山、剑树、楚毒之具"①；唐武德年间的李山龙在地狱见到的汤镬"见有大镬，火猛汤沸，旁有二人坐卧"②；于唐贞观年间死而复生的裴则之子在地狱中行走"至第三重门，入见镬汤及刀山剑树，数千人头皆被斩，布列地上，此头并口云大饥"③；天宝年间暴毙的河南府史在地狱中见到了受三十年一砍头的惩罚的秦朝名将白起、因为卖酒而在粪池中受刑的妻子，以及在城中遭受火刑的人群，而自己也因为好酒，背负着惩罚复生。④ 这些可怖的场面与杜牧所引的佛经中对地狱的描述十分接近了："生人既死，阴府收其精神，校平生行事罪福之。坐罪者刑，狱皆怪险，非人世所为。凡人平生一失举止，皆落其间。其尤怪者，狱广大千百万亿里，积火烧之。一日凡千万生死，穷亿万世无有间断，名为无间。夹殿宏廊，悉图其状，人未熟见者，莫不毛立神骇。"⑤ 这些流传于民间故事将违背戒律的后果更为直白地传递给了信众。

在这种情况下，冥界审判愈加深入人心，人们开始将在日常生活中遇到的不公寄托于冥界审判的公正。《太平广记》中也收录了佛教报应故事框架下的世俗变体，其中包括两则与借贷相关的故事。

其一为《报应录》的"童安玗"，这是一个关于欠钱不还的人在冥界受到惩罚的故事：

唐大中末，信州贵溪县乳口镇有童安玗者，乡里富人也。初甚贫窭，与同里人郭琪相善，琪尝假借钱六七万，即以经贩，安玗后遂丰富。及琪征所借钱，安玗拒讳之。琪焚香告天曰："童安玗背惠忘义，借钱不还，倘神理难诬，愿安玗死后作牛，以偿某。"词甚恳苦，安玗亦绐言曰："某若实负郭琪

---

① （宋）李昉，等. 太平广记（全十册）[M]. 北京：中华书局，1961：673-674.
② （宋）李昉，等. 太平广记（全十册）[M]. 北京：中华书局，1961：744-745.
③ （宋）李昉，等. 太平广记（全十册）[M]. 北京：中华书局，1961：3046.
④ （宋）李昉，等. 太平广记（全十册）[M]. 北京：中华书局，1961：3047.
⑤ （清）董诰，等. 全唐文 [M]. 北京：中华书局，1983：7809-7811.

钱，愿死作一白牛，以偿珙债。"未逾月，安玗死。死后半年，珙家牸牛，生一白牸犊，左肋有黑毛，作字曰"童安玗"，历历然。远迩闻之，观者云集。珙遣人告报安玗妻，玗妻子并亲属等往视之，大以为耻，厚纳金帛，请收赎之。

郭珙愤其欺负，终不允许，以牛母并犊，别栏喂饲。安玗家率童仆，持白梃劫取。珙多置人守御，竟不能获。①

此条中的童安玗向同里的郭珙借钱经商，发家后却抵赖不肯还钱，死后入畜生道，转世为牛。童家人因为童安玗因不守信而受到惩罚这件事广为流传而倍感羞耻。此处童安玗因自己的欺诈行为在冥界审判中受到惩罚，而他的族人则因为身处乡土社会中，由于亲缘关系受到童安玗的牵连，遭受了道德上的谴责。

其二为《玉堂闲话》中的"刘钥匙"，这是一个关于放贷人强占他人财物的因果报应故事：

陇右水门村有店人曰刘钥匙者，不记其名。以举债为家，业累千金，能于规求，善聚难得之货，取民间资财，如秉钥匙，开人箱箧帑藏，盗其珠珍不异也，故有"钥匙"之号。邻家有殷富者，为钥匙所饵，放债与之，积年不问。忽一日，执券而算之，即倍数极广。既偿之未毕，即以年系利，略无期限，遂至资财物产，俱归"钥匙"，负债者怨之不已。后"钥匙"死，彼家生一犊，有钥匙姓名，在膁肋之间，如毫墨书出。乃为债家鞭棰使役，无完肤，"钥匙"妻男广，以重货购赎之，置于堂室之内，事之如生。及毙，则棺殓葬之于野，盖与刘自然之事仿佛矣。此则报应之道，其不诬矣。②

这则故事的主人公刘钥匙是个专业的放贷人，他通过引诱、欺骗等手段，用借贷的方式侵吞邻家财物，使这个殷富之家致贫。尽管刘钥匙对邻家"即倍数极广"和"偿之未毕，即以年系利，略无期限"的计息方式违背了唐代律令的规定，但这个"怨之不已"的负债家庭显然未能通过官方的干预为自己讨回公道，而最终丧失了财产。刘钥匙由于生前犯下的贪欲之罪转世为牲畜，供受害者一家役使赎罪。

这两则故事反映出恶意欠债不还和放贷人强占债务人家产的情况在唐代是时有发生的，而且会遭遇到无法在正常的社会秩序框架内得到妥善的解决的情况，也就是说，在私人借贷纠纷出现时，无论是官府所代表的国家律令还是契

---

① （宋）李昉，等．太平广记（全十册）［M］．北京：中华书局，1961：957-958.

② （宋）李昉，等．太平广记（全十册）［M］．北京：中华书局，1961：959-960.

约所代表的民间秩序都不能发挥应有作用的情况是存在的，而且既然被写成了警示世人的报应，那也就说明这样的情况并不是孤例。在求助无门的情形下，冥界审判似是受害者讨还公道的唯一出路。同时，在这样的故事、传说的影响下，冥界审判的公正性又被进一步强化，毕竟童安玗变牛还有双方发誓的前提，而刘钥匙得到报应则完全是冥界审判之功。比起现世律法在实际执行中会出现的贪腐、不作为、拖延等问题，尽管道教体系下的冥界依然存在贪腐的问题，但判罚总是能够得到准确地执行①，这就使得冥界律法具有了"比国法更大的吓阻效果"②。

正是由于冥界审判在民间拥有如此强大的影响力，与冥界审判相关的习俗也就在当时人们的生活中留下了痕迹。例如前文所提到的左憧憙墓中发现的一份特殊的文书③：

1. 乾封二年腊月十一日，左憧憙家内失银钱伍佰

2. 文，盗（道）濮舍盗钱。其濮舍不得兄子钱，家里

3. 大小曹主及奴是等及铠相有人盗钱者，兄子

4. 好验校分明嗦（索）取，里铠有人取者，放令

5. 濮舍知见。其濮舍好兄子边受之往（枉）

6. 罪。濮舍未服，语兄分明验校，濮舍心下

7. 得清净意。古（故）若濮舍不取之钱，家里曹主及

8. 大小奴婢及铠人放，濮舍眼见，即於死者咸亨四

9. 年四月廿九日神遇已后，见多放仕即须知钱

10. 之住，要须大小得死，濮舍即知。

（背面）

1. 书取人於（余）得不，取

2. 憙憧左付书舍濮 资 领

3. 濮舍

这件文书记录了一桩财物纠纷。濮舍被左憧憙认为是盗窃了其五百文钱的嫌疑人，而很可能直到左憧憙去世，濮舍在他眼中的嫌疑也没有洗清，因此濮

---

① ［美］韩森. 传统中国日常生活中的协商：中古契约研究［M］. 鲁西奇，译. 南京：江苏人民出版社，2008：175.

② 陈登武. 从人间世到幽冥界：唐代的法制、社会与国家［M］. 北京：北京大学出版社，2007：258.

③ 唐长孺. 吐鲁番出土文书（第六册）［M］. 北京：文物出版社，1985：441-442.

舍将自白的文书放入左憧憙的墓中，以期左憧憙能够相信他的自白从而放弃在冥界对他发起诉讼，或者在冥界审判中追诉这一纠纷时，能够作为自己的辩词。

显然，瀵舍对冥界审判是深信不疑的，左憧憙既死，那么他只能通过冥界诉讼的方式来追讨自己的五百文钱，而冥界的判决结果在当时被认为是能够直接作用在生者身上的，瀵舍坚信自己的清白，或者说恐惧因为左憧憙的诉讼而导致自己无辜受罚，因此将这份自陈作为随葬，参与可能发生的冥界审判。

(四) 小结

敦煌和吐鲁番地区的私人借贷活动在唐代是一个长期且广泛存在的现象。由于两地的气候和显著的人地矛盾，以农耕为主的敦煌和吐鲁番地区居民长期收支不平衡，他们的开销又以生活消费和税收为主，没有能力创造额外收入的他们在遇到经济困难的时候，几乎无法获得来自官方的贷款，即使官方贷款的利率也并不低。因此，向富裕的同乡、亲朋、邻人借贷，是他们除了向寺庙借贷以外的仅有的维持基本生活和再生产的方法。

而由于第三方强制执行力的缺失，在这样一个私人借贷活动频繁发生的环境中，自发地生成了一套贯穿立约、履约的民间秩序。从债务人的角度来看，由于官府对干预私人借贷活动采取的是一种回避的态度，因此其对债务纠纷的干预程度较弱，主导民间私人借贷活动的秩序仍是以乡规俗约为主。因此民间固有的社会秩序对于债务人在借贷后的行为选择具有更为重要的影响。中国传统社会最重要的特征之一就是熟人社会，生活在这种环境里的人，从出生起便受到当地社会秩序的规训，遵守这些不成文的规则成为他们本能的一种反应。敦煌、吐鲁番两地民间秩序的形成以儒家文化为基础，同时又融合了当地以佛教和道教为主的宗教思想的影响。

履约是个人诚信的表现之一，而诚信本是社会道德规范的一部分，敦煌、吐鲁番两地居民在经过社会秩序的内化之后，也就有了遵守契约的行为倾向。而佛、道两教在各自发展和传播的过程中又将诚信纳入戒律体系，成为约束信徒言行的规范，随着佛、道两教，特别是佛教信众的发展壮大，宗教戒律又反作用于民间秩序。通俗文学中的宗教传说将戒律的传播范围进一步扩大，违犯戒律或者说社会道德规范的后果就更加具体且深入人心。因此，在私人借贷活动中，社会传统和宗教戒律弥补了国家律令对违约行为约束力较弱的缺陷。

因此，保障敦煌和吐鲁番地区私人借贷活动中债务人履约的民间秩序由儒家伦理道德、宗教戒律和熟人社会的相对封闭的环境共同构成，债务人的行为实际上受到的是其生活以及活动区域内所有人的监督，并且他们的行为选择或多或少都会对他们的家人，甚至是家族造成影响，在这种情况下，民间秩序对私人借贷活动的震慑力在实践中甚至可能超过国家律令。这也就可以解释为何私人借贷活动能够在缺乏强有力的第三方约束的情况下在敦煌和吐鲁番地区持续不断地存在。

二、民间秩序在唐代敦煌和吐鲁番地区的私人借贷活动中的一般作用

本节将以本章第一节中汇总的唐代敦煌和吐鲁番地区的民间秩序作为规则，通过博弈论的方法从理论上分析民间秩序对私人借贷活动中债务人的履约的影响。由于敦煌和吐鲁番地区出土的唐代私人借贷契约以信用借贷为主，因此，本节的研究重点为信任是如何在民间秩序下产生的，以及民间秩序是如何激励债务人作出履约的行为选择的。

（一）信任是私人借贷活动的基础

信用借贷的形式在民间私人借贷活动中流行于汉魏以后，[1] 这种无需实物作为抵押的借贷形式也是唐代敦煌和吐鲁番地区私人借贷的主要形式。信用借贷，顾名思义，是以借贷活动当事人之间的信任关系为基础的。基于唐代敦煌和吐鲁番地区的弱人口流动性、较为透明的私人信息等现实基础，本节将通过一个完全信息动态博弈来说明信任是如何促成私人借贷活动发生的。

首先，假设一个放贷人与一个借贷人之间的债务关系是随机且一次性的，即借贷人 B 向放贷人 A 发起一次借贷请求，此时，A 有两种选择：①同意 B 的请求，即他相信 B 一定会履约；②拒绝 B 的请求，即他认为 B 一定会违约，因此 A 的行动集合为｛信任，不信任｝，而 B 获得借贷后，他同样有两种选择，即 B 的行动集合为｛履约，违约｝，当 A 与 B 采取行动时，他们各自的收益如表6-1所示。

---

① 乜小红. 中国古代契约发展简史［M］. 北京：中华书局，2017：61-62.

表6-1

		B	
		履约	违约
A	信任	R, W	$-W-y$, $W+x$
	不信任	0, $-z$	0, $-z$

其中，R、W、x、y、z 均大于0。表6-1描述了这一借贷活动中可能发生的三种情况：①当A同意放贷给B时，如果B按照约定还款，则A的收益为 R，B的收益为 W；②当A同意放贷给B时，如果B拒绝按照约定还款，那么A的损失为（$W+y$），而B因此获益（$W+x$）；③当A拒绝借款给B时，A不产生任何经济上的收益或损失，B则会因为无法获得借贷而损失 z。

而在现实中，只有当放贷人作出是否同意借贷的选择后，借贷人是否履约的选择才有意义，因此借贷双方的行动选择并不是同时进行的，即此次博弈为动态博弈。由于在动态博弈中，A与B并非同时采取行动，表6-1仅能反映A与B各自采取行动后的结果，并不能反映A与B的行动选择。在假设中我们可以看到，A的行动选择明显是取决于B的行动选择，因此我们改由博弈树绘制A与B的行动过程，以便更直观地观察B的行动选择给A带来的影响（见图6-1）。

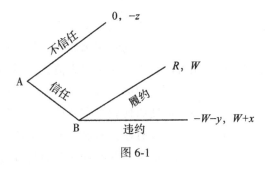

图6-1

根据逆向选择法，B在面对履约收益 W 小于违约收益（$W+x$）的情况下，一定会选择违约以获取更多的收益，由于B的收益信息对A而言是透明的，因此，在借贷活动发生以前，A就能够确定B一定会选择违约，为了避免损失，A自然会选择拒绝B的借贷请求。因此，在自然条件下，一次性私人借贷活动的纳什均衡为 {不信任，违约}，即私人借贷活动是完全不会发生的，此时双方收益为（0，-z），这一结果对 A 没有影响，但会对 B 造成负面影响。

由于官府和律令所提供的第三方强制约束仅在履约阶段，且借贷双方产生纠纷时介入，同时，如前文所述，受理纠纷的官府大概率不会严格按照律令的程序处理纠纷，而是更多地采取调解的方式化解这一民事纠纷，调解的手段更是以尊重民间秩序，也就是重新订立借贷契约约定新的偿还期限为主，这样一来，第三方约束的强制力便大打折扣，以债务人违约为例，这种情况下，债权人需要付出更高的时间成本才能收回本金和利息，与此同时，债权人还要面临债务人二次违约的风险。如此一来，无论借贷人自身的履约能力和履约意愿如何，放贷人首先面对的都是自己将以极大的概率在一次借贷活动中承受损失的预期。也就是说，在唐代，以律令为代表的正式制度并不能为借贷人的信用提供保证，放贷人也就不会因为第三方约束的存在而对借贷人给予信任。

因此，从理论上看，唐代敦煌和吐鲁番地区的私人借贷活动的发生应当是稀少或条件严苛的。但实际上，唐代敦煌和吐鲁番地区的私人借贷活动不仅发生频繁，而且还是以对债权人而言风险较高的信用借贷为主。那么，放贷人对借贷人的信任，只能来自由"宗教信仰、内化的规范，以及对违反规则将受到惩罚的预期等"① 因素构成的非正式制度。

（二）唐代敦煌和吐鲁番地区的民间秩序与信任的产生

有研究者将信任产生的机理归纳为四类：重复交易、集体惩罚、签订由第三方强制力保证的合同以及改变参与者的效用函数。② 由私人借贷契约在债务纠纷发生时所发挥的实际作用可以看出，它是作为债务关系存在的证明而存在的，虽然受到第三方即官府的认可，但第三方的执行力在处理债务纠纷时是不足的。因此，契约的签订并不是促使唐代敦煌和吐鲁番地区的私人借贷活动中信任产生的根本原因，如果放贷人没有建立对借贷人的信任，那么双方间的借贷活动根本就不会发生，因此私人借贷契约的存在反而是放贷人对借贷人建立信任关系后的产物。因此，本节将着重从重复交易、集体惩罚和改变参与者效用函数这三个方面对私人借贷活动中的信任产生问题进行分析。

---

① ［美］阿夫纳·格雷夫. 大裂变——中世纪贸易制度比较和西方的兴起 ［M］. 郑江淮，译. 北京：中信出版社，2008：25.

② 张贯一，达庆利. 信任问题研究综述 ［J］. 经济学动态，2005（1）：99-101.

1. 熟人社会中的重复交易与信任

在前一节中，我们梳理了乡土社会为中国传统社会提供的人与人之间建立信任关系的要素，熟人社会为信任的产生提供了内部环境，而礼治秩序为维护信任机制提供了外部规则。直觉上，有赖于熟人社会中的成员们对彼此的了解，借贷人可以在经济陷入窘境时快速寻找到放贷者并与之建立债务关系，以此摆脱自己的经济困境；而放贷人也能够以较低的成本获取与借贷人的履约意愿和履约能力相关的信息，由此保障自己的利益。

熟人社会的特征就是较弱的人口流动性，及其所带来的相对稳定且封闭的社会环境。而影响唐代敦煌和吐鲁番地区的人口流动的首要因素就是土地、赋役和户籍这三项环环相扣、互相配合的制度。唐代初期延续了前代的均田制，官府按照丁口为百姓授田，并在此基础上采取了与之配套的赋役制度——租庸调，租庸调的本质是人头税，这就要求政府对人口有较强的控制力，即为土地制度和赋役制度服务的户籍制度。在如何将百姓的活动空间控制在一定的范围内这个问题上，均田制与户籍制是相辅相成的，毕竟作为建立在农业文明基础上的国家，耕地是绝大多数百姓最主要的收入来源，只有被纳入人口统计范围的百姓才能够获得土地，也就是说，均田制将人口与耕地绑定，因此，唐代的土地政策在极大程度上限制了人口的流动。其后，均田制在中原地区随着土地兼并之风的兴起而逐渐瓦解，户籍制度也随之松弛，但这一时期，在吐蕃统治下的敦煌和吐鲁番地区实行的是计口授田制，尽管这种授田是一次性的，每户所得土地数量不会再随户内丁口数量的变化而改变，在一次性的授田后，各户所分得的土地事实上成为各个家庭的私有土地，但与计口授田制相配套的赋役制度是以户为征收单位的突税差科，这同样需要统治者对其辖境内的人口数量，至少是家庭数量的变化有一定的了解和统计，如此才能为徭役和税收提供保障。到了归义军收复敦煌、吐鲁番两地之后，尽管土地买卖不再被限制，授田制也被请田制所取代，使得百姓对土地的依附力减弱，但为了恢复生产，归义军政权同样在其治下的地区进行着周期性的人口统计。可以说，有唐一代，实际控制过敦煌和吐鲁番地区的三个政权始终没有松懈过对两地人口的管理，并出于税收的需要，在政策上始终没有放松对人口的管理以及抑制人口大规模外流。

百姓定居某地并繁衍生息的意愿来自于该地为他们提供的条件是否能够满足基本生存需求，均田制使耕者有其田的目的也是基于此，初唐的统治者希望均田制能够使人口从战乱中得到恢复并保持持续增长，从而使国家财政收入得到保障。然而，在武周时期，便有百姓"或违背军镇，或因缘逐粮，苟免岁时，偷避徭役"① 而离开故土的记录，李峤在证圣元年（695 年）的奏表中所列举的原因，总结起来，不外乎百姓无法在其居住地获得理想的生活，因而不得不离开户籍地。那么，当一个敦煌人前往他乡后是否能过上他所希望的少税少役、有粮有地的生活呢？《长安三年（703 年）敦煌县典阴永为括浮逃户事上县司牒》② 记录了沙州居民逃往周边州县后的生活情状：

1. 甘凉瓜肃所居停沙州逃户
2. 奉处分，上件等州，以田水稍宽，百姓多
3. 悉居城，庄野少生作。沙州力田为务
4. 大小咸解农功。逃进投诸他州，例被招
5. 携安置。常遣守庄农作，抚恤类若家
6. 僮。好即薄酬其佣，恶乃横生构架。为
7. 客脚危，岂能论当。茌苒季序，逡巡不
8. 归。承前逃户业田，差户出子营种。所收苗
9. 子，将充租赋，假有余剩，便入助主。今奉
10. 明敕，逃主括还，无问户第高下，给
11. 复（复）二季。又今秊逃户所有田业，官贷
12. 种子，付户助营。逃主若归，苗稼见在，课
13. 役俱免，复得田苗，或恐已东逃主，还被主主
14. 訑诱，虚招在此有苗，即称本乡无业。
15. 漫作由绪，方便觅住。此并甘凉瓜肃百姓，
16. 共逃主相知，诈称有苗，还作住计。若不牒
17. 上括户采访使知，即虑逃主诉端不息。
18. 谨以牒举。

（下略）

沙州，即敦煌居民因周边甘凉瓜肃诸州的耕地和水资源较为丰裕而背井离乡，但是，当他们到达河西诸州后，因为逃户的身份，不可能再拥有属于自己的土地，为了生存，只能为当地地主豪强耕作，又因为逃户的身份急需当地豪强庇护，他们只能无条件接受其所依附的主人的压榨剥削，承受与没有人身自

---

① （北宋）王溥. 唐会要 [M]. 北京：中华书局，1955：1560.
② 唐长孺. 唐代的客户 [M] //唐长孺. 山居存稿. 武汉：武汉大学出版社，2013：116.

由的僮仆相当的待遇。可以想见，如果不是在当地的基本生活难以为继，他们何至于宁肯以失去土地和一部分人身自由为代价也要离开家乡呢？

百姓因生存困难而选择离开故土，那么唐政府想要恢复这些逃户的户籍，采取的对策自然就是给出保障他们基本生活的承诺，因此对被检括出的逃户的安置政策分为两类，一是对原籍有田产的人进行劝返，并给出了归还田宅、免除两年赋役、官方出借种子等优惠政策；二是对于原籍无地的逃户，如果在新的居住地垦荒有成，则允许他们在当地定居，并被编入户籍，成为新的居住地的常住人口，他们开垦出的土地就以授田的形式归其所有。

可见，尽管三位一体的土地、赋役、户籍制度并不能完全禁绝唐代敦煌和吐鲁番地区的居民因生存困境而产生的迁移现象，但由于迁移的代价十分高昂，因而也可以想见这种逃难式的大规模人口流动在和平年代不会频繁发生。并且，逃户的最终目的仍然是在一个能维持其基本生存的地方定居，因此对于一个较小的行政单位，比如村、里等，常住人口应当是较为稳定的。另一方面，由出土契约内容可见，除了债权人和债务人两方，私人借贷活动还要有为债务人提供担保的保人以及证明立约过程符合规范的证人存在，也就是说，借贷人想要获得借贷，那他就需要至少提供两个"熟人"为自己背书。经历了这样一番程序之后，债权人对债务人的详细住址、信用状况也就有了更为充分的了解。

在这样一个相对稳定且封闭的环境中，具备放贷能力的个人或家庭的数量是有限的，与之相对，每一个普通农户都可能因为税赋、生产和生活需要而产生借贷的需求，如此一来，就如上文所提到张善憙与左憧憙那样，同一对借贷人与放贷人之间的交易通常就不会是一次性的，上一节中的单阶段博弈在实践中会扩展为有限期的重复博弈。

在熟人社会中，个人信息对于生活在同一区域内的其他人来说是相对透明的，因此借贷人过往的履约情况对于保人和放贷人而言就是公开、可获得的信息，即各个私人借贷活动的参与者都可以观测到已发生的博弈结果。在这一前提下，假设放贷人 A 与借贷人 B 之间的借贷活动终止于 B 第一次出现违约行为时，即一旦 B 没有履行偿还的义务，放贷人就不再放贷给这个有违约记录的借贷人；同理，若 B 存在债务违约记录，那么他就永远失去了从其他放贷人那里获得借贷的资格，因此，在这一即将重复发生的有限次为 n (n 为大于 1 的整数) 的私人借贷活动中，A 总是选择信任 B，直到 B 出现违约记录。令 δ 表示贴现因子，即 B 愿意为后续能够获得借贷的耐心程度，且 $0 \leq \delta < 1$，V_h 表示 B 履约时的收益，V_d 表示 B 违约时的收益，则

$$V_h = W + W\delta + W\delta^2 + \cdots + W\delta^n = \frac{W(1 - \delta^n)}{1 - \delta}$$

$$V_d = W + x(\delta = 0)$$

当 $V_h \geq V_d$，即 B 在 n 次履约中所获得的收益不低于一次违约所得收益时，理性的借贷人会选择履约，而根据计算，当 $\frac{W}{W + x} > \frac{1-\delta}{1-\delta^n}(0 < \delta < 1)$ 时，可以保证借贷人履约，而由于 B 向 A 借贷的次数是有限的，因此对 B 而言，在最后一次借贷时违约将获得更多的收益，显然，对于这一情况，A 也是能够预料到的，但 A 无法判定 B 的哪一次借贷会是最后一次，也就是说，对 A 而言，每一次的借贷活动中，B 都有极高的违约风险，因此 A 不会选择信任 B，也就是与一次性的借贷活动一样，A 的最优选择是拒绝向 B 提供借贷。

受到寿命的约束，同一对借贷人和放贷人之间的交易次数是有限的。而通过上述分析，我们可以看到，在熟人社会中，有限次的重复交易并不足以保证私人借贷活动的参与者之间建立起足以使交易顺利进行的信任关系。

2. 乡土社会中的家族与集体惩罚

由上一小节可知，单纯的熟人社会相对稳定且封闭的社会环境，并不会自发地产生能够促使私人借贷活动发生的信任关系，这显然与前文所论述的"熟人社会中的信任"是有出入的。或者说，在熟人社会中，仅仅依靠有限次的博弈并不足以催生出借贷双方之间的信任关系。阿夫纳·格雷夫认为马格里布商人通过建立贸易组织，将个人信誉与组织中其他成员的信誉和利益捆绑，建立了集体惩罚机制，从而将信任的建立制度化，同时，由于组织的存在，代理人与委托人之间的交易阶段也由有限次扩展为无限次。也就是说，通过在交易双方中构建利益团体，从而延长交易期限有助于交易双方中个体信任的形成。事实上，在中国传统社会中，也存在类似的利益团体，只不过它们是基于血缘的差序形成的。

费孝通在《乡土中国》中指出，乡土社会中的"家"有别于西方国家有着明确的内外之别的小家庭，中国传统社会中的家庭是"没有严格的团体界限"① 的，这是由于乡土社会中的"家"是一个事业组织，它的范围是由

---

① 费孝通. 乡土中国·生育制度·乡土重建［M］. 北京：商务印书馆，2011：42.

"事业的大小而决定"① 的。作为 "中国乡土社会的基层结构"②，差序格局的扩展有两条路径，一是亲属，一是朋友，而 "家" 的扩展所遵循的路径是 "沿亲属差序向外扩大"③。此时的 "家" 所代表的已不再是纯粹的血缘关系，它成为了 "家族"，是 "一个绵续的事业社群"④，因此它 "不因个人的成长而分裂，不因个人的死亡而结束"⑤。这意味着，私人借贷活动中的参与人，特别是债务人所代表的并不是他个人，他在一次借贷活动中所呈现的信誉，代表的是他所在家族对外的信誉。

这一点在敦煌、吐鲁番两地出土的唐代私人借贷契约中也有反映。在由14件注明债务人与保人关系的契约中（见表5-2），明确显示出债务人与保人属于同一家族的有9件，其中，《唐麟德二年（665年）高昌张海欢、白怀洛贷银钱契》虽有部分参与人之间的亲缘关系未有明确说明，但其中两个与张海欢同姓的保人，就有可能是与张海欢来自同一家族。又有《唐天宝十三载（754年）龙兴观道士杨神岳便麦契约》中的保人与债务人的关系为同门道士，这种关系也是可以与亲属关系进行类比的，也就是说，这14件契约中，有10件的债务人与保人出同一家族。甚至《唐大历十七年（782年）于阗霍昕悦便粟契》《唐建中三年（782年）于阗马令庄举钱契》两件中的保人直接被称为 "同便人" 和 "同取人"，这直接表明了债务人所借的粟和钱并非个人使用，而是由家庭成员共同借债共同使用，因此他们自然也是共同还债人。除此之外，在几乎所有汉文契约中都会出现的套语 "若身东西不在，一仰妻儿及收后保人替偿"⑥ "身东西不在，一仰妻儿保人上（偿）钱使了"⑦ 等也表明了偿还债务是债务人全体家庭成员的责任，不因债务人个人的去留而改变。在这一时期的吐蕃文契约中，也有违约则以债务人家产抵债的条款（见表5-3），事实上也是默认个人债务由家庭成员共同承担偿还责任的表现。

由此，借贷人与其家人包括后代在私人借贷活动中形成了一个几乎可以等

---

① 费孝通. 乡土中国·生育制度·乡土重建 [M]. 北京：商务印书馆，2011：43.

② 费孝通. 乡土中国·生育制度·乡土重建 [M]. 北京：商务印书馆，2011：33.

③ 费孝通. 乡土中国·生育制度·乡土重建 [M]. 北京：商务印书馆，2011：42.

④ 费孝通. 乡土中国·生育制度·乡土重建 [M]. 北京：商务印书馆，2011：44.

⑤ 费孝通. 乡土中国·生育制度·乡土重建 [M]. 北京：商务印书馆，2011：43.

⑥ 张传玺. 中国历代契约粹编（上册）[M]. 北京：北京大学出版社，2014：306-307.

⑦ 张传玺. 中国历代契约粹编（上册）[M]. 北京：北京大学出版社，2014：307-308.

同于无限期存续的社群。这一变化与前一小节的有限次博弈相比，产生了两个影响，首先，借贷人在未来的有限次借贷变为其所在家族在未来的无限次借贷，即债务人 B 在履约和违约时的收益就变为：

$$V_h = W + W\delta + W\delta^2 + \cdots + W\delta^n = \frac{W}{1-\delta}$$

$$V_d = W + x(\delta = 0)$$

此时，只要满足 $V_h > V_d$，即 $\delta > 1 - \dfrac{W}{W+x}$ 就能使 B 自觉产生履约意愿。

其次，若 B 违约，即意味着他的家族都将失去日后获得借贷的可能，假设 B 的家族共有 m(m 为大于 1 的整数) 名成员，则 B 自觉履约的条件变为：

$$mV_h > V_d，即 m\frac{W}{1-\delta} > W + x \Rightarrow \delta > 1 - \frac{mW}{W+x}$$

对比 $1 - \dfrac{W}{W+x}$ 和 $1 - \dfrac{mW}{W+x}$，由于 $m > 0$，所以 $1 - \dfrac{W}{W+x} > 1 - \dfrac{mW}{W+x}$，对于 $\delta \in [0,1]$ 而言，$\delta > 1 - \dfrac{mW}{W+x}$ 显然是更容易达成的条件。

因此，乡土社会中的"家"的绵续性和事业社群这两个特征，为私人借贷活动中信任的产生带来了两个方面的促进作用。首先，由于家的事业社群的属性，尽管私人借贷是以个人名义发起的，但它的最终用途往往是落在家族的每个成员身上，因此所有受惠于此的家族成员，乃至他们的后代都有偿还的义务；其次，由于家族的绵续性，借贷活动的主要参与者不再是放贷人和借贷人，私人借贷活动实质上是放贷人及其家族与借贷人及其家族之间的交易，且双方都预期彼此间的交易是无限次的。这也就意味着，在无第三方干预的情况下，对个人和家族信誉的维护是能够为债务人的履约提供有效激励的。

3. 道德、信仰与债务人的效用函数

身处乡土社会中的人无疑是接受了社会规则且必将完成社会化的人，此时，他的行为受到两种力量的影响，一种是社会信念和社会规则，另一种是被其内化了的社会信念和社会规则。我们将这两种影响以社会道德规范和个人道德水平的形式引入借贷人的效用函数，从而考察它们在唐代敦煌和吐鲁番地区的私人借贷活动中对债务人履约的影响。

以前文所构建的在放贷人 A 和借贷人 B 之间展开的博弈为基础，我们引入概率 p，p 所代表的是 B 履约的概率。由前文可知，在一次性博弈中，A 的

最优策略是拒绝 B 的借贷请求，即纳什均衡为 $p = 0$。

假设，B 在违约后会因为自己违背了社会道德规范和个人心中的道德准则感到愧疚，且 B 的愧疚程度取决于他所预期的 A 对其的信任度，而 A 对 B 的信任程度又由 A 对 B 履约概率的预期决定。已知 B 履约的概率为 p，因此令 π 为 A 对 p 的预期，ρ 为 B 对 π 的预期，则在均衡状态下，需要满足 $p = \pi = \rho$①。

由于 $0 \leqslant p = \pi = \rho \leqslant 1$，因此这一均衡存在三种情况：

①A 相信 B 一定会履约，因此每一次都会同意 B 的借贷请求，且 B 必定履约，即 $p = \pi = \rho = 1$，此时 A 与 B 的收益为 (R, W)；

②A 完全不相信 B 会履约，因此每一次都会拒绝 B 的借贷请求，且 B 必定违约，即 $p = \pi = \rho = 0$，此时 A 与 B 的收益为 $(0, -z)$；

③在任意一次借贷活动中，A 不确定 B 是否会履约，且 B 的履约概率为 $p \in (0, 1)$，即 $p = \pi = \rho \in (0, 1)$，此时 A 与 B 的收益为 $\{pR - (1-p)(W + y), pW + (1-p)x\}$。

在情况③中，当 A 相信 B 会履约从而选择同意 B 的借贷请求，但 B 实际上选择了违约时，A 的收益为 $(-W-y)$，B 的收益为 $(W + x - W - \rho b)$，其中 W 为与 B 的预期无关的愧疚所带来的损失，b 为与预期相关的愧疚所带来的损失。也就是说，当 B 违约时，他由愧疚引起的损失是由两部分构成的，其一是无关外界评价的，源自自身道德水平的 W；其二是基于社会道德规范的，与债权人 A 的期望相关的 b。

将这两种变量引入债务人的收益后，我们对博弈树进行调整（见图 6-2）：

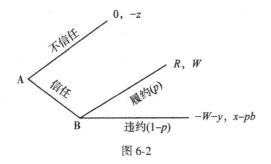

图 6-2

---

① Wu H. More Order without More Law: A Theory of Social Norms and Organizational Cultures[J]. The Journal of Law, Economics, and Organization, 1994, 10(2): 390-406.

当 $\rho = 0$，即 B 预期 A 完全不信任自己（或 B 对于违反社会道德规范毫无愧疚之情）时，显而易见，B 的优势策略是违约，此时的违约收益必定大于履约收益，即 $x > W$；当 $\rho = 1$，即 B 预期 A 完全信任自己（或 B 对违反社会道德规范的愧疚程度达到顶峰）时，B 就会选择履约，此时，违约收益一定小于履约收益，即 $x - b < W$。因此，B 因违约而额外获得的收益 x 的取值范围是（W，$W + b$）。

那么，要求解混合策略纳什均衡，先令 $x - \rho b = W$，则均衡解为 $p = \pi = \rho = \dfrac{x - W}{b}$。据此，我们对在私人借贷活动中，借贷人的履约收益和违约损失是如何影响其履约概率进行比较静态分析：

① $\dfrac{\partial p}{\partial x} = \dfrac{1}{b} > 0$

② $\dfrac{\partial p}{\partial W} = -\dfrac{1}{b} < 0$

③ $\dfrac{\partial p}{\partial b} = -\dfrac{x - W}{b^2} < 0$

由不等式①可知，B 履约的概率随着违约收益的增加呈递增趋势，即违约所获得的收益越高，B 履约的概率就越高；由不等式②可知，B 履约的概率随着履约收益的增加呈递减趋势，即履约收益越高，B 履约的概率就越低；不等式③所反映的则是，B 因违反社会道德规范而越感到愧疚，他履约的概率就越低。上述这三点似乎与我们的直觉是相违背的，然而考虑混合策略情况下，在 B 的预期收益函数 $pW + (1 - p)(x - \rho b)$ 中，较高的 x 值，会被随之处于高位的均衡值 $p = \rho$ 抵消掉；而较高的 W 或 b 值，会被随之处于低位的均衡值 $p = \rho$ 抵消。因此，上述结果只会由于 x 或 b 的变化而在比较混合策略均衡时才成立，其中 x 为不受预期约束的违约行为的收益，b 为与 A 的预期相关的愧疚带来的损失。

最后，求解放贷人 A 无论在何种预期下都会同意借贷人 B 的借贷请求的条件。显而易见，只有当 A 在混合策略下的收益大于 0 时，无论是否相信 B 会履约，A 都会同意 B 的借贷请求，即 $pR - (1 - p)(W + y) > 0$，也就是说，当 $p > \dfrac{W + y}{R + W + y}$ 时，A 与 B 之间的借贷活动一定会发生；又因为 $p = \dfrac{x - W}{b}$，所以只有满足 $\dfrac{x - W}{b} > \dfrac{W + y}{R + W + y}$，即 $\dfrac{W + y}{R} < \dfrac{x - W}{W + b - x}$ 时，B 才有机会在混

合策略均衡中移动。这一不等式也可以写作 $\left|\dfrac{-(W+y)}{R}\right| > \left|\dfrac{W-x}{W-(x-b)}\right|$，

因此，这一不等式的含义，或者说在引入社会道德规范和个人道德约束的影响后，私人借贷活动发生的条件为：放贷人的损失（当借贷人违约时）与收益（借贷人履约时）之比的绝对值大于借贷人在 $\rho = 0$（B 认为 A 完全不相信自己会履约）时的履约收益与违约收益之差和 $\rho = 1$（B 认为 A 完全相信自己会履约）时的履约收益与违约收益之差之比的绝对值。

相较于上一小节中，完全以借贷人的信用为基础建立的信任关系，引入社会道德规范和个人道德约束这两个变量后，放贷人建立对借贷人的信任的条件进一步放宽，在这种情况下，即使放贷人认为借贷人存在履约风险，私人借贷活动也依然能够展开。在社会道德规范较为完善、借贷人的私人道德水平有一定保证的情况下，借贷人的信用记录即使不够完美，或者借贷人的偿还能力存疑，他依然有机会通过私人借贷活动获得其所急需的钱物。

(三) 小结

在正式制度覆盖不到的地方，非正式制度的影响力必然会增强，只有这样，社会秩序的正常运转才能得到维持。唐代敦煌和吐鲁番地区的私人借贷活动就是这样一个例子，尽管它所仰赖的民间秩序是由正式制度和非正式制度共同构成的，但究其根本，民间秩序是受到正式制度影响的非正式制度。以现代观点来看，产生于私人借贷活动中的纠纷，是被划入民事纠纷范畴的，而在唐代的律令中，私人借贷活动中的违约者却要受到"笞""徒"这样的刑罚处罚。这是由于"中国古代法律的一个基本概念是，由社会自身根据其道德价值观来处理民间的'细事'纠纷，不得已方才以来国家正式体系来处理"①。黄宗智将正义体系分为正式正义和非正式正义，其中，正式正义即是历代的成文法，而非正式正义就是社会自身的道德观念和习惯。在古代，以成文法为代表的正式正义始终具有"以刑为主"的特征，② 非正式正义则主要在民事纠纷层面发挥作用。在唐代，律令同样保持着这样的特征。唐代的律令中并没有独立的民法典，例如《唐律疏议》中的民事条例主要散见于《名例》《户婚》《厩库》《斗讼》《杂律》以及《断狱》等篇章中。在这样的情况下，针对民

---

① 黄宗智. 中国古今的民、刑事正义体系 [J]. 法学家, 2016 (1)：1-27.

② 黄宗智. 中国古今的民、刑事正义体系 [J]. 法学家, 2016 (1)：1-27.

事纠纷的处理自然也保留了刑罚的手段，但从本书第五章所考察的包含判决结果的债务纠纷文书的内容来看，在唐代的司法实践中，刑罚被落实的情况是十分罕见的，三件相关文书中，仅《唐乾元二年（759年）赵小相立限纳负浆钱牒》中明确提出了刑罚处罚，即债务人违背调解所规定的偿还期限则将受到笞刑处罚。即使是在这一判决中，官府对私人债务纠纷的处理仍是以调节为主，刑罚处罚出现，仅是作为对调解的补充，或者说是对债务人的最后处罚手段以及震慑。而《唐贞观二十二年（648年）洛州河南县桓德琮典舍契》本身就是调解的产物，由于是质押借贷，针对债务人的最终执行手段就是由债权人将作为抵押物的房舍出卖抵偿债务；《唐大历七年（772年）客尼三空顷追征负麦牒并判词》是一份追诉文书，从内容中可以看出，在官府的第一次判决中应当只是就偿还期限做出了调解，但并没有如另外两件文书那样提出针对二次违约的解决方案，以至于债权人只能通过追诉方式继续向债务人追索欠麦。

上述这种律令在实践中无法得到落实的现象产生的原因，除了以刑事手段处理民事纠纷与人们的普遍预期不相符之外，还有官方看待民事纠纷的态度。如前文提到的发生于开元十三年（725年）的西州的租佃纠纷中，西州都督广济的处理意见为："诸如小事，便即与夺讫申。"① 也就是，像这样的小事，由下属自行处理后再上报结果即可。可见，在这位西州都督眼中，处理民间租佃纠纷并不是他工作的重心，因此尽管审理此类案件在他的权责范围之内，却被认为并不值得他亲自处理。直到晚清依然有"户婚田土欠债偷窃等案……自百姓视之，则利害切己，并不细故"② 这样的呼声，显然不重视民事纠纷并不是唐代一朝的个例，地方官员轻视民事案件的传统一直延续。唐代以后，民间健讼之风日盛，士大夫将这一现象归结为社会道德水平下降，他们认为此类不涉及官府直接利益的诉讼是漠视宗族亲情以及邻里关系的结果，以至于"小有忿争，辄相陵犯"③。明洪武年间的《教民榜文》中称："人民好词讼者多，虽细微事务，不能含忍。"④ 到了清代，民事纠纷有了独立的分类，此类

---

① ［日］池田温. 开元十三年西州都督府牒秦州残牒简介［M］//季羡林，饶宗颐，等. 敦煌吐鲁番研究第3卷. 北京：北京大学出版社，1998：110.

② （清）方大湜. 平平言（卷三）［M］. 资州官厩清光绪十八年版.

③ （宋）真德秀. 真西山集（卷之七）［M］. 福州正谊书局左氏增刊本.

④ 刘海年，杨一凡. 中国珍稀法律典籍集成（乙编第一册）［M］. 北京：科学出版社，1994：639.

讼案被称为"细事"①，专指"户婚、田土、钱债及一切口角细故"②，与"重情"做代表的刑事案件相对应。从这一分类的称呼上也可以看出，尽管民事类诉讼获得了一定的独立地位，但从称谓上看，在官方眼中，它仍然是琐碎且不重要的。而且，既然是道德问题，那么由社会自身的道德观念和习惯来处理民事纠纷也就是自然而然的了。

现有的材料也表明，唐代的地方官府在受理私人借贷纠纷时，优先采用的方式是调解，具体形式为要求借贷双方再次订立契约，重新约定履约期限。对债权人而言，这种处理方式对于帮助自己收回债务而言显然是低效率的。纸面上的严苛惩罚难以落实，同时入乡随俗的调解也并非强制手段，债务人的履约难以得到强制。因此，如果仅由正式制度维系私人借贷活动的秩序，可以想见，私人借贷活动会因债务回收困难而难以对放贷人产生吸引。想要民间私人借贷活动顺利展开，首先就需要债权人对债务人的履约承诺产生信任，换句话说，债权人需要在事前就对两件事有所了解，一是债务人的还款意愿，二是债务人的还款能力。

熟人社会为放贷人了解这两点信息提供了基础。首先，在熟人社会中，放贷人能够较为容易地获得借贷人的相关信息，其中就包括借贷人的经济情况以及他在过去的借贷活动中的信用记录。其次，在相对稳定且封闭的社会环境中，对一个人的评价是这一环境中的所有人共同的认知，而在熟人社会中，人与人之间被"人情"紧密地联系在一起，一个人的行为所带来的影响不仅关乎他个人，更是会对他的亲戚和友人产生连带影响，这就为私人惩罚提供了实施条件。

唐代敦煌和吐鲁番地区的非正式制度的构建受到儒家文化和佛、道等宗教的深刻影响。道教本就是基于中原文化而产生的宗教，其价值观本就与儒家文化互相交融，而佛教传入中国后所完成的本土化也是将中原文化中的道德观念与戒律相融合，最终，三者在对个人品德的衡量标准方面趋向统一，共同为生活在唐代敦煌和吐鲁番地区的人们建立起了行为秩序。儒家文化所倡导的"仁、义、礼、智、信"和佛、道等宗教戒律为人们提供了规范性行为的标准，提供了共有的认知系统和信息集合，明确了私人借贷活动的规则；同时，儒家文化对"君子"的推崇和佛、道等宗教配合戒律发展出的因果报应、转

---

① 胡兴桥，邓又天. 读例存疑点注 [M]. 北京：中国人民公安大学出版社，1994：684.

② （清）方大湜. 平平言（卷二）[M]. 资州官厩清光绪十八年版.

世轮回等思想，则是为遵守这些规则提供了激励。

诚信、守约这样的行为秩序随着其成为人们的共识而成为制度化的社会规则，同时又随着个人对其自觉地遵守和维护进而逐步内化。此时，诚信、守约这样的品质不仅是外部对个人的评价标准，同时也是个人的自我要求，而这，同样是这一社会环境中每一个社会成员所共有的认知。因此，在唐代敦煌和吐鲁番地区的私人借贷活动中，尽管放贷人不能确认每一个借贷人都有绝对的履约意愿，但放贷人能确认的是罕有债务人能心安理得地违约，在有偿还能力的情况下，违约会给债务人带来愧疚感。

从前文对唐代敦煌和吐鲁番地区的借贷需求的分析中，我们可以看出，在自然条件恶劣且生产力不发达的两地，小农家庭的收支是长期不平衡的，为了维持基本生活，他们对借贷的需求是极为迫切的。与之相对的是，小农家庭能够获得借贷的渠道十分有限，官方借贷，即公廨本钱的放贷对象仅限能够稳定支付高额利息的大商人、大地主。对平民而言，仅有的借贷渠道只有特定的组织（如佛寺、道观、社邑等）和较为富裕的个人（如商人、地主等）。相较于组织，个人放贷者对借贷人的信用更为敏感。对于借贷者来说，他需要向个人放贷者提供更有力的信用证明，也就是他作为履约能力的物质保证和作为履约意愿的信用记录。其中，物质保证是借贷人的家庭经济状况或被写入契约的个人财物，而信用记录，或者说借贷人的道德水平则表现为其个人以及家庭的声誉和社会评价。

由此可见，来自外部的社会道德规范塑造了借贷人的道德感，使他们在违约时会产生愧疚感，从而影响借贷人的效用函数；而借贷人的个人声誉与其家族的声誉、效用函数的捆绑，导致了他们在违约后会受到来自其所在地区人们的私人惩罚。因此，对于借贷人而言，在非正式制度框架下，他受到两个方面的履约激励，一是来自内部的道德感，二是来自外部的私人惩罚。

三、民间秩序下唐代敦煌和吐鲁番地区的私人借贷活动

上一节探讨的是从理论分析出发，考察民间秩序是如何影响唐代敦煌和吐鲁番地区的私人借贷活动运行的。本节将回到唐代敦煌和吐鲁番地区发生过的私人借贷活动中，考察民间秩序在其中的具体表现形式。

（一）私人借贷契约当事人的行为选择

本节研究范围内私人借贷契约的订立时间始于 659 年，止于 905 年，敦煌

和吐鲁番地区出土的这一时期的私人借贷契约，按照书写契约的语言，主要分为汉文和吐蕃文；按照标的物的类型，主要包括借钱契、借粮契和借纺织物契，以及少量的以日用品为标的物的无息借贷契约。以活物为标的物的借贷契约只有一份吐蕃文的文书《吐蕃虎年（822/834）央勒借马契》①，这件契约的主要内容是和尚张贤灵将自己从郭央勒处买来的马又借给郭央勒使用，债务人与债权人之间的关系以及履约规则较为复杂，明显不是一件纯粹的借贷契约，故本节对此件契约不做单独分析。本节将对汉文和吐蕃文这两大类目下的各契约按标的物进行分类并分析它们的履约规则，以此为基础，讨论非正式制度在私人借贷活动中的表现。

1. 汉文私人借贷契约

敦煌和吐鲁番地区出土的唐代汉文借贷契约的类别及数量如表 6-1 所示。

表 6-1

契约类型	无息借贷契约			有息借贷契约		
	借粮契	借纺织物契	借钱契	借粮契	借纺织物契	借钱契
数量（件）	7	1	1	3	2	11

其中无法根据契约内容直接判断是否为无息借贷的借粮契 2 件，借钱契 1 件，分别是以力役偿还的《唐显庆四年（659 年）高昌白僧定贷麦契》②，以纺织物偿还的《唐景龙二年（708 年）交河县宋悉感举钱契》③，以及文字缺损的《唐大历十五年（780 年）龟兹李明达便麦粟契》④。

接下来，我们从各类型的汉文契约中选择内容较为完整者转录如下，再从中归纳出汉文借贷约中所反映的唐代敦煌和吐鲁番地区私人借贷活动的实际情况：

（1）无息粮食借贷契。

---

① ［日］武内绍人. 敦煌西域出土的古藏文契约文书［M］. 杨铭，杨公卫，赵晓艺，译. 乌鲁木齐：新疆人民出版社，2016：206-208.

② 张传玺. 中国历代契约粹编（上册）［M］. 北京：北京大学出版社，2014：301.

③ 张传玺. 中国历代契约粹编（上册）［M］. 北京：北京大学出版社，2014：313.

④ 张传玺. 中国历代契约粹编（上册）［M］. 北京：北京大学出版社，2014：320-321.

唐某年高昌严秃子贷麦契①：

1. □□□年二月五日，顺义乡人严秃子并妻、男行

2. （师等于武）城乡人张君利边贷取大麦叁拾斛。其

3. （麦限到八月）卅日还了。若过月不了，一月壹斛上生利麦壹

4. （斗。若延引）不还，任听搜家资杂物，平为麦直。其

5. （身东西）不在，仰妻儿收后代还。两和立契，画指

6. （为信。到）桃、田籍帐了日，秃子此契合破，更不合还麦。

7. 麦主张

8. （取麦人）严秃子

9. （同取人）妻赵

10. 同取人男行师

11. 知见人赵申君

12. 知见人赵士达

此件契约为唐政府治下的吐鲁番地区的汉文借粮契，这是一件在偿还期限内无息的借粮契，偿还期限约为六个月。一旦超过这一时限，债务人就要按照每月20%的利率向债权人支付利息作为违约赔偿。其后又提到如果债务人一直推脱不还，那么债权人有权用债务人的其他家产抵债，由于触发这种情况的条件是债务人超过履约期限，因此用于抵偿债务的家产的价值应当包括违约赔偿的部分。

吐蕃酉年（817?）敦煌曹茂晟便豆契②：

1. 酉年三月一日，下部落百姓曹茂晟为无种子，遂

2. 于僧海清处便豆壹硕捌斗。其豆自限至秋八月

3. 卅日已前送纳。如违不纳，其豆请陪，一任掣夺家

4. 资杂物，用充豆直。如身东西，一仰保人代

5. 还。中间或有恩赦，不在免限。恐人无

6. 信，故立此帖。两共平章，书指为记。

7. 豆主

8. 便豆人曹茂晟年五十

---

① 中国科学院历史研究所资料室．敦煌资料（第一辑）［M］．北京：中华书局，1961：470.

② 唐耕耦，陆宏基．敦煌社会经济文献真迹文献释录（第二辑）［M］．北京：书目文献出版社，1990：83.

9. 保人男沙弥法珪年十八

10. 见人

11. 见人僧慈灯

此件契约所反映的借贷活动发生于吐蕃统治时期的敦煌，债务人借贷的原因是缺少种子，履约期为五个月，逾期则要向债权人额外支付一笔本金作为违约赔偿，同时，债权人也有权用债务人的其他家产抵充。另外，此件契约中还存在抵赦条款，即在债务人履约期间即使有恩赦颁布，未了结的债务也要继续偿还。

（2）无息纺织物借贷契。

唐麟德二年（665 年）高昌赵丑胡贷练契①：

1. 麟德二年八月十五日，西域道征人赵丑

2. 胡于同行人左憧憙边，贷取帛练

3. 叁疋，其练回还到西州拾日内还

4. 练使了。到过其月不还，月别依

5. 乡法酬生利。延引不还，听拽家财

6. 杂物，平为本练直。若身东西不在，

7. 一仰妻儿还偿本练。其练到安西

8. 得赐物，只还练两疋，若不得赐，始

9. 还练叁疋。两和立契，获指为验。

10. 练主左

11. 贷练人赵丑胡

12. 保人白秃子

13. 知见人张轨端

14. 知见人竹秃子

契约中的"西域道征人"和"同行人"表明借债务人的身份为应征的士兵，因此，这一借贷活动发生的原因是债务人需要筹措从往来西州和安西的费用。履约期限为债务人返回西州后的十日内，而免息期一直持续到返回西州后的当月。若未能按时偿还，则债务人从返回西州后第二个月起要按照乡间惯例向债权人支付违约赔偿。此契约中还有一项有别于其他私人借贷契约的条款，如果债务人能够在安西得到赏赐，那么可以少还一疋练。

---

① 张传玺. 中国历代契约粹编（上册）［M］. 北京：北京大学出版社，2014：304-305.

（3）无息银钱借贷契。

唐麟德二年（665年）高昌张海欢、白怀洛贷银钱契①：

1. 麟德二年十一月廿四日，前庭府卫士张海欢于左憧

2. 憙边贷取银钱肆拾捌文，限至西州十日内还本

3. 钱使了。如违限不偿钱，月别拾钱后生利钱壹

4. 文入左。若延认（引）注托不还钱，任左牵掣张家资

5. 杂物、口分田桃（萄），用充钱直取。若张身东西没洛（落）者，

6. 仰妻儿及收后保人替偿。两和立契，画指为信。

7. 同日，白怀洛贷取银钱贰拾肆文，还日、别部依

8. 上券同。钱主左

9. 贷钱人张海欢

10. 贷钱人白怀洛

11. 保人张欢相

12. 保人张欢德

13. 海欢母替男酬练，若不上（偿），依月生利。大女李台明 保人海欢妻
郭如连

14. 保人阴欢德

这同样是一件借贷原因与出行有关的契约，履约期限为债务人返回西州后十日内，逾期则需要按10%的月利率向债权人支付违约赔偿，在无力偿还时，债权人可以收来抵债的债务人的财产中包括了债务人所拥有的口分田。对比《唐麟德二年（665年）高昌赵丑胡贷练契》我们可以发现，两件契约借贷原因相似，债权人为同一人，但偿还条件和违约赔偿却不尽相同，这反映出债权人在约定偿还细节上占据主导地位，且相关细节也基本是体现债权人的意志。

（4）有息粮食借贷契。

唐某年刘□达举麦契②

1. ……月廿七日，刘□达（为）

2. （阙粮）用，遂于 边举

---

① 张传玺. 中国历代契约粹编（上册）［M］. 北京：北京大学出版社，2014：305-306.

② 张传玺. 中国历代契约粹编（上册）［M］. 北京：北京大学出版社，2014：325-326.

3.（青麦）五斗，加柒生利，青麦五斗

4.……本利共还壹硕□□□。

5.（若）违时限不还，壹任夺掣

6.（家资）杂勿（物），平充麦直。恐人

7.（无）信，故立契。

8.麦主（押）

9.举麦人（刘□达）年卅

10.（同）取麦妻……年廿五

此件契约的履约期限有缺失，根据其他的粮食类借贷的时限，假定此件契约也为春借秋还，借贷期大约为六个月，"加柒生利"即借贷期间的利率为70%，此处的牵掣家产所充抵的青麦价值同样应当是包括利息在内的，除此之外，契约中并没有提到其他的违约惩罚。

（5）有息纺织物借贷契。

唐龙朔元年（661年）高昌龙惠奴举练契①：

1. 龙朔元年八月廿三日，安西乡人龙惠奴

2. 于崇化乡人右（左）憧惪边举取练叁

3. 拾疋，月别生利练肆疋。其利若出

4. 月不还，月别罚练壹疋入左。如憧

5. 惪须须练之日，并须依时酬还。若身

6. 东西无，仰妻儿收后者偿。人有正（政）

7. 法，人从私契。两和立契，获（画）指为信。

8. 练主左

9. 举练人龙惠奴

10. 保人男隆绪

11. 知见人魏石

12. 知见人樊石德

13. 保人康文憙

此件借练契的月利率约为13.3%，需要按月支付，本金的偿还时间未做明确约定，即债权人随时可以要求债务人偿还本金，因此违约惩罚也主要是针对未能按月支付利息的违约行为，违约赔偿为在利息的基础上支付另一重利息，但此件契约没有牵掣债务人财物抵债的条款。

---

① 张传玺. 中国历代契约粹编（上册）［M］. 北京：北京大学出版社，2014：303.

（6）有息银钱借贷。

唐显庆五年（660 年）天山县张利富举钱契①

1. 显庆五年三月十八日，天山县南平
2. 乡人张利富于高昌县崇化
3. 乡人左憧憙边举取银钱拾文
4. 月别生利钱壹文。到左还须
5. 钱之日。张即须子本俱还。若身
6. 东西不在，一仰妻儿及保人等
7. 代。若延引不还，听掣家资
8. 杂物，平为钱直。两和立契，
9. 画指为信。
10. 钱主
11. 举钱人张利富
12. 保人康善获
13. 知见人

此件契约月利率为 10%，是远高出中央政府所规定的利率的，但 10% 的月利率实际上却是有息银钱借贷契约中最常见的。

　　由上述转录的契约可见，汉文借贷契约的内容是存在固定格式，或者说有契约的书写存在模板，这在一定程度上反映出私人借贷活动的流程以及部分内容是借贷活动参与者之间的共识。例如超过履约期限，则债权人有权从债务人的其他财产中取走等价物；债务人因逃亡或死亡等原因无法履约，则由他的家人和保人代为偿还。在家人、保人代偿这一部分需要说明的是，敦煌和吐鲁番地区出土的私人借贷契约中的保人分为两类，其中一类本身就是债务人的家人，如子女、妻子、母亲等，在敦煌和吐鲁番地区出土的 28 件唐代汉文私人借贷契约中，根据契约内容可以明确判断保人与债务人关系的有 14 件，其中 11 件中的保人包括债务人的家人。在保人包含债务人家人的 11 件契约中，有 8 件的保人包含债务人的子女，6 件的保人完全由债务人的家人构成。据此可以推断债务人的家人，特别是债务人的子女负有连带履约义务也是私人借贷活动的共识性规则。这也与前文所论述的债权人与债务人之间的交易实质上是债权人与债务人及其家族之间的交易的观点相互印证。甚至恩赦令中免除私人债务的条件也很可能与这一共识有关，按照长庆四年（824 年）和宝历

---

① 张传玺. 中国历代契约粹编（上册）[M]. 北京：北京大学出版社，2014：302.

元年（825 年）的敕文规定，因债务人和保人逃亡或身故所造成的实际上无法履约的私人债务应当免除，这其实也就意味着债务人及其直系亲属都已经不存在了，即便债务人有远亲尚在，他们也没有代替债务人偿还债务的义务。

在标的物为银钱和纺织物的 13 件有息借贷契约中，没有明确指定偿还本金时间的契约有 10 件，这些契约具体的偿还本金的时间由债权人在契约订立后随时指定，此类契约支付利息的方式与其余三件明确还本时间的契约相同，分为按月付息和本息共还两种。可见，在以银钱或纺织物为标的物的有息借贷活动中，债权人在契约订立后，再指定还本时间也可视为约定俗成的规则。当然，按照"积日虽多，不得过一倍"① 的规定，债权人所指定的计息期显然不能过长，此类有息借贷的月利率通常在 10% 及以上，也就是说，如果严格遵守律令的规定，那么这部分订立于 660 年至 782 年的私人借贷契约的偿还期限应为 10 个月以内，也就是一年以内的短期借贷。这与前文所分析的唐代敦煌和吐鲁番地区以消费性借贷为主的借贷需求相吻合。如果债权人切实执行了律令的规定，那么以银钱和纺织物为标的物的契约，与以粮食为标的物的契约也应当均为一年以内的短期借贷。

尽管除粮食借贷以外的大部分有息借贷契约的文本中并没有明确规定借贷期限，但我们也可以从部分确定了借贷期限的契约中获得一定参考。如《唐建中七年（786 年）于阗苏门悌举钱契》② 借贷双方约定"建中七年七月廿……其钱立定本年限八月内还"，即七月下旬订立契约，债务人需要在八月底前还本付息，借期约为一个月。发生于王文欢和张尾仁之间的借贷活动，契约订立于唐咸亨四年（673 年）正月，王文欢因张尾仁拒不履约于咸亨五年（674 年）将其告到官府。③ 契约与诉状相隔约一年，王文欢在诉状中自述自己曾多次往返高昌与酒泉向张尾仁追讨债务，也就是说二人约定的还款时间一定是在订立契约后的一年以内，且借款金额为 20 文，利息为 2 文，因此，尽管契约中的具体还款时间缺损，在假定王文欢遵守了"利不过本"这一规定的情况下，我们也可以大致推断二人所约定的借期为一个月。这件诉状还反映出，尽管张尾仁未能按时履约且一直拖延不还，但债权人王文欢在长达数月的交涉中并没有如契约所写的那样直接抢夺张尾仁的其他财产用来抵债，也没有

---

① （宋）窦仪. 宋刑统［M］. 薛梅卿，点校. 北京：法律出版社，1999：468.

② 张传玺. 中国历代契约粹编［M］. 北京：北京大学出版社，2014：324.

③ 张传玺. 中国历代契约粹编［M］. 北京：北京大学出版社，2014：311.

将张尾仁拖延不肯还债的时间计入利息，他所追索的仅为本金和双方所约定的借期内产生的利息。

由此可见，以银钱和纺织物为标的物的有息借贷的借贷期限在通常比有息的粮食借贷要短，当然，此处应当排除涉及数额较大的《唐龙朔元年（661）龙惠奴举练契》，这一契约的借贷原因很可能与其他小额借贷不同，属于商业资本贷款，已刊布的唐代敦煌和吐鲁番地区的私人借贷契约中是为特例，暂不做讨论。

至于对债务人的违约惩罚的具体内容，由于其并不统一，因此这一条款应当仅是契约格式的组成部分。在表6-1所统计的契约中，被使用最多的惩罚手段是以口分田为质，这一条常列于家资抵债的固定条款之后，其中无息借贷有1件，有息借贷有5件。其次是逾期生利，无息借贷契约中有3件，有息借贷中有2件。再次为双倍偿还和有剩不追，双倍偿还主要出现在无息借贷中，如果债务人未在规定时间内偿还本金，则需要向债权人支付双倍本金，这一内容出现在2件契约中；有剩不追则是出现于家资抵债之后，作为家资抵债的说明，即债权人在债务人违约时可以强夺债务人家产，即使债权人拿走的家产价值超过了债务人应履行的数额，债务人也不能追还，包含此内容的无息借贷契约和有息借贷契约各有1件。此处需要说明的是，有剩不追一条实际上是违反了唐代律令的规定，债权人索取债务人的其他财物的价值必须与债务人应偿还的债务价值相等，但尽管如此，这一内容仍然在私人借贷契约中出现。但惩罚性条款并非私人借贷契约格式的固定内容，大多数的契约针对债务人拒不履约这一点仅以家资抵债作为应对措施，并没有额外的经济惩罚。

因此，私人借贷契约中所反映的民间秩序包括：①债务人的直系亲属具有连带履约义务；②债务人违约时，债权人有权强制要求债务人用其他财物抵债，但债权人通常会选择在沟通索债无果后诉诸官府；③以粮食为标的物的借贷，无论有息还是无息，多遵照农时春借秋还；④以银钱和纺织物为标的物的借贷，无息借贷契约中通常有明确的偿还时间，而有息借贷契约多为债权人事后指定偿还时间，借期大多在一个月到一年之内，且通常没有针对债务人违约而设置的经济性惩罚。

2. 吐蕃文私人借贷契约

唐代敦煌和吐鲁番地区的吐蕃文私人借贷契约的类别及数量如表6-2所示，由于吐蕃政权在其统治期间取消了货币，因此，目前可见的保存较为完整的吐蕃文借贷契约不涉及银钱借贷，且从计息方式来看，吐蕃文私人借贷契约以无息借贷为主，鲜见有息借贷。

表6-2

契约类型	借粮契	借纺织物契	借杂物契
数量（件）	7	3	4

在这些吐蕃文私人借贷契约中，标的物不明的契约一件，为《吐蕃鸡年（829年±）借码尔契》①，标的物为马的无法判定计息类型的契约一件为《吐蕃虎年（822年/834年）央勒借马契》②，有息借贷一件为《吐蕃马年（827年?）冬年拉通向于圜人巴纳借绸缎契》③。这是唯一一件明确提及包含利息的契约，但利息的具体数额缺失，不具有参考价值。因此，基于上述原因，此三件所代表的契约类型本书暂不做具体讨论。

接下来，我们从各类型的吐蕃文契约中选择内容较为完整者转录如下，再从中归纳出吐蕃文借贷约中所反映的吐蕃治下的敦煌地区私人借贷活动的实际情况：

（1）无息借粮契。

吐蕃鼠年（832年/844年?）夏阿骨萨部落索格利借麦契④

1-2. 鼠年夏四月初，阿骨萨（rgod sar）部落的索格勒（sag dge legs），先从悉宁宗部落（snying tshom gyi sde）拉杰（lha skyes）处借小麦和大麦三驮。

3-5. 商定归还时间，为今年秋八月之前。斗秤要满，不能缺斤少两，一同送到拉杰家门口。

5-7. 若不按时偿还，或有所耽搁，应双倍地偿还。即便折算成财物，包括他家中的财物和门口的牲畜、背上的衣物和手上的工具等，不管什么东西，按照契约规定，即是抢来，也不应该有一句怨言。

---

① ［日］武内绍人. 敦煌西域出土的古藏文契约文书［M］. 杨铭，杨公卫，赵晓艺，译. 乌鲁木齐：新疆人民出版社，2016：324-325.

② ［日］武内绍人. 敦煌西域出土的古藏文契约文书［M］. 杨铭，杨公卫，赵晓艺，译. 乌鲁木齐：新疆人民出版社，2016：206-208.

③ ［英］F. W. 托马斯. 敦煌西域古藏文社会历史文献［M］. 刘忠，杨铭. 译注. 贵州：民族出版社，2003：166-167.

④ ［日］武内绍人. 敦煌西域出土的古藏文契约文书［M］. 杨铭，杨公卫，赵晓艺，译. 乌鲁木齐：新疆人民出版社，2016：212-214.

8-10. 如果格勒不在家，或是支官差耽误，按照契约规定，由保人负责偿还。

10-11. 附见人〔残〕等的印章和签名。

阿骨萨和悉宁宗是吐蕃政权在敦煌地区设立的汉人部落，而此件契约的借贷双方所使用的并不是汉名。这一借麦事件发生于四月初，双方约定的偿还时间为当年的八月之前，借期约为四个月。如果债务人没能按时偿还，那么他在偿还本金之外，还要再支付一倍的本金作为违约赔偿。与汉文契约相同，债权人有权要求违约债务人用其他财产抵偿债务。与汉文契约不同的地方有两点，一是吐蕃文契约明确规定了当债务人因故无法履约时，负有还债义务的是保人，而汉文契约中，保人的代偿责任在债务人的直系亲属之后；二是汉文借贷契约的牵掣财物有债务人故意拖延不肯还债的前提，而吐蕃文契约中则没有这一前置条件，这意味着，只要债务人未能按时偿还债务，债权人就可以要求债务人以家产抵偿。

（2）无息借纺织物契。

吐蕃虎年（834 年±）慧英借棉布契①

1. 〔…〕从〔和尚〕张海顺（cangve-shung）处，

2. 〔…〕先是慧英（he-eng）借〔…〕

2-3. 归还期限，定于虎年春三月十五日〔…〕

3-4. 如未按时偿还，应支付双倍的上等棉布。

4-6. 棉布的抵押品，为装三升〔粮食〕的上好布袋。如果丢失，将翻倍偿还。

6-7. 如届时慧英不在，由保人田本德（thenbunvde）和赵和朵（jevuhvovdo）

两人按照以上规定，立即偿还。

7-9. 作为见人，附和尚张慧则（canghe-tshevu）和张嘉顺（cangka-shun）……等人的印鉴。慧英和两名担保人签名盖印。

10a.（颠倒：）慧则签名。

10b.（颠倒：）赵和朵签名。

在纺织物借贷中，违约赔偿同样是一倍的本金。此件契约中还出现了抵押物，因而此件契约也是一件质押借贷契约，由于存在抵押物，相应的，契约中

①　〔日〕武内绍人. 敦煌西域出土的古藏文契约文书〔M〕. 杨铭，杨公卫，赵晓艺，译. 乌鲁木齐：新疆人民出版社，2016：195-197.

也就没有家资抵偿的规定，并且对于抵押物的保管做出了规定：如果抵押物在债权人手中丢失，那么在债务人清偿债务后，债权人要以双倍返还的形式对债务人作出补偿。而汉文私人借贷契约中的抵押物多为土地，不存在丢失的可能，因此也就不需要就保管抵押物作出特别说明，但在吐蕃统治结束后的敦煌汉文借贷契约《乙丑年（905 年?）敦煌索猪苟便麦契》由于内容缺失无法判断是否有类似条款，而抵押物与之相似的，订立于吐蕃统治以前的典当契《唐大历（766—779 年）于阗许十四典牙梳举钱契》也未提及债权人对抵押物的保管问题。

（3）借杂物契。

吐蕃龙年（824 年±）刘六通借麻纸契①

1. 刘六通（livuklu-rton）向薛珍兴（serdzinkheng）借汉麻一束及短纸十卷。

2. 归还的时间，为龙年腊月二十日，不管珍兴在何处，应前去归还。

3-5. 如果没有按时归还，纸张和汉麻绳的数量将倍增；不需要签订第三份契约，而是根据原契约立一份委托书，不管是六通的墨水瓶、手巾等，还是他所拥有的任何财物，即便是抢来了，也不能有一句怨言。

6-7. 作为见证，加盖索大列（sagstag-slebs）、阴伯力（imvbye-levu）、康芒色（khangmang-zigs）、宋六六（songlug-lug）等的印，以及六通的指印。

8. ［倒书］因六通无印鉴，所以摁了指印。

借杂物契是汉文契约中所不存在的一个类别，此件契约的独特之处在于契约中只有证人而没有保人，也没有保人代偿条款，取而代之的是，当债务人没有按时归还所借杂物时，双方需要签订一份债务人用自己的其他财物偿还并补偿债权人的协议。关于契约中所提到的"不需要签订第三份契约"，武内绍人认为，吐蕃文契约中出现过"第二或第三契约"的提法，从而可以推断出，签订契约的双方有时需要再制订第二份（或第三份）契约，以防第一份（或第二份）契约失效。② 因此，笔者据此推测，通常情况下，在债权人要求债务人以其他财物抵偿欠债时，双方需要再次签订一份有关此次交易的契约，而契约的内容应当为对这次抵偿行为的记录，并且明确这是债务人的自愿行为。

---

① ［日］武内绍人. 敦煌西域出土的古藏文契约文书［M］. 杨铭，杨公卫，赵晓艺，译. 乌鲁木齐：新疆人民出版社，2016：185-187.

② ［日］武内绍人. 敦煌西域出土的古藏文契约文书［M］. 杨铭，杨公卫，赵晓艺，译. 乌鲁木齐：新疆人民出版社，2016：238-246.

　　杂物借贷契约中有一件《吐蕃龙年（824 年±）薛珍兴借刀契》①，契约订立时间与《吐蕃龙年（824 年±）刘六通借麻纸契》约为同一年，且两件契约的债务人与债权人刚好互换，以及它们的见证人相同，归还时间同样为龙年腊月二十日，因此倘若假设这两件契约是同时订立的，借贷双方的关系比较密切，比如借贷双方为亲属或者邻居，那么保人的代偿责任在这两个借贷活动中确实可以省略。与此同时，由于双方互为债权人和债务人，且偿还时间相同，如果这两件契约属于邻里间互通有无的互助或互换性质，那么契约中所谓的双倍赔偿实际上就只是吐蕃文借贷契约中的模板或者套语，并不具有实际意义。

　　相较于汉文契约，从借贷的计息方式上看，吐蕃文私人借贷契约的主流是无息借贷；吐蕃文私人借贷契约中同样存在质押借贷，本书所研究的吐蕃文私人借贷契约中，在粮食借贷、纺织物借贷和杂物借贷这三类中各有 1 件质押契约。在表 6-1 所统计的汉文契约中，包含抵押条款的契约有 3 件，其中《唐总章三年（670 年）白怀洛举钱契》② 中，债务人交付质押物没有任何前置条件，在这一点上《吐蕃虎年（834 年±）慧英借棉布契》和《吐蕃鸡年（829 年±）宋三娘借杂物契》③ 与之类似；《唐乾封三年（668 年）张善憙举钱契》④ 和《乙丑年（905 年?）敦煌索猪苟便麦契》⑤ 中出现的质押条款都是以债务人不能按时还债为前提的，吐蕃文契约中的《吐蕃龙年（824 年±）悉董萨部落侯达子借麦契》⑥ 与之类似。

　　在保人及其责任方面，表 6-2 所统计的 14 件契约中，除了 6 件因为缺损内容较多，无法判断外，契约正文完全未提及保人的有 4 件，除了上文提到的两杂物借贷契，《吐蕃兔年春（835 年/847 年）阿骨萨部落索格丹借麦契》在违约赔偿和家产抵债后仅有"万一格丹支官差在外，不在家里，或〔无力或

---

　　① ［日］武内绍人. 敦煌西域出土的古藏文契约文书 ［M］. 杨铭，杨公卫，赵晓艺，译. 乌鲁木齐：新疆人民出版社，2016：188-190.

　　② 张传玺. 中国历代契约粹编 ［M］. 北京：北京大学出版社，2014：309.

　　③ ［日］武内绍人. 敦煌西域出土的古藏文契约文书 ［M］. 杨铭，杨公卫，赵晓艺，译. 乌鲁木齐：新疆人民出版社，2016：202-205.

　　④ 张传玺. 中国历代契约粹编 ［M］. 北京：北京大学出版社，2014：307-308.

　　⑤ 唐耕耕，陆宏基. 敦煌社会经济文献真迹文献释录（第二辑）［M］. 北京：书目文献出版社，1990：112. 题作《乙丑年（公元 905 或 965 年）索猪苟为与龙兴寺张法律借还麦纠纷诉状》。

　　⑥ ［日］武内绍人. 敦煌西域出土的古藏文契约文书 ［M］. 杨铭，杨公卫，赵晓艺，译. 乌鲁木齐：新疆人民出版社，2016：217-221.

抵赖〕偿还，按照本契约的以上规定执行并偿还"① 一句，也就是说，这件契约没有指定代替债务人履约的保人，一旦债务人无法履约，那么债权人则直接从债务人家中取走等值的财物抵债。《吐蕃鸡年（829 年±）宋三娘借杂物契》则是分为两部分，其一为须在狗年春三月初五日前归还的瓷碗、记帐牌和线团，另一部分为须在狗年春二月初十日以前偿还的棉布和大麦，且这一部分借贷以门锁及钥匙作为抵押物，同时这份契约同时还有债务人宋三娘的丈夫令孤林六的签名。这里也许可以将宋三娘的丈夫视作汉文契约中的"同取人"或"同便人"。也就是说，"保人"并不是吐蕃文私人借贷契约的必要参与人，在某些情况下，保人也并不是一件借贷契约具有效力的必要条件。

吐蕃文私人借贷契约的共同特征包括，债务人不能按时偿还债务时，要向债权人额外支付一倍的本金作为赔偿，这是吐蕃统治时期的敦煌私人借贷活动中的一项共识性原则，因此，即使没有实际意义，双倍赔偿作为一句套语，也依然会出现在契约中，并且这一原则不仅适用于违约债务人，当借贷中存在抵押物时，作为抵押物保管人的债权人在债务人履约的情况下遗失抵押物，也需要向债务人进行双倍赔偿。另外，相较于汉文契约中的妻儿和保人代偿的规定，存在"保人"这一角色的吐蕃文私人借贷契约则是明确了代偿义务由保人履行，这一变化使保人在私人借贷活动中的责任更为明确。与保人代偿的责任更加明确形成对照的是，"妻儿"在契约中的消失，这表明在吐蕃统治时期的私人借贷活动中，债务人亲属的连带履约责任消失。

吐蕃治下的敦煌地区同样不能避免由债务人违约所引起的纠纷。当纠纷发生时，借贷双方，特别是债权人的应对方式可以说是延续了当地此前的传统，即优先选择与债务人私下协商。《吐蕃某年加腊旃致和尚嘉赞书》（斯坦因编号：M. I. vii. 80)② 所反映的内容就是债权人加腊旃向债务人嘉赞索取欠息的书信：

1-2. 加拉赞（lcag la brtsan）致和尚嘉赞（ban de rgyal mtshan）：

近来心情还好吗？通过此信向您申诉：

2-4. 我的利息为粟米四驮半，秋季取了一驮半，剩下的三驮，说好在今年冬季，用货物和皮革等偿还。

---

① ［日］武内绍人. 敦煌西域出土的古藏文契约文书［M］. 杨铭，杨公卫，赵晓艺，译. 乌鲁木齐：新疆人民出版社，2016：215-216.

② ［日］武内绍人. 敦煌西域出土的古藏文契约文书［M］. 杨铭，杨公卫，赵晓艺，译. 乌鲁木齐：新疆人民出版社，2016：177-178.

5-7. 和尚违法用次品顶替，一升一钱都没有偿还，因此大错特错。

7-9. 现在请不要再找任何借口，将我所有的利息和半驮种子送来。

剩余的部分请囤积好，约定在秋季偿还。

10. 委托给达达赞（stag stag rtsan）。

此件文书除了反映出当时的债权人向债务人催收欠债的情况，也与《吐蕃龙年（824 年±）刘六通借麻纸契》中的"如果没有按时归还……不需要签订第三份契约，而是根据原契约立一份委托书"形成印证，即当债务人违约时，双方会再订立一份契约用以确定尚未清偿的债务该如何处理。"剩下的三驮，说好在今年冬季，用货物和皮革等偿还"即债务人在双方约定的秋季以粟米的形式只支付了其中一部分利息，而后双方经过协商约定剩余的利息将在冬天以其他物资偿还，并且应当为此订立了契约。这一现象与发生借贷纠纷的双方接受唐地方官府调解时的形式类似，即以新的偿还约定为基础，重新订立契约。

通过上文对各类契约的分析，我们可以大致归纳出吐蕃文私人借贷契约存在如下共性，或者说是吐蕃治下的敦煌地区私人借贷活动的共识：①如果债务人未能按时偿还债务，则需要额外支付一倍本金作为赔偿；②债权人有权要求债务人以其他财物抵偿债务，双方会就具体细节进行协商并可能以此订立新的契约；③当债务人因故无法按时偿还债务时，会由保人代偿，或直接按照契约约定由债权人牵掣债务人的其他财产抵偿债务。

（二）履约的两种形式

当放贷人同意借贷人的借贷请求，即双方签订契约建立借贷关系，此时，$\rho=1$，债务人的优势策略是履约。只是，通过上一小节对具体借贷契约的考察，我们可以看出，债务人的履约在实践中包含两种形式，一是在契约规定的时间内还本付息；另一种则是债务人在超过约定时限后还本付息，并按照契约的规定向债权人支付违约赔偿。本书之所以将后一种也算作"履约"，一方面是因为债务人确实完成了契约规定的义务；另一方面，考虑到唐代敦煌和吐鲁番地区的百姓的借贷需求主要是由收支不平衡引起的，他们偿还债务所依靠的主要是从事农业生产获得的收入，而在自然条件相对恶劣的敦煌和吐鲁番地区，以农业为主业的债务人的收入是不稳定的，这就很有可能出现债务人虽然有偿还意愿，却没有偿还能力的情况。对于这种债务人力有不逮的情况，只要借贷双方能够通过私下协商就偿还问题达成一致，双方不构成纠纷，债务人也就没有形成法律意义上的违约。债权人向官府起诉债务人的原因，一方面是双方在私下未能达成新的偿还协议，另一方面也是债权人对通过双方的私下协商取回应得的本金、利息乃至赔偿一事不再抱有希望，其中原因很可能就包括债务人没有表现出足够的偿还意愿。如《唐贞观二十二年（648 年）洛州河南县桓德琮典舍契》① 中借贷双方订立契约的原因是："向县诉桓德琮□宅价钱三月未得"，《唐咸亨五年（674 年）高昌王文欢诉张尾仁贷钱不还辞》② 中债权人王文欢也有："延引不还。……来去，常日空归" 等语，都反映出债权人较长时间的协商中均未能得到令其满意的结果。

如果上述假设成立，那就意味着，在唐代敦煌和吐鲁番地区的私人借贷活动中，放贷人筛选放贷对象时主要考察的是借贷人当下的家庭经济情况和借贷人的信用记录，前者为借贷人的履约能力提供了保证，后者则是借贷人的履约意愿的证明。在这个前提下，借贷关系建立后，债权人主要考察的就是债务人在此次借贷活动中的履约意愿了。换句话说，放贷人之所以同意与借贷人缔结债务关系，特别是信用借贷关系，正是因为契约中有家产抵偿这一规则。这一规则意味着借贷人现有的财产为其提供了物质担保，这样，无论借贷人是否能够在未来获得足够支付本金和利息的收益，放贷人的权益都能够得到足够的保证。

在契约订立后，只要债务人能够偿还债务并执行赔偿条款，那么他的实际完成债务偿还的时间即使超出原契约规定，也不会对他的信用记录产生负面影响。这一点在吐鲁番出土的三件与 "张善憙" 借贷相关的契约中可一窥一二。张善憙与左憧憙的一系列交易始于唐乾封三年（668 年）三月，家住武城乡的张善憙向家住崇化乡的左憧憙借银钱二十文，月利率为 10%，并约定 "若延引不与左钱者，将中渠菜园半亩，与作钱质，要须得好菜处"③，也就是说除了惯例的还款日期、家资抵债和保人妻儿代偿外，双方额外约定了如果张善憙未能按照约定还款，则要以他的菜园作为抵押。这件契约的保人为张善憙的女儿和一个名叫高隆欢的人。两年后，左憧憙与张善憙之间又缔结了一层租赁关系，这次租赁活动由《唐总章三年（670 年）高昌左憧憙夏菜园契》（编号：64TAM4：33)④ 记录：

1. 总章三年二月十三日，左憧憙于张善

---

① 唐长孺. 吐鲁番出土文书（第四册）[M]. 北京：文物出版社，1983：269-270.
② 张传玺. 中国历代契约粹编（上册）[M]. 北京：北京大学出版社，2014：311.
③ 唐长孺. 吐鲁番出土文书（第六册）[M]. 北京：文物出版社，1985：422-423.
④ 唐长孺. 吐鲁番出土文书（第六册）[M]. 北京：文物出版社，1985..428-429.

2. 憙边夏取张渠菜园壹所，在白赤举

3. 北分墙。其园叁年中与夏价大麦拾

4. 陆酙（斛），秋拾陆酙（斛），更肆年，与银钱叁拾文。

5. 若到佃时不得者，壹罚贰入左。祖殊（租输）

6. 伯役，仰园主；渠破水謫，仰佃人当。为

7. 人无信，故立私契为验。

8. 钱主　左

9. 园主　张善憙

10. 保人　男君洛

11. 保人　女如资

12. 知见人　王父师

13. 知见人　曹感

　　作为一件租地契，契约的第 5 行和第 6 行所记述的却是菜园主人张善憙的义务。在租期内，菜园所产生的赋税都要由土地所有人张善憙负责交纳，作为实际使用者，左憧憙负责"渠破水謫"，即因为水渠损坏导致水资源流失而产生的罚款。从对菜园产生费用的分担情况来看，似是表明菜园仍归张善憙所有，但在这件租赁契约中出现的唯一赔偿条款所针对的却是菜园主人张善憙。作为佃人，应当支付租金左憧憙却在使用土地和履约的问题上没有受到任何约束。可见这并不是一件单纯的租地契约，而更像是反映了乾封三年张善憙未能如约偿还他与左憧憙之间的债务的后续情况。此件契约同时反映了这一时期以口分田为质的借贷契约，在债务人违约后，债权人处置债务人口分田的方式，土地的所有权在名义上并没有变更，因而此类契约在名义上也就没有违反《唐律疏议》中不得买卖口分田的规定，但债权人以"租佃"的名义在实际上占有了这部分田地。因此，这件契约也被看作左憧憙从放贷开始，逐步兼并债务人土地的手段。①

　　在订立租佃契约的一个月后，即总章三年的三月十三日，张善憙再次以 10%的月利，向左憧憙借银钱四十文。记录了这次借贷活动的《唐总章三年（670 年）张善憙举钱契》② 中不再有以田地作为抵押的内容出现，在违约赔偿部分中，仅有惯例的家资抵债之语：

---

① 唐耕耦．唐五代时期的高利贷——敦煌吐鲁番出土借贷文书初探［J］．敦煌学辑刊，1986（1）．

② 唐长孺．吐鲁番出土文书（第六册）［M］．北京：文物出版社，1985：430-431.

1. 总章三年三月十三日，武城乡张善憙
2. 于左憧憙边举取银钱肆拾文，
3. 每月生利钱肆文。若左须钱之日，
4. 张即子本具还。前却不还，任掣家
5. 资，平为钱直。身东西不在，仰收后代
6. 还。两和立契，获指为记。（押）
7. 钱主
8. 贷钱人张善憙
9. 保人男君洛
10. 保人女如资
11. 知见人高隆欢
12. 知见人曹感

同时，我们还可以看到，在乾封三年的契约中以保人身份出现的高隆欢，此次变为知见人，保人除了张善憙的女儿，又增加了他的儿子。至此，负有连带偿还责任的当事人已全部变成了张善憙的直系亲属。也就是说，此次偿还左憧憙的债务的责任已经完全由张善憙一家承担。

这三件契约串联起了债务人张善憙在乾封三年（668年）到总章三年（670年）这两年间的家庭经济状况的变化。总体来说，张善憙家的经济情况是不断恶化的。乾封三年，二十文银钱的借贷使他失去了半亩菜园，两年后的租地契中，张善憙以实际上失去整个菜园为代价，换取了四年的地租，以至于他在总章三年再次需要借钱时却没有可以用来抵押的土地了。很明显，张善憙在与左憧憙的借贷交易中曾经至少有过一次未能按时偿还债务并支付利息的行为，但在这种情况下，面对张善憙家庭经济水平每况愈下的情况，左憧憙依然选择向其放贷。这印证了前文的两点猜想，一是在第一次未能如约偿还债务时，由于张善憙按约定将部分菜园抵押给左憧憙，他的行为是被债权人左憧憙视作履约的，因而张善憙也就没有留下违约记录，故而双方之间的借贷活动依然能够再次进行；二是尽管总章三年的借贷中，张善憙不再能够提供额外的物质担保，但其剩下的家产也应当是足以抵偿这一债务的，有了这一层保障，左憧憙自然就可以继续向张善憙放贷了。

（三）小结

尽管唐代律令对私人借贷活动的利率、本金的来源、计息方式、参与人及其责任等均有着具体的规定，但事实上，作为律令执行者的地方官府并不会参

与私人契约的订立过程，且在没有纠纷发生的情况下，唐代敦煌、吐鲁番的民间私人借贷活动是完全在民间秩序的支配下运行的。

在维系唐代敦煌和吐鲁番地区私人间借贷活动中发挥主要作用的民间秩序诞生于乡土社会。在这个充满了"熟人"的社会中，个体之间有的有限次交易被扩展为家族之间的无限次交易，个体的信誉对家族信誉有重要的影响。这意味着，债务人一旦违约，那么他不仅会因为信誉不佳而失去在未来获得借贷可能性，他的家族也会因为他的违约行为蒙羞，家族中其他成员的声誉也会因为他的不诚信而降低，从而失去在未来获得借贷的可能性。另一方面，比起律令法规，社会习俗和道德规范是更为普通百姓所熟知的行为规则。当债务人在私人借贷活动中违约，即违背社会习俗和道德规范时，他将承受来自两个方面的损失，一是个人及家族的信誉丧失以及随之而来的经济利益的损失，二是违反根植于心中的道德标准所带来的愧疚之情。这两个因素使得债务人的违约成本大大提高，从另一个方面来说，这同时也意味着放贷人对借贷人建立信任的门槛大大降低，放贷人只需掌握少量的信息就可以判断是否应该同意借贷人的请求。因此，民间秩序使得借贷双方更容易建立对彼此的信任，由此，私人间的借贷活动也就更容易发生。

违约会对债务人个人及其家族的信誉产生负面影响，不过如果将双方因债务纠纷而对簿公堂视作违约的话，唐代敦煌和吐鲁番地区的债权人对违约的认定标准并不严格，即使债务人未能在约定时间完成偿还义务，但如果借贷双方可以通过私下协商议定解决办法，并且债务人在后期完成了约定的义务，债权人通常不会将他的延期偿还视为违约。这也是民间秩序降低了债权人建立对债务人的信任的门槛表现。

当债务人未能在契约规定的时间内偿还债务，且双方在私下协商中也无法达成一致时，债权人才会认定债务人违约。由于私下协商已被证明无效，债权人也就不再在民间秩序的框架下继续努力，而是投向正式制度，通过向当地官府提起诉讼的方式向债务人追讨债务。需要注意的是，尽管唐代律令中有明确的针对违约债务人的处罚，但在实践中，地方官吏往往倾向于采用调解的方式平息纠纷。所谓调解，流程与借贷双方的私下协商并无太大差别，只不过主导的一方变为地方官府，但可以想见的是，由于债权人的起诉，债务人的违约行为被公之于众，这将导致债务人及其家族在信誉方面的社会评价降低。

诞生于乡土社会的民间秩序是维系唐代敦煌和吐鲁番地区私人借贷活动运转的基石，但除此之外，还有出自官方的正式制度对其进行约束和影响。正式制度通常不会直接干预民间秩序的运行。一方面，可以说正式制度为民间秩序留下了很大的发挥空间，我们在私人借贷活动的实践中很难明确地看到正式制度的存在，比如限制利率的政令层出不穷，但效果寥寥，民间默认的借贷利率始终高出法定上限；而另一方面，正式制度影响又会不断渗透进民间秩序中，从而带来民间秩序的自我完善，比如久控不下的民间借贷利率就与公廨本钱有着分不开的关系，以及私人债务的免除被纳入恩赦令后，私人借贷契约中抵赦条款的出现。但正式制度对民间秩序的干预又不总是潜移默化的，当民间秩序无法解决借贷双方的纠纷时，当事人会主动寻求正式制度的帮助从而在两者之间建立起直接的联系。因此，在对私人借贷活动的管理方面，与其说是唐代的正式制度对民间秩序作出让步，不如说在经历了长时间的磨合后，双方各有分工。民间秩序负责私人借贷活动中的全部细则，同时也代表了民间朴素的道德观念，而正式制度则把控着社会道德的底线，为借贷双方，特别是处于相对弱势的一方提供一定的保护。

四、社会风俗对债权人的影响

尽管在私人借贷出现以及私人借贷的民间规则形成过程，乃至确立以后，债权人一方在借贷关系中始终处于强势地位，并且唐代的借贷契约中针对债务人的强制措施已经成为约定俗成的条款，但是由现存的文书记录来看，在由债务人违约所引发的纠纷中，债权人优先选择的解决措施是私下协商，至少在正式诉至官府以前，债权人通常会与债务人进行私下沟通。与此同时，在民间故事和传说中，即便是形迹恶劣的高利贷放贷人也是以索债为由逐步谋夺他人家产，显然，契约中的牵掣财物抵偿债务一说在现实中并不是最优先的索债方式。债权人在借贷契约中所表现出来的强硬形象与其在实际面对债务人违约时的"妥协"行为形成了鲜明的对比。同样，债权人为了维护自己的利益将抵赦条款写进契约，然而当这笔债务符合恩赦条件时，债务人要求免除债务而诉诸官府的举动也与他们在接受包含违法计息方式和高利率的契约时所展现出的弱势形象有所出入。即在私人借贷契约的实践中，契约中的强势的一方会有让步的一面，与之相对应的是，弱势一方对已签订的契约中的不公平条款也并非完全照单全收。

正如正式制度之下，由于执法人员拥有自由量裁权，从而在律令和其执行之间制造了一个议价空间一样，作为民间秩序中的成文部分，连接正式制度与非正式制度的私人借贷契约的执行事实上也并不与其针对债务人的、堪称严苛的文本内容完全一致。综观出土于敦煌和吐鲁番地区的唐代私人借贷契约，显而易见的是，契约所呈现的内容几乎完全有利于债权人一方，如早期的有息借贷中偿还本金的时间由债权人随时指定、债务人不能按时偿还债务需要以田地作抵押，以及后来的抵赦条款和贯穿始终的高利率等，这些内容无不显示了，在唐代敦煌和吐鲁番地区的民间私人借贷关系中，债权人拥有着近乎压倒性的强势地位，然而在实际执行这些契约时，债权人却似乎并未执着于契约赋予他们的每一项特权。本节试图从思想和文化传统的角度，厘清在这一实力差距悬殊的关系中，促使作为强势一方的债权人作出让步以及债务人敢于反抗不合理契约的原因。

（一）儒家思想的影响

第三章对敦煌和吐鲁番地区的自然、人文情况的介绍中提到，在敦煌和吐鲁番地区被划入唐王朝版图时，以儒家文化为基础的汉文化在两地传播、发展已有几百年，是当地民间秩序形成的重要基础之一。因此，作为非正式制度的民间私人借贷秩序自然不可能脱离儒家文化的影响，这不仅体现在儒家文化中的信义观、义利观等思想对债务人守信履约的影响，儒家思想中对于君子德行的要求同样浸润着债权人的思想，进而影响他们的行为选择，更何况，作为治国理念，儒家思想中关于理想社会的构想需要社会成员的共同努力，这些思想也被转化为对个人行为的倡导，从而使这些思想的影响在民间得到进一步强化，进而对债权人行为选择，以及社会对债权人的道德要求产生影响。

1. 仁爱思想

儒家思想所构建的理想社会是"出入相友，守望相助，疾病相扶持，则百姓亲睦"① 的大同社会，这是一个百姓间互帮互助、互相扶持的社会，为了重现这一上古时期淳朴的社会风尚，统治者要施行仁政，而"仁"也是儒家思想中对人的基本道德要求。

《说文解字》中将"仁"解释为"亲"，"从人从二"②，即"仁乃是人与人之间真情厚谊"③。仁可谓儒家道德准则的核心，《周易》将其与"义"并

---

① 万丽华，蓝旭. 孟子 [M]. 北京：中华书局，2007：105.

② （汉）许慎. 说文解字 [M]. 北京：中华书局，1963：161.

③ 钱穆. 论语新解 [M]. 北京：生活·读书·新知三联书店，2002：54.

列，称为"立人之道"①。相关儒家典籍中直接将"仁"解释为"人"② 或"人心"③。其具体表现形式则是"爱人"，孔子曰："仁者莫大于爱人。"④《孟子·尽心上》载："仁者无不爱也"⑤，乃至《淮南子》中也有"遍爱群生而不爱人类不可谓仁。仁者，爱其类也"⑥ 之语。

作为儒家的基本道德准则，"仁"不仅仅是一个概念，儒家思想中更有对如何践行"仁"的要求。要行仁爱之事，最基本的便是要具有同理心，所谓："夫仁者，己欲立而立人，己欲达而达人。能近取譬，可谓仁之方也已"⑦，也就是说自己想要于世间立身，那么也要帮助他人立身，自己想要有所成就，那么也要帮助他人有所成就，推己及人是践行仁的方法。这种同理心在之后被进一步解释为恻隐之心，即便没有能力帮助他人，也要对他人的不幸遭遇报以同情，即孟子所云："所谓人皆有不忍人之心者，今人乍见孺子将入于井，皆有怵惕恻隐之心也。非所以内交于孺子之父母也，非所以要誉于乡党朋友也，非恶其声而然也。由是观之，无恻隐之心，非人也；……恻隐之心，仁之端也。"⑧ 孟子奉行性善论，他以幼儿落井作为假设，认为人见到这样的情景都会心生惊惧同情之情，这种感情不是出于与幼儿父母的私交，也不是要以此在乡邻朋友之间博得声誉，更不是因为厌恶幼儿的哭泣声，而是因为这是一个人自然的情感流露，人皆有恻隐之心，而恻隐之心又是仁的开端。到了汉代，董仲舒将同理心和爱人这两点继续日常化："仁者，恻怛爱人，谨翕不争，好德敦伦，无伤恶之心，无隐忌之志，无嫉妒之气，无感愁之欲，无险诐之事，无辞违之行。故其心舒，其志平，其气和，其欲节，其事易，行道故能平易和理而无争也。如此者，谓之仁。"⑨ 即心态平和、宽厚待人、不伤害他人、遵守法纪等，这样心态平和而与世无争就是在践行仁了。

回顾古代的民间私人借贷，多来自于小农的客观经济困境，面对这样的情

① 黄寿祺，张善文. 周易译注 [M]. 上海：上海古籍出版社，2007：428.

② 王国轩. 大学·中庸 [M]. 北京：中华书局，2007：95.

③ 万丽华，蓝旭. 孟子（告子上）[M]. 北京：中华书局，2007：254.

④ 高明. 大戴礼记今译今注 [M]. 台北：台湾商务印书馆，1977：15.

⑤ 万丽华，蓝旭. 孟子 [M]. 北京：中华书局，2007：315.

⑥ 陈广忠. 淮南子 [M]. 北京：中华书局，2012：497.

⑦ 杨伯峻. 论语译注 [M]. 北京：中华书局. 1980：65.

⑧ 万丽华，蓝旭. 孟子 [M]. 北京：中华书局，2007：69.

⑨ （汉）董仲舒. 春秋繁露 [M]. 张世亮，钟肇鹏，周桂钿，译注. 北京：中华书局，2012：327.

景，尚有余力者是有为困窘的求助者提供帮助的责任的。因此，理论上，在长期受到儒家思想浸润的唐代敦煌和吐鲁番地区，就如同人见到幼儿落井都会生出惊恐同情一样，民间放贷人在处理相关事宜时，不会做到完全站在理性的角度，以彻底剥削借贷者为己任，他们在感情上或多或少也存在着对困窘者的同情，如钱穆所说："在全部人生中，中国儒家思想，则更着重此心之情感部分，尤胜于其着重理知的部分。"①

2. 义利观

作为儒家道德体系的一部分，"义"与"利"的含义都已脱离了它们最初的意义，当它们在道德的范畴中被提及和讨论时，义意味着"'应该'的道德准则和规范的总称"②，并且这种"应该"是"绝对的命令"③。而"利"的意思就是利益，其中又包含了广泛意义上的优势或好处、他人利益和个人利益三重含义④。在"义利观"的讨论中，如果说义代表"公"，那么与之相对的利所代表的就是"私"，因此利的含义仅取其个人利益这一重，即"能维持或增进人之生活者，亦即能满足人之生活需要者"⑤。在这样的对应下，如何处理义与利的关系，就成为儒家思想中最重要的问题，所谓"天下之事，唯义利而已"⑥。

先秦时期，儒家思想的代表孔子、孟子和荀子对此各有论述，但他们各自的义利观也有相同的地方，首先就是他们将人划分为不同的类别或阶层，不同类别的人奉行不同的道德标准或适用不同的道德约束；其次，义与利在他们的判断中并非绝对对立，并且都承认逐利是人的天性，但人在追逐利益时，应该将义作为行动的基本准则，因而在义与利的关系上，三者都是主张遵义逐利的。

孔子以对待义与利的态度来区分君子和小人，即"君子喻于义，小人喻于利"⑦，清人刘宝楠在其所著《论语正义》中，将君子与小人行为的不同解

①　钱穆. 孔子与论语 [M]. 台北：联经出版事业有限公司，1974：198.
②　方克立. 中国哲学大辞典 [M]. 北京：中国社会科学出版社，1994：48.
③　冯友兰. 中国哲学简史 [M]. 北京：北京大学出版社，1996：37.
④　焦国成. 中国伦理学通论 [M]. 太原：山西教育出版社，1997：151.
⑤　张岱年. 中国哲学大纲 [M]. 北京：中国社会科学出版社，1982：386.
⑥　(宋) 朱熹. 二程集·河南程氏遗书 [M]. 上海：商务印书馆，1935：137.
⑦　杨伯峻. 论语译注 [M]. 北京：中华书局，1980：39.

释为："君子知利不外义，故喻于义。小人知利不知义，故喻于利。"① 也就是君子知道逐利不能违背义的原则，因此君子更重视大义，而小人没有义的观念，因此只懂得小利。尽管君子与小人是对应的存在，但孔子并不认为义和利是完全对立的，他也不反对君子逐利，只是作为仁的延伸，君子应当将义放在修身的首位，即"君子义以为质"②。义利观在孔子所谓"成人"的条件中也占有重要的地位："见利思义，见危授命，久要不忘平生之言，亦可以为成人矣。"③ 即成为全人的必要条件之一就是在见到利益时首先要考虑的是自己是否应该得到它。可见，孔子并不排斥君子言利，也不否认君子逐利的正当性，但这些言行都应当在义的框架下进行，如果违背了义的原则，那么即便身处贫贱的境遇，也不应接受不义之财，也就是："富与贵，是人之所欲也，不以其道而得之，不处也。贫与贱，是人之所恶也，不以其道而得之，不去也。"④ 同样的观点，也被表达为："不义且富贵，于我如浮云。"⑤

孔子对义的概念的阐述比较模糊，更多的是将其作为仁的延伸。而义在孟子的思想体系中发展成为了与仁并称的重要概念，对于二者的关系，孟子有这样的论述："仁，人之安宅也。义，人之正路也。旷安宅而弗居，舍正路而不由，哀哉"⑥，即仁相当于人的安居之所，义就是人前进的正确道路，一个正常的人自然要选择居住在安稳舒适的房子里，自然也要选择走在正确的道路上，换句话说，仁代表了人的精神层面的道德追求，而义就是这种追求在行动上的体现。因此，相较于孔子更多地将义作为一种不甚明确的精神层面的道德规范，孟子则是更明确地将其作为仁的外化，是一种反应仁的行为。

孟子的义利观是从国家治理的角度出发，因而分为两部分，第一部分针对统治阶级："王！何必曰利？亦有仁义而已矣。"⑦ 也就是，君主治理国家不需要从利益得失的角度思考和选择方法，只要施仁政行义举就能治理好国家。而对于被统治阶级，孟子则持有另一种观点："民之为道也，有恒产者有恒心也，无恒产者无恒心也。苟无恒心也，放辟邪侈，无不为已。及陷于罪，然后从而刑之，是罔民也。焉有仁人在位罔民而可为也？是故贤君必恭俭礼下，取

---

① （清）刘宝楠. 论语正义 [M]. 北京：中华书局，1990：134.
② 杨伯峻. 论语译注 [M]. 北京：中华书局，1980：166.
③ 杨伯峻. 论语译注 [M]. 北京：中华书局，1980：149.
④ 杨伯峻. 论语译注 [M]. 北京：中华书局，1980：36.
⑤ 杨伯峻. 论语译注 [M]. 北京：中华书局，1980：71.
⑥ 万丽华，蓝旭. 孟子 [M]. 北京：中华书局，2007：156.
⑦ 万丽华，蓝旭. 孟子 [M]. 北京：中华书局，2007：2.

于民有制。"① 孟子认为百姓只有在拥有一定财产的时候才会在道德上有所追求，没有财产的人则不会顾及道德约束，因而胡作非为。此处也解释了王为什么不能看中私利，为了个人享乐，统治者必然不考虑民生而随意征税，而这会导致百姓无法获得恒产，此时百姓如果犯罪，实际上就是统治者造成的，统治者只有节制自己的欲望，才能使百姓有安定的生活，以此达到对国家更好的治理效果。也就是说，在孟子的理论中，尽管义是每个人天生就懂得的东西，但对于百姓来说，他们的义要由利来激发，因此他是支持作为被统治阶级的百姓先利后义，当百姓在稳定的生活中生出"羞恶之心"② 时，行义举便成了他们自然而然地选择，而后，他们也会将义作为自己取利时的约束。与此同时，孟子也给出了教化百姓所需要的"恒产"的数量："仰足以事父母，俯足以畜妻子；乐岁终身饱；凶年免于死亡。"③ 即足够赡养父母以及养活妻子儿女，丰年丰衣足食，灾年不至于饿死。因为孟子持有性善论，因此在他的理论中，利是统治阶级教化百姓的一种手段。统治者如果能够让利于民，那么当百姓不再疲于奔命，自然就能够在较为稳定的生活中生发出义，当他们意识到义这样一种美好的德行存在时，也就自然而然地会去践行，乃至当生与义不可兼得的时候，也能达成舍生取义的君子之行。也就是说，孟子对被统治阶层的逐利行为是认可且支持的，因为义是源自于人的内心，所以对于君子和统治阶层而言，一方面，有利与否都不影响他们践行义，即"无恒产者而有恒心也者，惟士为能"④，这正是士与民最大的不同；另一方面，这些人一旦逐利就会侵占普通百姓的利益，而"若民，则无恒产，因无恒心也"⑤，对于被统治阶层来说，利是他们践行义的条件。由此可见，孟子对统治阶层有着更高的道德标准，对于他们而言，利与义是对立的存在，应当去利存义；而对被统治阶层，利是引导他们取义的手段，因此要先利后义，逐步达到重义轻利的境界。

孟子持性善论，认为义作为一种美好的德行是人所固有的，而利这种丑陋的欲望则是来自外部。荀子则认为人的天性中固然有善的成分，然而恶也并非全部习得自外界，既然好义是善，利欲为恶，那么"义与利者，人之所两有也"⑥，即追逐利益和坚守道德是人的天性中不可剥离的两面，以及"今人之

---

① 万丽华，蓝旭. 孟子［M］. 北京：中华书局，2007：104.
② 万丽华，蓝旭. 孟子［M］. 北京：中华书局，2007：69.
③ 万丽华，蓝旭. 孟子［M］. 北京：中华书局，2007：15-16.
④ 万丽华，蓝旭. 孟子［M］. 北京：中华书局，2007：15.
⑤ 万丽华，蓝旭. 孟子［M］. 北京：中华书局，2007：15.
⑥ 章诗同. 荀子简注［M］. 上海：上海人民出版社，1974：304.

性，生而好利焉"① 更是肯定了逐利之心来源于人性内部。正是由于人生来就有逐利之心，而无尽的欲念会导致社会动荡，因此统治者才需要制定礼仪、强化道义来引导人们私欲："礼起于何也？曰：人生而有欲，欲而不得，则不能无求，求而无度量分界，则不能不争。争则乱，乱则穷。先王恶其乱也，故制礼义以分之，以养人之欲，给人之求。使欲必不穷于物，物必不屈于欲，两者相持而长，是礼之所起也。"② 礼义对利欲有疏导的作用，在礼义的引导下，人集中在物质上的欲望得以分散到其他地方，从而使得人的欲求与物质的增长相适应，由欲求不满引起的纷争自然在根源上就得以消弭，从而使得社会能够处于一个相对稳定的状态。

尽管荀子认为对义和利追求是人天生的欲望，外界干预不会根除其中任何一项，所谓："虽尧舜不能去民之欲利" "虽桀纣不能去民之好义"③，但却能影响百姓的欲利和好义的程度，明君治下的百姓逐利时能不损其义，而昏君治下的百姓，他们对义的追求永远排在逐利之后。这里就体现出了荀子思想中"义"的另一个作用："人能群，彼不能群也。人何以能群？曰分。分何能行，曰义。故义以分则和，和则一，一则多力，多力则强，强则胜物。"④ 人因为根据义对群体加以区分，明确等级名分，因此得以团结和睦，从而具有了战胜外物的力量。对于统治者而言，义所区分的就是"尚贤使能、等贵贱、分亲疏、长幼"⑤ 这四件事。人被按照贤愚、贵贱、亲疏和长幼区分成不同阶层以后，各阶层的利欲也就得到了区分。作为一种道德规范，义为人的利欲划出了与之所处阶层相匹配的度量分界，从而使个人符合其身份的欲求能够得到满足。荀子的最终目的并不是消灭人的逐利之心，而是给无穷的欲望限定一个范围，使之能被在义的框架下获得的利所满足。荀子在孔孟的基础上将"利"细化为对利的欲望和逐利的行为两个部分，人的利欲是无穷的，义主要是对欲望加以限制，并且引导人按照正确方式逐利。这也正是荀子区分君子与小人的依据："好荣恶辱，好利恶害，是君子、小人之所同也，若其所以求之之道则异矣"⑥，君子与小人相同的是对利的欲望，而两者的差别在于，君子求利，按义而取，小人逐利，不择手段。换句话说，只要遵守义的规范，那么人的欲

---

① 章诗同．荀子简注［M］．上海：上海人民出版社，1974：258.
② 章诗同．荀子简注［M］．上海：上海人民出版社，1974：203.
③ 章诗同．荀子简注［M］．上海：上海人民出版社，1974：304-305.
④ 章诗同．荀子简注［M］．上海：上海人民出版社，1974：85.
⑤ 章诗同．荀子简注［M］．上海：上海人民出版社，1974：271.
⑥ 章诗同．荀子简注［M］．上海：上海人民出版社，1974：29.

望就会得到满足，小人求利的手段之所以与君子不同，正是因为其不满足于他应该得到的利，此时他已经破坏了义的规范，获取额外之利的手段自然也就不同于谨守规范的君子了。

到了汉代，随着阴阳五行、天人感应等学说被融入儒家思想，关于义与利的关系的论述也发生了一定的变化，从先秦时期的重义但不轻利、遵义求利变为了重利轻义。

汉代儒家的义利观中同样承认义与利是人生而有之的欲求，且与人的生活息息相关："天之生人也，使人生义与利。利以养其体，义以养其心。心不得义，不能乐；体不得利，不能安。义者，心之养也；利者，体之养也。"① 在先秦时的公私之别、先后之分的基础上，董仲舒又将义与利做了轻重之比，即义是人的精神追求，利是人的物质追求，它们愉悦人的精神和安养人的身体方面各自发挥着作用。但 "体莫贵于心，故养莫重于义，义之养生人大于利"②，即人的肉体的重要程度是在精神之下的，因此对个人追求而言，利的重要性要远低于义。并且，人对于义的追求是人与禽兽之间最大的区别，人的天性中就有 "行仁义而羞可耻"③ 意识，因此才能够做到舍生取义，而鸟兽则只知道求生和求利。

尽管承认利与义皆是人生而有之的欲求，但与先秦的儒家学说最大的不同是，汉代的儒家思想将义与利的存在对立了起来，并且将利彻底作为人性中需要加以否定的恶的一面："凡人之性，莫不善义。然而不能义者，利败之也。"④ 先秦时论及义利的强弱关系，孔子认为义是规范利的存在；孟子认为对于庶民阶层而言，利能引导人们追求义；荀子则是将义作为人控制自己欲望的工具。也就是说，三者都认为义是能够压制利的存在。而董仲舒则直言利欲会破坏人的求义之心和行义之举，因此君子是不能言利的。董仲舒的理论体系中，同样将人分为道德水准不同的两类，一类是 "正其谊不谋其利，明其道

---

① （汉）董仲舒. 春秋繁露 [M]. 张世亮，钟肇鹏，周桂钿，译注. 北京：中华书局，2012：330.

② （汉）董仲舒. 春秋繁露 [M]. 张世亮，钟肇鹏，周桂钿，译注. 北京：中华书局，2012：330.

③ （汉）董仲舒. 春秋繁露 [M]. 张世亮，钟肇鹏，周桂钿，译注. 北京：中华书局，2012：62.

④ （汉）董仲舒. 春秋繁露 [M]. 张世亮，钟肇鹏，周桂钿，译注. 北京：中华书局，2012：75.

不计其功"①（"谊"通"义"）的仁人、君子，另一类则是如果没有受到教化，就会放纵自己逐利的人："夫万民之从利也，如水之走下，不以教化堤防之，不能止也。"② 董仲舒的义利观中，承认义与利是人的先天追求，但在后天的教化中，则要以对义的追求为重，最高境界是存义去利的仁人，对普通百姓而言，逐利依然是被允许的，但这一行为需要受到严格的管制，以保证其不会成为社会动乱的根源。

（二）宗教信仰的影响

与儒家思想中的修己奉公的君子之道不同，活跃于唐代敦煌和吐鲁番地区的主要宗教——道教和佛教，对普通百姓的在私人借贷活动中的影响则是更多地来自于其各自教义中的善恶观。相较于儒家思想中的义利之辨，道、佛两教则是通过教义和戒律将人的行为做出了善恶之分。

1. 顺应自然与问道求仙

道与天道是道家思想中最为核心的概念，所谓"有物混成，先天地生。寂兮寥兮，独立而不改，周行而不殆，可以为天地母。吾不知其名，强字之曰：道，强为之名曰：大。大曰逝，逝曰远，远曰反"③，就是说道是先于天地而生，浑然天成的存在，它有自己的一套存在与运行的方式，道广大而渺远，又返璞归真。而人的存在仅是广袤空间中的一部分，人类社会的运行应当遵循道的规则，而"道法自然"，即人的行为应当顺应自然，顺应天道自然的人，就是道家思想中的"善人"。尽管天道是不论亲疏的公正且无情的存在，但它对善人却存有眷顾，即"天道无亲，常与善人"④。天道对善人的眷顾表现为"可以保身，可以全生，可以养亲，可以尽年"⑤，顺应自然的人可以保全自身、保持天性，不给父母留下祸患，个人也能够颐养天年。

与儒家思想中的君子类似，道家思想中也存在理想执政者——"圣人"。圣人的特征是完全没有私心、偏好，且他们肩负教化百姓的责任，具体表现为"善者吾善之，不善者吾亦善之，德善"。通过善待治下的每一个百姓的方式，

---

① （汉）班固. 汉书 [M]. （唐）颜师古，注. 北京：中华书局，2000：1918.
② （汉）班固. 汉书 [M]. （唐）颜师古，注. 北京：中华书局，2000：1905.
③ 陈鼓应. 老子注译及评介 [M]. 北京：中华书局，1984：163.
④ 陈鼓应. 老子注译及评介 [M]. 北京：中华书局，1984：354.
⑤ 陈鼓应. 庄子今注今译 [M]. 北京：中华书局，1983：94.

使百姓获得向善之心，进而建立一个顺应天道的，返璞归真的社会。圣人的没有私心还体现在不聚敛财富上，《庄子》中有一个故事反映的就是这样一种对待财富的态度。尧在游历华山时遇到一个老者，老者祝他长寿、发财和多子，尧一并表示拒绝，针对尧"富则多事"的观点，老者提出真正的圣人"富而使人分之，则何事之有"①，即圣人不会为财所累是因为他们会将自己的财富分给穷人。这个故事也对应了老子"天之道，损有余而补不足"②的观点，将余裕用以填补不足，财富从富人处流向穷人处，最终天下再无贫富之分，这才是顺应天道的做法，而现实中的社会表现则与之相反，是"损不足以奉有余"。《庄子》中的这则故事正是要劝人行事应当顺应天道。

总的来说，先秦道家对待以财富为代表的利的态度并没有明显的褒贬，只是认为人们处置财富的方式应当顺应天道。或者说，在先秦的道家思想的理想社会中，社会运行的规则和人的行为都要遵循自然规律，这样的行为就是行善，普通人被鼓励成为善人。因此，在财富的占有和分配问题上，也应在圣人的主导下，顺应自然，从而使财富在人与人之间均衡分配。

到了汉代，随着豪民阶层的发展，拥有巨富的人群已经从统治阶层向下扩展，"富而使人分之"也就不再是圣人的专利。《太平经》承接先秦的道家思想，将财富的归属明确为"天地中和所有"③，并且将占有财富的人比作侥幸进入粮仓而得以饱食的硕鼠，但粮仓中的粮食终归不是老鼠所有，其作用不可能仅止于供养老鼠饱食。天地将财物交给人，便是让财物在人与人之间流动，履行其周穷救急的任务，即"物者，中和之有，使可推行，浮而往来，职当主周穷救急也"④。由此可见，道教将财富的所有权完全从个人身上剥离，即使有人占有财富，他也应当将这些财富用于救济穷困的人。

从现实角度出发，这对贫民是有利的，他们自然会接受这种观点。对于占有财富的人，道教从精神寄托的角度出发，抛出了对富人的奖励。首先就是长生和升仙。在道教体系中，修行是人得道，进而长生、升仙的基础，《抱朴子》就将对德行的修养纳入了修行的范畴："若德行不修，而但务方术，皆不得长生也。"⑤"方术"一词最早见于《庄子》"天下之治方术者多矣"⑥，此

---

① 陈鼓应. 庄子今注今译［M］. 北京：中华书局，1983：306.
② 陈鼓应. 老子注译及评介［M］. 北京：中华书局，1984：346.
③ 王明. 太平经合校［M］. 北京：中华书局，1960：247.
④ 王明. 太平经合校［M］. 北京：中华书局，1960：247.
⑤ 张松辉. 抱朴子内篇［M］. 北京：中华书局，2011：104.
⑥ 陈鼓应. 庄子今注今译［M］. 北京：中华书局，1983：855.

处可理解为学术。在道教语境下，方术则为包括了"天文星相、占验历算、神仙房中、堪舆卜筮等"① 为长生成仙服务的方法。而《抱朴子》认为，通过修习这些技能进而达成长生成仙的目的是有一个前提的，即个人的德行。因此，修炼实际上包括了修习方术和修炼德行两部分，其中对德行的修炼又是基础，而修炼德行需要"积善立功"，它的内容包括："慈心于物，恕己及人，仁逮昆虫，乐人之吉，愍人之苦，赒人之急，救人之穷，手不伤生，口不劝祸，见人之得如己之得，见人之失如己之失，不自贵，不自誉，不嫉妒胜己，不佞谄阴贼，如此乃为有德，受福于天，所作必成，求仙可冀也。"② 其中就包括怜悯他人的痛苦和对穷困的人给予物质上的帮助。其二是子孙后代的荫庇。《周易》中的"积善之家，必有余庆；积不善之家，必有余殃"③，就是说积德行善的人会有恩泽惠及家族后代，与之相对的，倘若一个人作恶多端，那么他因作恶而受到的惩罚同样会蔓延至家族后代。而这一思想，更为人熟知的表达方式则是佛教的因果报应说。

2. 报应与慈悲

前文中曾简单提到佛教中"报应"的概念，并将其认作为佛教敦促信众恪守诚信的手段。显然，在借贷活动中，因果报应说的约束力不仅仅体现在债务人身上，它在提醒债权人控制贪念方面同样发挥着作用。如第五章所引《太平广记》中"刘钥匙"的故事，就是意在告诫债权人不可因为自己的贪念而破坏他人的正常生活，否则必将承受自己的恶性所带来的恶果，毕竟佛教的因果报应不受时间、轮回的限制，即便肉体湮灭，报应也会由心来承受："经说业有三报：一曰现报，二曰生报，三曰后报。现报者，善恶始于此身，即此身受。生报者，来生便受。后报者，或经二生、三生、百生、千生，然后乃受。受之无主，必由于心。"④ 同样的，善行所带来的善果也必会在今生、来世或后世出现。《牟子理惑论》提出："倾家财，发善意，其功德巍巍如嵩泰，悠悠如江海矣。怀善者应之以祚，挟恶者报之以殃，未有种稻而得麦，施祸而获福也。"⑤ 由此可见，因果报应说意在鼓励信众除去自身的恶念、恶行，同

① 黄开国. 诸子百家大辞典［M］. 成都：四川人民出版社，1999：540.
② 张松辉. 抱朴子内篇［M］. 北京：中华书局，2011：207.
③ 黄寿祺，张善文. 周易译注［M］. 上海：上海古籍出版社，2007：22.
④ 刘立夫，魏建中，胡勇. 弘明集［M］. 北京：中华书局，2013：355.
⑤ 尚海，傅允生. 四大宗教箴言［M］. 北京：中国广播电视出版社，1993：316.

时为他们的善念、善行提供精神上的奖励，而善行中就包括在财物上为他人提供帮助。

除了为自己种得善果这样初级目的，佛教信众追求的最高目标无疑是成佛，成佛需要精神上的修炼，但完成这样的修炼并非是终日静坐冥想，更要有所行动，行善就是与之相匹配的修行，当一个人修炼到摒弃欲望，达到超脱生死的境界时，就可以成佛了："其教以修善慈心为主，不杀生，专务清净。其精者号为沙门。沙门者，汉言息心，盖息意去欲而归于无为也。又以为人死精神不灭，随复受形，生时所行，善恶皆有报应。故所贵行善修道，以炼精神而不已，以至无为而得为佛也。"①

以行善作为修慈善心的外在表现方式，可以说这与佛教的"慈悲"思想是分不开的，而"慈悲"即是佛教思想的核心："一切诸佛法中，慈悲为大。"② 所谓"慈悲"是指修行者为众生所做的奉献："大慈与一切众生乐，大悲拔一切众生苦。……大慈者念令众生得乐亦与乐事，大悲怜愍众生苦亦能令脱苦。"③ 即大慈大悲是与众生悲欢相通，并且能够给予众生平安喜乐以及帮助他们脱离困苦。不过这样以绝对平等的慈悲面对众生的境界是佛才能做到的，也就是所谓"诸佛心者，大慈悲是，以无缘慈摄诸众生"④。普通信众虽然无法达到这样的境界，但他们也有可以达到的境界，也就是小慈小悲："小慈但心念与众生乐，实无乐事；小悲名观众生种种身苦心苦，怜悯而已，不能令脱。"⑤ 诸佛以下的人中，因为不具有佛的能力，因而无法给予众生安乐和救助他们脱离苦海，但在感情上，依然能够做到与众生相通。

信众既然能够体谅、共情他人的困苦，那么即使能力不足以解救众生，对陷入经济困境的个体施以援手便也就是水到渠成的行善修行了，也就是上文所提到的"倾家财"。以财物资助他人是佛教修行方法之一的"布施"中的

① （晋）袁宏．后汉纪校注（卷一〇）［M］．周天游，校注．天津：天津古籍出版社，1987：187.
② 龙树菩萨．大智度论［M］．（姚秦）鸠摩罗什，译．台北：佛陀教育基金会，2006：1027.
③ 龙树菩萨．大智度论［M］．（姚秦）鸠摩罗什，译．台北：佛陀教育基金会，2006：1025.
④ 王孺童．王孺童集（第十卷）——净土三经校释、观无量寿佛经疏妙宗钞科句校注［M］．北京：宗教文化出版社，2017：113.
⑤ 龙树菩萨．大智度论［M］（姚秦）鸠摩罗什，译．台北：佛陀教育基金会，2006：1026.

"布"："言布施者，以己财事分布与他，名之为布，惄己惠人，目之为施。"①
也就是，将自己的财物分给他人和同情他人的困境而施以援手这两种行为合称
为"布施"。此类善举在佛教中也被比喻为将火种分给他人："譬如一炬之火，
数千百人各以炬来分取，熟食除冥，此炬如故，福亦如之。"② 如果说安乐富
足是福气，那么将自己的这些身外之物分给他人，让更多的人感受到这样的安
乐富足，对于施予者来说，福气并不会减少。

总的来说，以佛教和道教为代表的宗教，尽管同样没有实质性的手段来约
束债权人，但作为精神寄托和信仰，它们对信众在精神上具有非常深刻的影
响，因而也就可以通过因果报应说来实现其劝善黜恶的目的。

(三) 调解、律令的倾向性与债权人的让步

通过前文对私人借贷的产生和私人借贷的民间规则的形成的梳理，我们发
现，在唐代的私人借贷关系中，债权人与债务人之间的力量对比是极不平衡
的，且正式制度中，针对债权人几乎不存在有效的、具有强制力的规则。然而
从现存的实例当中又可以看出，债权人在私人借贷活动中的行为也并非全无顾
忌。考虑到民间秩序的形成同样仰赖于当地的文化传统，我们从唐代敦煌和吐
鲁番地区的社会风俗的形成具有重大影响的儒家思想，以及以佛教和道教为代
表的宗教思想出发，探寻非正式制度中能够对债权人产生约束的因素。事实
上，尽管上述文化传统在精神层面存在着约束债权人行为的可能，但在实践
中，这依然是不具有外部强制力的道德约束，换言之，债权人即使不遵守民间
秩序，从表面来看，也不会受到任何实质性惩罚。因此，我们需要进一步讨论
道德约束是如何在唐代敦煌和吐鲁番地区的私人借贷活动中由自我约束转换为
具有强制力的外部约束的。

这一转换的实现，显然与长期且普遍存在于我国古代社会的调解制度是分
不开关系的。调解的形式主要有三类：官府调解、官批民调和民间调解。这三
类调解在前文所引述的契约中都体现，如《唐乾元二年（759）赵小相立限纳
负浆钱牒》就是属于官府调解，官府调解是三种调解类型中强制力最强的一
个；《唐贞观二十二年（648）洛州河南县桓德琮典舍契》则可归入官批民调

---

① （隋）慧远. 大乘义章［M］//大正新修大藏经（第四十四册）. 日本：大藏株式
会社，1934：694.

② 尚荣. 四十二章经［M］. 北京：中华书局，2010：24.

类；而反映或体现民间调解内容的契约较为罕见，但私人借贷纠纷中的民间调解也并非全无踪迹可寻，如《唐咸亨五年（674）高昌王文欢诉张尾仁贷钱不还辞》，债权人王文欢曾多次前往债务人张尾仁居住地协商履约事宜，诉讼由双方未能就解决方案达成一致而起，倘若两人能够达成新的协议，那么在证人的见证下签订新的契约就是一件大概率会发生的事，由此也就达成了一项民间调解，如前文所引《乙丑年（905?）敦煌索猪苟便麦契》。

因此，前文曾提到的官府处理私人借贷纠纷时的自由量裁空间，实际上便是调解的模糊性与律令的明确性之间的差异。尽管调解的依据是灵活且模糊的，但在唐代的敦煌和吐鲁番地区，它始终是处于"礼"和当地风俗习惯的大原则之下的，正如恩格斯所指出的那样："一切争端和纠纷，都由当事人的全体即氏族或部落来解决，或由各个氏族相互解决；……一切问题都由当事人自己解决，在多数情况下，历来的习俗就把一切调整好了。"① 甚至于中国古代各王朝的法律的制定都受到习俗，或者说社会道德规范的影响。

唐代的律法在后世被评价为"一准乎礼，以为出入，得古今之平"②，即制定唐律所依照的准则是儒家的"礼"，也就是说，唐代的律令实际上也是儒家思想理念的体现。而在细则上，中国古代的法律也同时融合了社会道德规范的精神，这造就了道德法律化的现象。唐代的律令不仅继承了这一点，而且有唐一代也是道德法律化的成熟发展时期。唐律将道德规范转换成可操的法律条文，提高了道德规范的执行力并进一步加深了其在全社会的影响力。③ 也就是说，调解所依据的社会道德规范和律令的指向性实际上是一致的。如前文所提到的《后晋开运二年寡妇阿龙牒》，尽管纠纷土地在法律和事实上都已经不再属于阿龙祖孙，但因为二人没有收入来源且生活贫困，出于体恤弱者的目的，节度使曹元忠在支持索进君主张对土地所有权的情况下，判决土地的使用权以及收益归阿龙祖孙所有，以保障他们的生活。这样的判决不仅符合土地分配的法律规定，也符合《唐六典》中对地方官员"养鳏寡，恤孤穷"的职责要求。

在本节中，我们讨论了儒、释、道三家思想对私人借贷活动可能造成的影响，彼时的讨论中，它们作为道德规范，仅仅作用于自我约束。而实际上，在它们对唐代律法产生影响的同时，仁爱、淡泊与慈悲等概念也由单纯的私德范

① 中央编译局. 马克思恩格斯选集（第四卷）［M］. 北京：人民出版社，2012：108-109.

② （清）永瑢，等. 四库全书总目［M］. 北京：中华书局，2003：712.

③ 王静. 中国古代道德法律化研究［D］. 河北大学，2008.

畴进入公德领域，在这一过程中，它们对债权人的约束也就从自我约束扩展为第三方约束。因此，"乡土社会"的种种约束也就不仅仅存在于债务人一方，债务人受制于熟人社会的规则，要以诚信为自己树立良好的声誉；身处同一环境的债权人则需要通过展现自己的重义轻利、积德行善为自己创造或维持一个好名声。最重要的是，私人借贷纠纷的民间调解人的倾向性也必须符合社会道德规范和法律的预期，即以保障基本生活为前提，向着弱势一方倾斜。

敦煌和吐鲁番地区所出土的唐代私人借贷契约所反映的借贷活动中，债务人大多处于相对弱势的一方，他们借贷的原因也大多出于维持基本生活的目的。而当时的法律和社会道德规范都是倾向于保障弱势群体的基本生存权的，因此对于债权人而言，尽管要求债务人偿还债务同样是他们的权利，但在这之上他们还要受到来自道德和法律层面的双重约束，要求他们在行使权利时要顾及债务人的生存状况。因此，尽管强制要求债务人履约已经成为写入借贷契约的套语，但唐代律令不允许债权人未经有司许可，私自夺取债务人财物；社会公德和个人私德也不赞同个体因过分重视财物而损害他人的生存。

因此，在唐代敦煌和吐鲁番地区的私人借贷活动中，债权人在借贷契约的基础上所表现出的善意与让步，是在正式制度的引导与民间秩序的规范下所达成的一种维持民间私人借贷活动正义性的平衡。在唐代的社会道德评价体系下，债权人对违约债务人所做出的让步，这一行为首先与先秦时期的诸侯和士大夫减免债务的目的相似，都是用物质利益换取更高的社会评价，其次，在宗教氛围浓厚的唐代敦煌和吐鲁番地区，债权人的行为还能够获得宗教信仰和个人道德层面上的自我满足和提升。

第七章　唐以后民间私人借贷活动的变化

中国古代的民间私人借贷活动的具体运作形式，特别是契约的格式和内容已经发展至完善阶段，其后的发展与变化主要表现在两个方面，一是契约形式的简化，二是法律规制的健全。本章将以这两方面变化为基础，梳理敦煌和吐鲁番地区出土的唐以后的私人借贷契约以及其他地方出土的宋、元、明、清时期私人借贷契约的变换，以及唐以后各王朝的法律对于借贷活动的管理。最后通过马克思主义契约理论的视角，分析民间私人借贷活动的变化规律。

一、唐以后民间私人借贷契约的变化

（一）敦煌和吐鲁番地区的私人借贷契约

张议潮起兵收复包括敦煌和吐鲁番地区在内的河西十一州后，归义军政权对这些地区的统治并不稳定，归义军政权逐渐失去对大部分地区的控制，其势力范围最终收缩至瓜州和沙州（敦煌地区）。吐鲁番地区在这一过程中成为高昌回鹘王国的势力范围，完全脱离了对中原王朝的依附。因此，本小节将分别梳理敦煌地区和吐鲁番地区的民间私人借贷活动契约及其所反映的私人借贷活动情况。

1. 唐末至宋初敦煌地区的私人借贷活动

归义军收复敦煌地区后，废除吐蕃占领时期施行的部落制，恢复乡里制，并恢复使用唐王朝的年号，如《唐大中十二年（858）敦煌敦煌孟愍奴便麦契》（编号：伯三一九二背（二））①：

1. 大中十二年四月一日，敦煌乡百姓孟愍奴为无粮用，今于
2. 朝国边便麦陆硕，粟三硕。其典勿（物）大华（铧）一孔，众釜一冨

---

① 张传玺. 中国历代契约粹编（上册）［M］. 北京：北京大学出版社，2014：344.

（冨）。其

3. 麦子自限至秋八月卅日还只纳足。如为（违）不还，掣夺家

4. 资杂勿（物），用。如身东西不在，一仰保人代还。恐人无信，

5. 故立私契，用为后验。书至（指）为记。

6. 保人雷惠惠

此件契约为唐王朝存续期间订立，使用的是唐宣宗的年号，契约格式与内容要件与前文所引吐蕃占领前吐鲁番地区的契约相似。而其后，由于唐末敦煌与长安交通不畅，敦煌地区的私人借贷契约不再使用唐朝年号，而改为干支纪年，如前文所引《丙午年（886）敦煌翟信子欠麦粟契》和《乙丑年（905？）敦煌索猪苟便麦契》所示。

唐灭亡后，归义军治下的敦煌地区的私人借贷契约依然保留了干支纪年的形式，如《乙酉年（925）敦煌张保全贷绢契》（编号：Д x.01377)①：

1. 乙酉年五月十二日立契。莫高乡百姓张保全，伏缘家中欠少疋帛，遂于慈惠乡百姓李阿察面上贷黄丝生绢壹

2. 疋，长叁仗（丈）捌尺尺，福（幅）阔贰尺。其绢利头现还麦粟肆硕。其绢限至来年立契月日当便填还。若于限不还者，准乡

3. 原例生利。若也保全身东西不平善者，一仰口承男长千面上取绢。两共对面平章已定。

（以上正面，三行，右行）

4. 恐人无信，故勒兹契，用为后凭。（押）

从此件契约可以看出，唐亡后，敦煌地区的基层组织结构没有发生太大变化，契约形式也与此前相同。但这一时期契约所显示的承担保人责任的参与人被称为"口承人"，按照地方传统加收利息是这一时期针对债务人违约的主要惩罚形式。掣夺家资有时作为偿还保证，如《辛酉年（961？）敦煌陈报山贷绢契》（编号：斯 5632〈1+2〉）："若是宝山身东西不在者，一仰口承人男富长祇当。于尺数还本绢者，切（掣）夺家资，充为绢主（直）。"② 有时则作为更为严厉的违约惩罚，如《辛亥年（951）敦煌康幸全贷绢契稿》（编号：P. 2504〈2〉）："若限满不还者，又须利，忽若推言，掣夺家资。"③

总的来说，这一时期敦煌地区的私人借贷活动的民间秩序与唐代相比变化

① 陈国灿. 丝绸之路出土民族契约文献集成（汉文卷）[M]（待出版）.

② 陈国灿. 丝绸之路出土民族契约文献集成（汉文卷）[M]（待出版）.

③ 陈国灿. 丝绸之路出土民族契约文献集成（汉文卷）[M]（待出版）.

不大，熟人社会带来的对于私人借贷活动履约的约束条件在此时已然发挥着作用。

2. 高昌回鹘王国时期吐鲁番地区的私人借贷契约

9 世纪中叶，被黠嘎斯灭国的回鹘汗国的一支在西域建立起了以高昌为都城的高昌回鹘王国，佛教是其主要宗教信仰，这一时期的私人借贷契约都以回鹘文书写，标的物种类比起以纺织物为主的敦煌地区要丰富许多，包括借毡契、借银契、借纺织物契以及借酒契等，下面我们各取一例对这些契约进行分析。

首先是《牛年二月初一布都斯·都统借毡契》（编号：U5231（T II Čiqtim 2））①：

1. 牛年二月初一日我布都斯·都统（büdüs tutung）
2. 因需要 napčik 地的毡子
3. 从阿尔斯兰·森库尔（arslan sïngqur）处以六个棉布借了一个毡子
4. 当一块去的商队返回时
5. 我将送回六个棉布。如未从商队送去，
6. 就以每月一个棉布的利息一起如数
7. 归还。借用多少月，就按此连同利息
8. 一起归还。归还之前，如发生什么，
9. 就让我的家人如数归还。见人伊甘·塔西·奥古勒（yigän taš oγul）。
10. 此印章是我布都斯·都统（büdüs tutung）的。

此件契约的交易内容为借毡子还棉布，是无息借贷，但如果债务人没能按时偿还，则要根据拖延的时间按月支付利息。

高昌回鹘王国的借银契则多为有息借贷，如《鼠年四月初一宝勒米西借银契》（编号：U5230（TM 222，D51））②：

1. 鼠年四月初一
2. 我宝勒米西（bolmïš）因付利息需用银子，
3. 从喀喇·奥古勒（qara oγul）处借取了六两
4. 银子。借用多少月，就按月息
5. 一钱半银子的利息一起

---

① 张铁山．丝绸之路出土民族契约文献集成（回鹘文卷）[M]．（待刊稿）.
② 张铁山．丝绸之路出土民族契约文献集成（回鹘文卷）[M]．（待刊稿）.

6. 如数归还。返还之前，如我

7. 发生什么，就让我妻图祖克（tüzük）如数

8. 归还。见人宝尔鲁克齐（borluq Ci）。见人艾尔·不花（är buqa）。

9. 此印章是我宝勒米西（bolmïš）的。我伊克纳·都统（yïγïna tutung）

10. 依其口述写了（此契）。

此件契约不包含违约惩罚的内容，且契约中出现了与麹氏高昌时期私人借贷契约中"倩书人"作用相同的角色，只不过回鹘文契约中的契约书写人并没有专门的称谓。《龙年二月二十五日托尔齐借棉布契》（编号：U5262（TM234））① 中则在末尾注明契约书写人为债务人托尔齐本人。

作为违约惩罚的利息并非不能出现在有息借贷中，如《猪年三月十六日乌斯纳借棉花契》（编号：U5263（TIID 43））②：

1. 猪年三月十六日

2. 我乌斯纳（usina）因需棉花

3. 从萨吾里雅西里（sauriyaširi）处，付息借取四秤棉花。

4. 秋初如数还给七秤棉花。

5. 归还前如我发生什么，由我弟布德鲁克（budruq）及家中人

6. 归还。如若未及时归还，就按民间惯例

7. 连同利息一起归还。此花押是我见人布阳·海牙（buyan qaya）的。

8. 见人萨斯·库德鲁格·海牙（sasi qudluγ qaya）

9. 此花押是我玉斯耐（üsinä）的。

10. 我托格鲁克（toγluq）依其口述写了（此契）。

借贷时双方需要订立契约，债务偿还完毕时债务人也会将其记录下来，如《鸡年归还斯尔特·库特鲁克葡萄酒契》（编号：SI4bKr. 234）③：

1. 鸡年我将斯尔特·库特鲁克（sïrt qutluγ）的二罐葡萄酒

2. 连同（利息）完全归还了。

借贷契是以债务人的口吻书写，归还契同样如此。

从上述契约可以看出，吐鲁番地区的回鹘文契约中"保人"这一称谓彻底消失，实质上承担保人职责的通常为债务人的亲属。相比于唐代的汉文契约，契约书写人这一角色又回到了契约参与人当中；在纪年方面，吐鲁番地区

---

① 张铁山. 丝绸之路出土民族契约文献集成（回鹘文卷）［M］.（待刊稿）.

② 张铁山. 丝绸之路出土民族契约文献集成（回鹘文卷）［M］.（待刊稿）.

③ 张铁山. 丝绸之路出土民族契约文献集成（回鹘文卷）［M］.（待刊稿）.

的回鹘文契约采取了生肖纪年的形式；并且回鹘文契约也不再包含攫夺家资条款。而与唐代汉文契约相似的是，回鹘文契约中同样包含债务人对自己因遭遇意外而无法偿还债务，便由其亲属代为偿还的说明。从契约主要内容所反映的当时的私人借贷活动民间秩序来看，高昌回鹘王治下的吐鲁番地区与唐王朝统治时期的差别并不明显。

（二）其他地区的私人借贷契约

私人借贷契约形式发生较大变化的阶段为西夏时期，由于西夏《天盛律令》中关于契约内容的规定着重强调了借贷标的物的数量需要标明清楚，因此，这一时期的契约出现了完备和简约两种形式。

完备形式以《西夏光定卯年三月六日（1219）梁十月犬贷粮契》（编号：Инв．No. 6377-16（1））① 为例：

1. 光定卯年三月六日日文状为者梁十月
2. 犬今兀尚般若山自本持者老房吉？处一
3. 石五斗麦借石上五斗数利有共算二
4. 石二斗五升为日限同年八月一日
5. 谷数聚集来为当日过时一石二石数
6. 还为本心服入柄处有之还为当
7. 文状为者梁十月犬（画押）
8. 相借兀尚老房犬（画押）
9. 相借梁九月犬
10. 相借李满德（画押）
11. 知人杨老房犬（画押）
12. 知人杨罗山

契约内容除《天盛律令》所要求的借贷数量以及利息，还包括借贷时间、借贷原因、偿还方式、违约赔偿、表述借贷人认可契约内容和按约偿还保证的话语，以及契约参与人的姓名和画押。

简约形式以《西夏某年某月某日李犬吉贷粮契》（编号：Инв. No. 4526（2））② 为例：

1. 日同文状为者李犬吉今移讹？盛处

---

① 史金波．丝绸之路出土民族契约文献集成（西夏文卷）［M］（待出版）.
② 史金波．丝绸之路出土民族契约文献集成（西夏文卷）［M］（待出版）.

2. 五石杂借七石五斗为日限八月一日还为

3. 当 文状为者百吉（画押）

4. 借相嵬移□□□（画押）

5. 借相者梁老房吉（画押）

6. 知浑小狗铁（画押）

此件契约省略了借贷原因、偿还方式、保人责任以及表明债务人对契约内容无异议的话语。

此外，还有更为简略的形式，以《西夏使军狗盛贷麦契》（编号：Инв. No. 7892-7）[1] 为例：

1. 一人使军狗盛借麦五斗，为一石。

2. 借者狗盛

此件契约将债务人姓名以及借贷数量和利息以外的信息全部省略。

元代契约的内容以及形式与唐代类似。如《元至元四年（1267）亦集乃路韩二借钱契》（编号：M1·0971［F74：W3］）[2]：

1. 立欠钱文字人亦集乃路耳卜渠住人

2. 韩二，今为要钱使用，别无得处，今欠到

3. 石巡使中统宝钞式拾柒伍钱。其

4. 钱本人自限正月终交还。如至日不见

5. 交还。系同取代保人一面替还无词。恐失，

6. 故立故文字人为用。

7. 至元四年〔五〕十月廿日立文字人韩二（押）

8. 同取代保人张二（押）

9. 知见人小鸟二（押）

与敦煌和吐鲁番地区出土的唐代契约相比，元代私人借贷契约中不再出现违约赔偿和亲属代偿的条款，保人成为当债务人无法偿还债务时的第一代偿责任人。

到了明代，私人借贷契约有了明显的简化且格式逐渐统一，如《明万历五年（1577）安宁州张瑚借银约》[3]：

立契约人张瑚，系安宁州民，□新化州吏，为因缺用，情愿凭中立约，借

① 史金波. 丝绸之路出土民族契约文献集成（西夏文卷）［M］（待出版）.

② 陈国灿. 丝绸之路出土民族契约文献集成（汉文卷）［M］（待出版）.

③ 张传玺. 中国历代契约粹编（中册）［M］. 北京：北京大学出版社，2014：936.

到本州民赵 名下松纹银壹两伍钱，每月共行利巴五索，其银限至本年三月终一并归还。如若短少分纹，将约赴官理取。今恐人信（心）难平，立此借约存照。（押）

实计借纹银壹两伍钱，每月共巴五索，将号票壹张作当。

万历伍年贰月拾伍日立

借□约人张瑚（押）

中证代保人戴（押）

与唐代契约相比，明代的借贷契约对债务人的身份信息记录得更为详细，除了姓名和居住地，还有职业。保人代偿条款和违约赔偿不再出现，此件契约中明确表示若债务人到期未还或少还则债权人将直接向官府提起诉讼。另一件订立与万历十年（1582年）的货币借贷契约中，双方则约定"中间不至少欠，无件变卖交还"① 在预防债务人违约方面，依然不再涉及保人代偿和违约赔偿的内容。

到了清代，借贷契约继续简化，如《清康熙四十二年（1703）休宁县项福生借银约》② 所示：

立借约人项福生，今因缺少使用，今借到汪名下纹银乙两整。其银每年加谷利四斗，其有来年八月交谷利清白，如迟，将窝下田乙丘二亩七分抵还不误。借约存照。

康熙四十二年十一月日

立约人项福生（押）

中见人毕君达（押）

相较于明代，契约简化了债务人的个人信息，人保已经彻底从私人借贷契约中消失，契约中出现的参与人仅剩债务人、债权人和证人，有时证人也承担书写契约的任务。

显而易见的是，完备形式的西夏文借贷契约中还保留着唐代的契约书写习惯，但到了明清时期，私人借贷契约的内容与书写格式已经形成了一套新的体系。如前文所述，明清时期出现了不再压抑百姓诉讼的思潮，民事纠纷的地位在实践中得到提升，官方对私人债务纠纷的积极干预使得民间秩序在私人借贷活动中确保履约的作用开始被取代。反映在契约中，就是借贷活动所需要的偿还保证减少，人保彻底退出私人借贷活动，以及契约中不再包括违约赔偿这样

① 张传玺. 中国历代契约粹编（中册）[M]. 北京：北京大学出版社，2014：937.

② 张传玺. 中国历代契约粹编（下册）[M]. 北京：北京大学出版社，2014：1732.

的恐吓性条款。但"牵掣家资"这一内容却以另一种方式保留在明清的契约中，如《明万历十年（1582）安宁州孙维忠借海巴文约》提到如果债务人到时没有足够的贝币，则将变卖其他物品保证按时偿还债务；清代的私人借贷契约通常以土地作为物保，当然，即使没有物保，通过其他例子，我们也不难猜想，当债务人濒临违约时，他们同样会变卖其他家产抵偿债务。

二、西夏、元、明、清关于借贷活动的法律的变化

唐以后，与私债相关的法条随着时间的推移逐渐独立出来。两宋第一部成文大法《宋刑统》中"公私债负"在卷二十六《杂律》之下，与"受寄财物辄费用"和"官吏放债"并列，其内容主要是对唐代杂令、《唐律疏议》和敕文中相关内容的整理和汇总；南宋的《庆元条法事类》卷八十的《杂门》下有"出举债负"的分类；在同一时期的西夏政权的《天盛律令》对于具体条款的分类与唐宋有所区别，因此与私人借贷相关的"催索债利门"作为一个独立的类别出现。到了元代，在《大元通制条格》中，"违利取息"条被置于《杂令》之下，而在《元典章》中，"私债"条被置于《户部》之下。明清的法典延续了《元典章》的分类规则，"钱债"类均被归于《户律》之下。

除了历朝对利率、违约、违禁取利等的处罚略有差异外，上述法典中的相关条目则呈现出规定越来越详细的变化。如《庆元条法事类》主要增加了禁止债权人暴力催收、以人或牛畜抵债以及不许兵籍人员参与借贷活动等内容："以威势殴缚取索，加故杀罪三等。"① "诸以债负质当人口，（虚立人力、女使雇契同）杖一百，人放逐便，钱物不追。情重者奏裁。"② "诸以有利债负折当耕牛者，杖一百，牛还主。"③ "诸放债与兵级者，徒二年，与将校及剩员若刺面人并出军家口，杖一百。"④《天盛律令》鼓励债权人通过法律途径

① 杨一凡，田涛. 中国珍稀法律典籍续编·庆元条法事类 [M]. 戴建国，点校. 哈尔滨：黑龙江人民出版社，2002：902.

② 杨一凡，田涛. 中国珍稀法律典籍续编·庆元条法事类 [M]. 戴建国，点校. 哈尔滨：黑龙江人民出版社，2002：902.

③ 杨一凡，田涛. 中国珍稀法律典籍续编·庆元条法事类 [M]. 戴建国，点校. 哈尔滨：黑龙江人民出版社，2002：902.

④ 杨一凡，田涛. 中国珍稀法律典籍续编·庆元条法事类 [M]. 戴建国，点校. 哈尔滨：黑龙江人民出版社，2002：902.

追索债务："不还则告局分处，当以强力搜取问讯"①，与此同时，对于无力偿还债务的被告，"则当依地程远近限量，给二三次期限，当使设法还债，以工力当分担"②。仍然不能还清欠债的债务人才会按规定受杖刑。与此同时，西夏的律令中出现了与《庆元条法事类》类似的不得以债务人亲属抵债的条款，并且规定更为具体："同去借者亦不能换，则不允其二种之人妻子、媳、未嫁女等还债价，可令出力典债。"③ 这一规定将有连带偿还责任的亲属也包含在内，而特意指明是女性亲属，也反映出当时存在买卖妇女的现象。相比于唐宋，西夏的律令对地方官府的调解职责做出了明确的规定，这在一定程度上限制了地方官员自由量裁的空间，只不过这一点并未被其后的元、明、清继承。《大元通制条格》将以往"不得回利为本"的规定表述为"虽有倒换文契，并不准使"④，而从"并不得将欠债人等强行扯拽头足，准折财产，如违治罪"⑤ 可以看出，债权人强迫债务人卖身抵债的现象较之南宋时期更为严重，彼时这样的行为尚用雇佣契约做掩饰，而在元代，已经变成了债权人强行掳掠。这一现象在明清时期并未得到改善，以至于明清律令对债权人掳掠债务人财产和家庭成员抵债又有了更详细的规定："若豪势之人不告官司，以私债强夺取人孳畜产业者，杖八十。……若准折人妻妾子女者，杖一百。强夺者，加二等。因而奸占妇女者，绞。人口给亲，私债免追。"⑥ 清代又增加了军中放贷的种种禁令。

从律令内容的变化来看，唐以后的历代政权的律令中，针对债务人违约的条款仅在惩罚标准上有所变动，而针对债权人的行为约束则不断增加。这当中不仅反映出唐以后历代政权都意识到以往的律令对债权人行为约束的缺失，而且表明在私人借贷活动中，借贷双方的力量对比进一步失衡，以至于面对违约的债务人时，旧有的民间秩序对债权人行为的约束力已经十分脆弱，这使得债权人在催债时近乎毫无顾忌，尽管国家法律不停强化对债权人的管控，并降低民间借贷利率的上限，以及取消允许债权人掣夺债务人家资抵债的条款，但债务人的处境仍然持续性恶化，甚至他们本人乃至亲属都有可能因为债务无法偿还而受到人身伤害。

---

① 史金波，等. 天盛改旧新定律令 [M]. 北京：法律出版社，1999：188.
② 史金波，等. 天盛改旧新定律令 [M]. 北京：法律出版社，1999：188.
③ 史金波，等. 天盛改旧新定律令 [M]. 北京：法律出版社，1999：189.
④ 郭成伟. 大元通制条格 [M]. 北京：法律出版社，1999：319.
⑤ 郭成伟. 大元通制条格 [M]. 北京：法律出版社，1999：319.
⑥ 怀效锋. 大明律 [M]. 北京：法律出版社，1999：81-82.

三、马克思主义契约理论视角下的唐至清代的私人借贷契约的发展与变化

与西方契约理论将契约关系视为市场经济下形成的人与人之间的关系的观点不同,马克思始终将契约关系划归生产关系范畴。事实表明,中国早在自然经济状态下就已经形成了契约关系,而纵观私人借贷契约的发展各个阶段,我们也明显可以看出它的变化与当时的生产力水平是相匹配的。

以担保的变化为例,在生产力展水平相对较低的阶段,人们往往倾向于使用人保作为履约保证,这是由于在这一阶段人保的获取难度相对物保较低且更为灵活,而到了明清时期,随着生产力的提高,商品经济发展水平显著提高,此时物保的灵活性超越人保,"保人"这一角色自然就消失在私人借贷契约中。同样的情况也发生在"牵掣家资"这一条款上,唐代的牵掣家资抵债在法律上是由官府主导,对违约债务人的家产进行估价并变卖,而到了明清时期,个人变卖物品折现的难度要低于唐代,债务人自己就可以完成变卖家产还债的操作,因此法律中也不再有禁止债权人强行夺取债务人财物的规定,另一方面,如果债务人已经卖无可卖,则他们的妻女就会成为债权人强夺的抵债对象,因此明清时的法令便转向了禁止人口掠夺。

综上所述,唐代的私人借贷活动民间秩序以及履约机制的形成,并非正式制度或非正式制度之一主导的,而是正式制度与非正式制度相互影响、相互融合的产物,是当时的生产关系下可执行性最高的制度设计。私人借贷活动秩序在唐以后的发展和变化也同样是与生产力、生产关系的发展变化相适应的。

第八章 结 语

借贷是一项历史悠久的经济活动，它在互助、救济的基础上发展而来。尽管随着社会生产力的发展，借贷活动早已脱离了它的初衷，成为一种谋利的方式，但从敦煌和吐鲁番地区出土的大量无息借贷契约来看，在唐代，敦煌和吐鲁番地区的民间私人借贷活动似乎依然在一定程度上保持着它周穷救急、互通有无的温情底色。但当我们对这些契约的文本进行分析就会发现，无息借贷的违约赔偿多为一倍本金，倘若债务人违约，那么他所要偿还的债务与官方允许的有息借贷所要支付的利息几乎没有差别。显而易见的是，敦煌和吐鲁番地区的自然条件并不利于当时被作为主业的农业生产，且两地授田又普遍不足，日常消费和税赋徭役往往是粮食类和货币类借贷的主要原因，债务人即便能够偿还当期债务，也并不意味着他们能够就此脱离经济上的窘境，即使暂时解决了温饱与再生产的问题，一场红白喜事也会再次使他们陷入赤贫。因此，彼时的小生产者极易陷进债务旋涡，难以挣脱借新债还旧债的循环，直至破产。

换言之，在唐代敦煌和吐鲁番地区的民间私人债务活动中，部分债务人的家庭经济情况并不能保证偿还债务，但这样的人依然能够获得借贷。这就与唐代敦煌和吐鲁番地区的社会风俗和文化传统分不开了。首先，在安土重迁思想和唐代的土地、户籍政策的作用下所形成的熟人社会中，人们世世代代生活在同一个社区里，人与人之间的信息彼此透明，因此一个人的信誉记录就很容易被获得。与此同时，个人信誉记录与家族信誉记录会互相影响，并且在代际传承，这就导致了与现代公司相类似的情况，即交易是非一次性的，且交易终止时间是未知的，在这样的情况下，故意违约会导致债务人信誉下降，他和他的家族在以后的时间里都难以再获得他人的信任进而难以获得借贷乃至他人的帮助，在生产力水平较为低下的唐代边疆地区，这样的后果是一个家庭无法承担的。其次，由于唐代敦煌和吐鲁番地区的百姓普遍笃信宗教，其中影响力最大的佛教在传入中国后与儒家思想和本土宗教相结合，将诚实守信等规则引入戒律，人们在祈求来世安乐时自然要遵照戒律行事；另一个在唐代敦煌和吐鲁番地区较为有影响力的道教本就是以道家思想为基础、融合了不同思想发展起来的本土宗教，在关于社会道德和个人私德方面的理念与儒家思想自然难分彼此；而儒家思想在长时间的传播与发展中，早已成为社会公序良俗的重要组成部分，时人即便从未接受过正统的儒家教育，也早已浸润其中，更何况还有与之保持着一致性的宗教的影响。这样的社会环境使得债务人故意违约的成本非常高昂，因此即使以他们的经济状况难以按时偿还债务，债务人们也会遵守契约，逐渐偿还本金、利息或者罚金。

同样在文化习俗与宗教道德的影响下，重义轻利、仗义疏财和仁善慈悲等思想体现在债权人身上则表现为他们在遇到债务人未能及时偿还债务时，往往首先采取沟通协商的方式延长还款期限。尽管契约条款是严苛的，但债权人通常并不会立即将夺取债务人家产作为抵债手段，即使沟通不成，债权人也只是将债务人诉至官府，寻求官方调解。当然，债权人之所以作出这样的选择还存在着另一个不可忽视的原因，那就是唐代律令禁止私人强夺他人财物。

尽管私人借贷活动的民间秩序已经强势到建立了一套完整的运行体系，但国家法律，即正式制度依然保持着更高的权威性，并且有能力对民间秩序进行干预和影响，比如涉及私债的恩赦的效力就高于私人契约的抵赦条款。这里就出现了一个矛盾的现象，一方面，律令和政令中的部分内容，如利息不得超过本金、禁止复利等条款在私人契约的纸面上都得到了较好的遵守；而另一方面，有息借贷的利率大多远超律令所允许的范围，并且被直白地写在契约中，甚至于部分契约中还存在着与官方政令相对抗的抵赦条款。

尽管敦煌和吐鲁番地区出土的唐代借贷契约是在双方合意的情况下订立的，在形式上是公平的，但实际上由于借贷双方在经济水平和社会地位上的差距，债务人在契约订立伊始便处于弱势地位，如无外部力量的干预，为了获得借贷，他们必须接受债权人所开出的条件，唐政府也深知这一点，故而从律令到诏令都曾做出过维护小农生存空间的努力，但它所代表的毕竟是地主阶级的利益，因此，相关政令的执行力往往不够。此消彼长，民间私人借贷非正式制度在唐代始终保持着由强势一方的债权人主导的状态，在契约执行过程中，他们也偶有让步，但这样的让步往往也是基于当地的乡规俗约，而非对法律法规的敬畏。换句话说，处于弱势一方的债务人在私人借贷活动中会受到怎样的对待，完全依赖于债权人的"良心"。

本书对唐代敦煌和吐鲁番地区私人借贷民间秩序在激励债务人履约的分析是借助"自我实施机制"展开的，这一理论隶属于不完全契约理论，是以自由市场和商业社会为背景提出的，它的基础是信任的建立。因此，在不完全契约理论中，研究者试图通过市场机制，以纯经济的方式解决这一问题。随后的比较历史制度分析将这一理论引入对传统社会的分析，使声誉机制和私人惩罚的作用得到充分发挥，但此时，自我实施机制的应用场景中依然存在着市场和交易，区别在于自由市场变成了传统市场，交易规模也变小了。但通过对私人借贷契约文本的研究，我们可以发现，敦煌和吐鲁番地区出土的唐代私人借贷契约所反映的借贷活动并不存在市场行为，市场能够对信任关系建立产生的影响几乎完全为文化传统和社会风俗所取代。

唐代敦煌和吐鲁番地区私人借贷活动的上述特征显示出，尽管国家法律针对具体私人借贷活动的干预极少，但这并不意味着它完全摆脱了国家法律的影响而形成一套独立的运行系统。因此，本书并没有将私人借贷活动中的法律制度与地方文化传统和社会习俗作为彼此独立的正式制度和非正式制度进行讨论，而是侧重于对两者互相影响、互相融合的产物——民间秩序的考察。一方面，民间秩序的效力和强制力均在国家法律之下，因此它并不具备完全的自我实施能力，当民间秩序与国家法律、政令产生冲突，以及无法调解借贷双方的纠纷时，国家法律的介入依然是必要且有效的；另一方面，民间秩序在普通的私人借贷活动中又切实发挥着主导作用，它以既往的国家法律为蓝本构建了交易的具体规则，同时又以道德为基础，激励债务人履约以维护债权人的权益，以及激励债权人对债务人施以援助和同情，从而保障债务人的权益，从而尽可能避免借贷双方之间发生民间秩序框架下无法解决的纠纷。

正如"看不见的手"不是万能的，社会风俗也存在着和市场经济一样的缺陷，那就是在实际执行过程中，公平并不能够得到有效的重视，盲目依赖民间秩序的自我修正能力，必然导致对私人借贷活动规则的解释权几乎完全由强势一方掌握，而弱势的一方只能一边寄希望于强势方排除了第三方干预的"道德"与"良知"从而获得一定的权益保障，一边只能承受着来自强势方尽可能的剥削。因此，来自第三方，即国家的法律与监管存在的意义是永远不能被忽视的，它是维护公平、保障弱势群体权益的最后也是最坚实的一道屏障。

综上所述，本书以敦煌和吐鲁番地区出土的唐代私人借贷契约为基础，梳理了由其串联起的国家法律与地方传统，在此基础上分析了唐代敦煌和吐鲁番地区私人借贷活动民间秩序的形成与运行机制，力图探求参与者在唐代私人借贷活动中的真实行为选择，展现契约发展完善期的民间秩序支配下的私人借贷活动的整体情况。尽管笔者针对唐代私人借贷活动的民间秩序提出了一些看法，但受限于无法穷举会对民间秩序产生影响的文化传统与社会风俗，以及笔者在法制史和社会学理论方面还需要进一步的积累，因此文章中的不足之处，恳请各位专家指正。

参 考 文 献

一、古籍文献

（一）敦煌、吐鲁番等地出土文书

［1］张传玺．中国历代契约粹编（上、中、下册）［M］．北京：北京大学出版社，2014.

［2］唐耕耦，陆宏基．敦煌社会经济文献真迹文献释录（1—5辑）［M］．北京：书目文献出版社，1986—1990.

［3］沙知．敦煌契约文书辑校［M］．南京：江苏古籍出版社，1998.

［4］国家文物局古文献研究室，新疆维吾尔自治区博物馆，武汉大学历史系．吐鲁番出土文书（1—10册）［M］．北京：文物出版社，1981—1991.

［5］刘复．敦煌掇琐［M］．国立中央研究院历史语言研究所专刊之二，1925.

［6］许国霖．敦煌石室写经题记与敦煌杂录［M］．上海：商务印书馆，1937.

［7］中国科学院历史研究所资料室．敦煌资料（第一辑）［M］．北京：中华书局，1961.

［8］王崇民．敦煌遗书总目［M］．北京：商务印书馆，1962.

［9］孟列夫．俄藏敦煌汉文写卷叙录［M］．袁度箴，陈华平，译．上海：上海古籍出版社，1999.

［10］乜小红．俄藏敦煌契约文书研究［M］．上海：上海古籍出版社，2009.

［11］［日］小田义久．大谷文书集成［M］．京都：法藏馆，1984.

［12］Bacot, J., Thomas, F. W., Toussaint G C. Documents de Touen-Rouang：relatifs à l'histoire du Tibét［C］//Annales du Musée Guimet/Bibliothèque d'études. Geuthner, 1940.

［13］王尧，陈践．敦煌本吐蕃历史文书［M］．北京：民族出版社，1980.

［14］王尧，陈践．敦煌吐蕃文献选［M］．成都：四川民族出版社，1983.

［15］王尧，陈践．吐蕃简牍综录［M］．北京：文物出版社1986.

[16] 王尧，陈践．法藏敦煌藏文文书解题目录［M］．北京：民族出版社，1999.

[17] ［英］F. W. 托马斯．敦煌西域古藏文社会历史文献［M］．刘忠，杨铭，译注．北京：民族出版社，2003.

[18] ［日］武内绍人．敦煌西域出土的古藏文契约文书［M］．杨铭，杨公卫，赵晓艺，译．乌鲁木齐：新疆人民出版社，2016.

[19] 陈国灿．丝绸之路出土民族契约文献集成（汉文卷）［M］（待刊稿）.

[20] 杨铭．丝绸之路出土民族契约文献集成（吐蕃文卷）［M］（待刊稿）.

[21] 史金波．丝绸之路出土民族契约文献集成（西夏文卷）［M］（待刊稿）.

[22] 黄徵．敦煌愿文集［M］．长沙：岳麓书社，1995.

[23] 王震亚，赵荧．敦煌残卷争讼文牒集释［M］．兰州：甘肃人民出版社，1993.

[24] 宁可．敦煌社邑文书辑校［M］．南京：江苏古籍出版社，1997.

[25] 王辉．秦出土文献编年［M］．台北：新文丰出版社，1989.

[26] 郝勤健．睡虎地秦墓竹简［M］．北京：文物出版社，1978.

[27] 中国社会科学院考古研究所．居延汉简（甲乙编）［M］．北京：中华书局，1980.

[28] 张家山汉墓二四七号墓竹简整理小组．张家山汉墓竹简二四七号墓：释文修订本［M］．北京：文物出版社，2006.

[29] 连云港市博物馆，东海县博物馆，中国文物研究所，中国社会科学院简帛中心，等．尹湾汉墓简牍［M］．北京：中华书局，1997.

（二）传世文献

[1]（唐）魏征．隋书［M］．北京：中华书局，2000.

[2]（汉）班固．汉书［M］．（唐）颜师古，注．北京：中华书局，2000.

[3]（唐）房玄龄，等．晋书［M］．北京：中华书局，2000.

[4]（后晋）刘昫，等．旧唐书［M］北京：中华书局，2000.

[5]（宋）欧阳修，宋祁．新唐书［M］．北京：中华书局，2000.

[6]（汉）郑玄，注．（唐）贾公彦，疏．仪礼注疏［M］．北京：北京大学出版社，1999.

[7]（汉）郑玄，注．（唐）贾公彦，疏．周礼注疏［M］．北京：北京大学出版社，1999.

[8]（宋）李昉．太平御览［M］北京：中华书局，1960.

［9］（战国）左丘明 . 国语［M］. 鲍思陶，点校 . 济南：齐鲁书社，2005.

［10］（南朝宋）范晔 . 后汉书［M］.（唐）李贤，等，注 . 北京：中华书局，2000.

［11］（北齐）魏收 . 魏书［M］. 北京：中华书局，2000.

［12］（宋）窦仪 . 宋刑统［M］. 薛梅卿，点校 . 北京：法律出版社，1999.

［13］（宋）王溥 . 唐会要［M］北京：中华书局，1955.

［14］（宋）王钦若，等 . 册府元龟：校订本［M］. 周勋初，等，校 . 南京：凤凰出版社，2006.

［15］（宋）宋敏求 . 唐大诏令集［M］. 北京：商务印书馆，1959.

［16］（唐）长孙无忌，等 . 唐律疏议［M］. 刘俊文，点校 . 北京：中华书局，1983.

［17］（宋）李昉，等 . 文苑英华［M］. 北京：中华书局，1966.

［18］（唐）陆贽 . 陆宣公全集［M］. 何衡孙，校 . 上海：世界书局，1936.

［19］（唐）杜佑 . 通典［M］. 北京：中华书局，2016.

［20］（元）马端临 . 文献通考［M］. 北京：中华书局，1986.

［21］（宋）李昉，等 . 太平广记［M］. 北京：中华书局，1961.

［22］（唐）李林甫，等 . 唐六典［M］. 陈仲夫，点校 . 北京：中华书局，1992.

［23］（清）赵翼 . 廿二史札记校正［M］. 王树民，校正 . 北京：中华书局，2013.

［24］（清）董诰，等 . 全唐文［M］. 北京：中华书局，1983.

［25］（清）董诰，等 . 唐文拾遗［M］. 北京：中华书局，1983.

［26］王明 . 太平经合校［M］. 北京：中华书局，1960.

［27］（汉）许慎 . 说文解字［M］. 北京：中华书局，1963.

［28］章诗同 . 荀子简注［M］. 上海：上海人民出版社，1974.

［29］杨天宇 . 礼记译注［M］. 上海：上海古籍出版社，2004.

［30］杨伯峻 . 论语译注［M］. 北京：中华书局，1980.

［31］万丽华，蓝旭 . 孟子［M］. 北京：中华书局，2007.

［32］黄寿祺，张善文 . 周易译注［M］. 上海：上海古籍出版社，2007.

［33］骈宇骞 . 贞观政要［M］. 北京：中华书局，2001.

［34］（唐）李延寿 . 北史［M］. 北京：中华书局，2000.

［35］（梁）沈约 . 宋书［M］. 北京：中华书局，2000.

［36］［日］吉川忠夫，等 . 真诰［M］. 朱越利，译 . 北京：中国社会科学出

版社, 2006.

[37] 张霭堂. 颜之推全集译注 [M]. 济南：齐鲁书社, 2004.

[38] (梁) 僧祐. 出三藏记集 [M]. 北京：中华书局, 1995.

[39] (晋) 陈寿. 三国志 [M]. (宋) 裴松之, 注. 北京：中华书局, 2000.

[40] (梁) 释慧皎. 高僧传 [M]. 汤用彤, 校注. 北京：中华书局, 1992.

[41] 龙树菩萨. 大智度论 [M]. (姚秦) 鸠摩罗什, 译. 台北：佛陀教育基金会, 2006.

[42] 刘立夫, 魏建中, 胡勇. 弘明集 [M]. 北京：中华书局, 2013.

[43] 张松辉. 抱朴子内篇 [M]. 北京：中华书局, 2011.

[44] 陈鼓应. 老子注译及评介 [M]. 北京：中华书局, 1984.

[45] 陈鼓应. 庄子今注今译 [M]. 北京：中华书局, 1983.

[46] 饶宗颐. 老子想尔注校证 [M]. 上海：上海古籍出版社, 1991.

[47] 王卡. 老子道德经河上公章句 [M]. 北京：中华书局, 1993.

[48] (清) 薛允升. 读例存疑 [M]. 胡兴桥, 邓又天, 点注. 北京：中国人民公安大学出版社, 1994.

[49] 王国轩. 大学·中庸 [M]. 北京：中华书局, 2007.

[50] 陈广忠. 淮南子 [M]. 北京：中华书局, 2012.

[51] (汉) 董仲舒. 春秋繁露 [M]. 张世亮, 钟肇鹏, 周桂钿, 译注. 北京：中华书局, 2012.

[52] (清) 刘宝楠. 论语正义 [M]. 北京：中华书局, 1990.

[53] 尚荣. 四十二章经 [M]. 北京：中华书局, 2010.

[54] 杨一凡, 田涛. 中国珍稀法律典籍续编·庆元条法事类 [M]. 戴建国, 点校. 哈尔滨：黑龙江人民出版社, 2002.

[55] 史金波, 等. 天盛改旧新定律令 [M]. 北京：法律出版社, 1999.

[56] 郭成伟. 大元通制条格 [M]. 北京：法律出版社, 1999.

[57] 怀效锋. 大明律 [M]. 北京：法律出版社, 1999.

[58] 张双棣, 张万彬, 殷国光, 陈涛. 吕氏春秋译注 [M]. 长春：吉林文史出版社, 1987.

[59] 徐正英, 常佩雨. 周礼 [M]. 北京：中华书局, 2014.

[60] 郭丹, 程小青, 李彬源. 左传 [M]. 北京：中华书局, 2012.

[61] 吴云, 李春台. 贾谊集校注：增订版 [M]. 天津：天津古籍出版社, 2010.

[62] 黎翔凤, 梁运华. 管子校注 [M]. 北京：中华书局, 2004.

［63］刘海年，杨一凡．中国珍稀法律典籍集成（乙编第一册）［M］．北京：科学出版社，1994.

［64］张继禹．中华道藏［M］．北京：华夏出版社，2004.

［65］［日］高楠顺次郎，等．大正新修大藏经［M］．台北：台湾新文丰出版公司影印，1983.

［66］［日］高楠顺次郎，等．大正新修大藏经［M］．日本：大藏株式会社，1934.

［67］李学勤．十三经注疏·尚书正义［M］．北京：北京大学出版社，1999.

［68］高明．大戴礼记今译今注［M］．台北：台湾商务印书馆，1977.

［69］（清）永瑢，等．四库全书总目［M］．北京：中华书局，2003.

［70］王孺童．王孺童集（第十卷）——净土三经校释、观无量寿佛经疏妙宗钞科句校注［M］．北京：宗教文化出版社，2017.

［71］天一阁博物馆．天一阁藏明钞本天圣令校证：附唐令復原研究［M］．北京：中华书局，2006.

［72］张沛．中说校注［M］．北京：中华书局，2013.

［73］胡兴桥，邓又天．读例存疑点注［M］．北京：中国人民公安大学出版社，1994.

［74］（宋）真德秀．真西山集［M］．福州正谊书局左氏增刊本．

［75］（清）方大湜．平平言［M］．资州官厩清光绪十八年版．

［76］（宋）真宗皇帝，等．四十二章经注疏：附佛遗教经，八大人觉经注疏［M］．张景岗，点校．北京：线装书局，2016.

［77］（宋）契嵩．镡津文集［M］．钟东，江晖，点校．上海：上海古籍出版社，2016.

［78］（晋）袁宏．后汉纪校注［M］．周天游，校注．天津：天津古籍出版社，1987.

二、国内论著

（一）学术著作

［1］乜小红．中国古代契约发展简史［M］．北京：中华书局，2017.

［2］罗彤华．唐代民间借贷之研究［M］．北京：北京大学出版社，2009.

［3］唐长孺．敦煌吐鲁番文书初探［M］．武汉：武汉大学出版社，1983.

［4］张传玺．秦汉问题研究［M］．北京：北京大学出版社，1995.

［5］张姗姗．古代中国的"契约自由"文本与实践的考察［M］．长春：吉林人民出版社，2011．

［6］侯文昌．敦煌吐蕃文契约文书研究［M］．北京：法律出版社，2015．

［7］王尧，陈践．吐蕃简牍综录［M］．北京：文物出版社，1986．

［8］卢现祥．西方新制度经济学［M］．北京：中国发展出版社，1996．

［9］费孝通．乡土中国·生育制度·乡土重建［M］．北京：商务印书馆，2011．

［10］费孝通．江村经济［M］．南京：江苏人民出版社，1986．

［11］季羡林．敦煌学大辞典［M］．上海：上海辞书出版社，1998．

［12］荣新江．中古中国与外来文明［M］．北京：三联出版社，2001．

［13］孟宪实．汉唐文化与高昌历史［M］．济南：齐鲁书社，2004．

［14］姜伯勤．敦煌吐鲁番文书与丝绸之路［M］．北京：文物出版社，1994．

［15］潘仁源．简明新疆屯垦史［M］．乌鲁木齐：新疆人民出版社，2009．

［16］才让．吐蕃史稿［M］．北京：人民出版社，2010．

［17］吕振羽．殷周时代的中国社会［M］．北京：生活·读书·新知三联书店，1962．

［18］杨际平．中国社会经济史论集（第三卷）［M］．厦门：厦门大学出版社，2016．

［19］陈永胜．敦煌吐鲁番法制文书研究［M］．兰州：甘肃人民出版社，2000．

［20］谢辉．民间法（第一卷）［M］．济南：山东人民出版社，2002．

［21］黄正建．唐代衣食住行研究［M］．北京：首都师范大学出版社，1998．

［22］项楚．敦煌诗歌导论［M］．成都：巴蜀书社，2001．

［23］丁福保．佛学大辞典［M］．北京：文物出版社，1984．

［24］天一阁博物馆．天一阁藏明钞本天圣令校证：附唐令复原研究［M］．北京：中华书局，2006．

［25］高潮，马建石．中国古代法学辞典［M］．天津：南开大学出版社，1989．

［26］林文勋，谷更有．唐宋乡村社会力量与基层控制［M］．昆明：云南大学出版社，2005．

［27］吕大吉．宗教学通论［M］．北京：中国社会科学出版社，1989．

［28］王治心．中国宗教思想史大纲［M］．上海：东方出版社，1996．

［29］徐复．古代汉语大词典［M］．上海：上海辞书出版社，2007．

［30］余英时．中国思想传统及其现代变迁［M］．桂林：广西师范大学出版社，2004．

［31］袁宾，康健，向德珍. 禅宗大词典［M］. 武汉：崇文书局，2010.

［32］任继愈. 宗教大辞典［M］. 上海：上海辞书出版社，1998.

［33］汤用彤. 隋唐佛教史稿［M］. 北京：北京大学出版社，2010.

［34］任继愈. 中国道教史［M］. 上海：上海人民出版社，1990.

［35］李养正. 道教概说［M］. 北京：中华书局，1959.

［36］孙昌武. 佛教与中国文学［M］. 上海：上海人民出版社，1988.

［37］陈登武. 从人间世到幽冥界：唐代的法制、社会与国家［M］. 北京：北京大学出版社，2007.

［38］钱穆. 论语新解［M］. 北京：生活·读书·新知三联书店，2002.

［39］钱穆. 孔子与论语［M］. 台北：经联出版社和公司，1974.

［40］方克立. 中国哲学大辞典［M］. 北京：中国社会科学出版社，1994.

［41］冯友兰. 中国哲学简史［M］. 北京：北京大学出版社，1996.

［42］焦国成. 中国伦理学通论［M］. 太原：山西教育出版社，1997.

［43］张岱年. 中国哲学大纲［M］. 北京：中国社会科学出版社，1982.

［44］黄开国. 诸子百家大辞典［M］. 成都：四川人民出版社，1999.

［45］谢识予. 经济博弈论［M］. 上海：复旦大学出版社，2002.

［46］古代汉语词典编写组. 古代汉语词典［M］. 北京：商务印书馆，1998.

（二）期刊及学位论文

［1］唐耕耦. 唐五代时期的高利贷——敦煌吐鲁番出土借贷文书初探［J］. 敦煌学辑刊，1985（2）：11-21.

［2］唐耕耦. 唐五代时期的高利贷——敦煌吐鲁番出土借贷文书初探（连载）［J］. 敦煌学辑刊，1986（1）：134-154.

［3］黄向阳. 关于唐宋借贷利率的计算问题［J］. 中国社会经济史研究，1994（4）：33-45.

［4］余欣. 唐代民间信用借贷之利率问题——敦煌吐鲁番出土借贷契券研究［J］. 敦煌研究，1997（4）：143-161+189.

［5］薛艳丽，王祥伟. 西域借贷契约中的债务偿还方式［J］. 西域研究，2016（4）：7-14+141.

［6］燕海雄. 论古代丝绸之路上的契约文明——以敦煌吐鲁番借贷契约条款形式研究为中心［J］. 贵州民族大学学报（哲学社会科学版），2018（4）：25-43.

［7］岳纯之. 论隋唐五代借贷契约及其法律控制［J］. 中国社会经济史研究，

2004（3）：18-24.

［8］ 梁凤荣．唐代借贷契约论析［J］．郑州大学学报（哲学社会科学版），
2005（4）：66-68.

［9］ 张姗姗，陈雷．唐宋时期买卖契约与借贷契约中的人保制度探析［J］．当
代法学，2011，25（5）：43-51.

［10］ 祖伟．我国传统契约文书"恐后无凭"套语的证据实质意义［J］．社会
科学辑刊，2016（6）：32-39.

［11］ 李洪涛，陈国灿．"和合而同"——论中国古代契约的"贵和"思想
［J］．中国经济史研究，2018（4）：67-79.

［12］ 乔洪武，李洪涛．"结信止讼"——论我国古代契约的止讼功能［J］．
孔子研究，2018（2）：72-79.

［13］ 刘春杰．我国传统社会民间借贷类型与债务人之行为选择——从借贷成
本角度的分析［J］．贵州社会科学，2012（11）：66-71.

［14］ 吴巧霞，樊志民．从关系型信用到契约型信用：唐代农村借贷关系演进
的经济史考察［J］．唐山学院学报，2016，29（1）：79-84.

［15］ 霍存福．论中国古代契约与国家法的关系--以唐代法律与借贷契约的关
系为中心［J］．当代法学，2005（1）：44-56.

［16］ 霍存福．再论中国古代契约与国家法的关系——以唐代田宅、奴婢卖买
契约为中心［J］．法制与社会发展，2006（6）：125-135.

［17］ 霍存福．中国古代契约精神的内涵及其现代价值——敬畏契约、尊重契
约与对契约的制度性安排之理解［J］．吉林大学社会科学学报，2008
（5）：57-64+159.

［18］ 孟宪实．国法与乡法——以吐鲁番、敦煌文书为中心［J］．新疆师范大
学学报（哲学社会科学版），2006（1）：99-105.

［19］ 乜小红．论我国古代契约的法理基础［J］．中国社会经济史研究，2009
（2）：1-6.

［20］ 田振洪．唐代契约实践中的国家法律与民间规则：以民间借贷契约违约
责任为视角［J］．东南学术，2012（4）：143-154.

［21］ 罗海山．唐宋敦煌契约"恩赦"条款考论［J］．当代法学，2013，27
（2）：154-160.

［22］ 王栋．论唐代恩赦中的免债［J］．湖北警官学院学报，2014，27（1）：
151-154.

［23］ 李洪涛．试论唐代借贷契约的国家干预［J］．中国社会经济史研究，

2017（4）：36-45.

［24］ 涂永珍 . 从" 人伦" 到" 契约"：中西方信用文化的比较分析及法律调整［J］. 河南大学学报（社会科学版），2004（2）：111-115.

［25］ 侯文昌 . 敦煌出土吐蕃文契约文书研究述评［J］. 陇东学院学报，2015，26（6）：71-75.

［26］ 马筑 . 国外有关英藏敦煌和田等地出土吐蕃文写本的研究［J］. 敦煌研究，2005（2）：86-87.

［27］ 贡保扎西 . 敦煌西域出土古藏文契约文书的相关问题研究［J］. 西南民族大学学报（人文社会科学版），2021，42（9）：45-53.

［28］ 杨铭，贡保扎西 . 丝绸之路沿线所出古藏文契约文书概说［J］. 西南民族大学学报（人文社科版），2017，38（7）：180-185.

［29］ 陈国灿 . 试论吐蕃占领敦煌后期的鼠年变革——敦煌"永寿寺文书"研究［J］. 敦煌研究，2017（3）：1-7.

［30］ 侯文昌 . 试析敦煌吐蕃文契约文书的资料价值［J］. 齐齐哈尔师范高等专科学校学报，2013（6）：88-89.

［31］ 高莲芳，贡保扎西 . 论敦煌西域出土古藏文契约文书的结构格式与语言风格［J］. 西藏大学学报（社会科学版），2020，35（2）：97-107.

［32］ 武内绍人，杨铭，杨公卫 . 敦煌西域古藏文契约文书中的印章［J］. 魏晋南北朝隋唐史资料，2014（00）：264-272.

［33］ 韩树伟 . 吐蕃契约文书之习惯法研究——以敦煌出土文书为中心［J］. 西藏大学学报（社会科学版），2018，33（2）：75-81.

［34］ 侯文昌 . 中古西域民族文契约之立契时间程式研究［J］. 陇东学院学报，2019，30（1）：71-79.

［35］ 陈徐奉 . 藏族牧区债务清理习惯及其当代价值［J］. 中央民族大学学报（哲学社会科学版），2019，46（3）：67-76.

［36］ 刘文锁 . 新疆发现契约文书与中古西域的契约实践［J］. 西部蒙古论坛，2018（3）：11-21+126.

［37］ 王尧 . 敦煌吐蕃文书 P. T. 1297 号再释——兼谈敦煌地区佛教寺院在缓和社会矛盾中的作用［J］. 中国藏学，1998（1）：95-98.

［38］ 刘秋根 . 关于中国古代高利贷资本的历史作用——读《资本论》第三卷第五编［J］. 史学月刊，2000（3）：12-18.

［39］ 张维迎 . 法律制度的信誉基础［J］. 中国市场监管研究，2016（4）：3-13.

［40］阎云翔．差序格局与中国文化的等级观［J］．社会学研究，2006（4）：201-213+245-246．

［41］翟学伟．再论"差序格局"的贡献、局限与理论遗产［J］．中国社会科学，2009（3）：152-158．

［42］廉如鉴．"差序格局"概念中三个有待澄清的疑问［J］．开放时代，2010（7）：46-57．

［43］沈毅．"差序格局"的不同阐释与再定位——"义""利"混合之"人情"实践［J］．开放时代，2007（4）：105-115．

［44］鄢德奎．国家法在乡土社会的尴尬处境［J］．法制与社会，2014（19）：235-236+239．

［45］卜玥，何健．费孝通《礼治秩序》中礼的含义辨析［J］．文学教育（下），2017（3）：38-39．

［46］何立华．中国传统社会中的文化与信任——一个进化博弈的视角［J］．山东理工大学学报（社会科学版），2010，26（6）：48-54．

［47］齐陈骏．敦煌沿革与人口［J］．敦煌学辑刊，1980（00）：32-40．

［48］李正宇．敦煌佛教研究的得失［J］．南京师大学报（社会科学版），2008（5）：49-55．

［49］王素．也论高昌"俗事天神"［J］．历史研究，1988（3）：110-118．

［50］刘安志．唐代西州的突厥人［J］．魏晋南北朝隋唐史资料，2000（00）：112-122．

［51］姚崇新．唐代西州的官学——唐代西州的教育（之一）［J］．新疆师范大学学报（哲学社会科学版），2004（1）：62-68．

［52］姚崇新．唐代西州的私学与教材——唐代西州的教育之二［J］．西域研究，2005（1）：1-10+114．

［53］孟凡人．高昌的地理、历史和文化［J］．中国历史文物，2003（2）：36-42+90-93+97．

［54］巴卧·祖拉陈哇，黄颢．《贤者喜宴》摘译（三）［J］．西藏民族学院学报，1981（2）：15-50．

［55］刘秋根．试论中国古代高利贷的起源和发展［J］．河北学刊，1992（2）：97-102．

［56］阎步克．论张家山汉简《二年律令》中的"宦皇帝"［J］．中国史研究，2003（3）：75-92．

［57］霍存福．敦煌吐鲁番借贷契约的抵赦条款与国家对民间债负的赦免——

唐宋时期民间高利贷与国家控制的博弈 [J]. 甘肃政法学院学报, 2007 (2): 1-11.

[58] 霍存福. 论中国古代契约与国家法的关系——以唐代法律与借贷契约的关系为中心 [J]. 当代法学, 2005 (1): 44-56.

[59] 杨惠玲. 敦煌契约文书中的保人、见人、口承人、同便人、同取人 [J]. 敦煌研究, 2002 (6): 39-43.

[60] 张荫才. 吐鲁番阿斯塔那左憧憙墓出土的几件唐代文书 [J]. 文物, 1973 (10): 73-80.

[61] 阎守诚. 唐代官吏的俸料钱 [J]. 晋阳学刊, 1982 (2): 23-30.

[62] 刘玉峰. 唐代公廨本钱制的几个问题 [J]. 史学月刊, 2002 (5): 46-53.

[63] 孟宪实. 国法与乡法——以吐鲁番、敦煌文书为中心 [J]. 新疆师范大学学报 (哲学社会科学版), 2006 (1): 99-105.

[64] 侯文昌, 多晓萍. 唐代吐蕃土地买卖法律制度探蠡 [J]. 中国藏学, 2015 (3): 292-301.

[65] 杨际平.《唐令·田令》的完整复原与今后均田制的研究 [J]. 中国史研究, 2002 (2): 59-71.

[66] 杨际平. 吐蕃时期敦煌计口授田考——兼及其时的税制和户口制度 [J]. 甘肃社会科学, 1983 (2): 94-100.

[67] 杨际平. 唐末宋初敦煌土地制度初探 [J]. 敦煌学辑刊, 1988 (Z1): 10-24.

[68] 杨际平. 论唐代手实、户籍、计帐三者的关系 [J]. 中国经济史研究, 2014 (3): 3-24+175.

[69] 杨际平. 唐代尺步、亩制、亩产小议 [J]. 中国社会经济史研究, 1996 (2): 32-44.

[70] 陈国灿, 刘珠还. 唐五代敦煌县乡里制的演变 [J]. 敦煌研究, 1989 (3): 39-50+110.

[71] 韩国磐. 唐天宝时农民生活之一瞥——敦煌吐鲁番资料阅读劄记之一 [J]. 厦门大学学报 (哲学社会科学版), 1963 (4): 57-69.

[72] 唐耕耦. 從敦煌吐鲁番资料看唐代均田令的实施程度 [J]. 山东大学学报 (哲学社会科学版), 1963 (S1): 18-39.

[73] 鲍晓娜. 唐代西州均田制的实际授田标准考 [J]. 中国社会经济史研究, 1985 (3): 19-26.

[74] 纳春英. 唐代平民的置装成本研究——以天宝二年交河郡市估案为例的研究 [J]. 唐史论丛, 2016 (2): 82-93.

[75] 宁可, 郝春文. 敦煌社邑的丧葬互助 [J]. 首都师范大学学报 (社会科学版), 1995 (6): 32-40.

[76] 李正宇. 唐宋时代的敦煌学校 [J]. 敦煌研究, 1986 (1): 39-47.

[77] 高明士. 唐代敦煌的教育 [J]. 汉学研究 (台湾地区), 1986 (1): 231-270.

[78] 范丽珠. 中国宗教的制度性与散开性 [J]. 中国宗教, 2002 (6).

[79] 李正宇. 敦煌地区古代祠庙寺观简志 [J]. 敦煌学辑刊, 1988 (Z1): 70-85.

[80] 李亚. 吐蕃统治敦煌时期对佛教的扶植及其影响 [J]. 湖北第二师范学院学报, 2009 (11): 45-47.

[81] 颜廷亮. 关于敦煌地区早期宗教问题 [J]. 敦煌研究, 2010 (1): 56-61.

[82] 王启涛. 道教在丝绸之路上的传播 [J]. 西北民族大学学报 (哲学社会科学版), 2019 (4): 36-49.

[83] 叶贵良. 唐代敦煌道教兴盛原因初探 [J]. 新疆社会科学, 2005 (2): 62-66+108.

[84] 张贯一, 达庆利. 信任问题研究综述 [J]. 经济学动态, 2005 (1): 99-101.

[85] 黄宗智. 中国古今的民、刑事正义体系 [J]. 法学家, 2016 (1): 1-27.

[86] 李文智. 视死如生——略论《搜神记》的死后世界观 [J]. 德州学院学报, 2016, 32 (1): 40-44.

[87] [日] 池田温. 开元十三年西州都督府牒秦州残牒简介 [M] //季羡林, 饶宗颐, 等. 敦煌吐鲁番研究 (第3卷). 北京: 北京大学出版社, 1998.

[88] 陈国灿. 唐代的民间借贷——吐鲁番敦煌等地所出唐代借贷契券初探 [M] //唐长孺. 敦煌吐鲁番文书初探. 武汉: 武汉大学出版社, 1983: 217-274.

[89] 孙晓林. 唐西州高昌县水渠及其使用、管理 [M] //唐长孺. 敦煌吐鲁番文书初探. 武汉: 武汉大学出版社, 1983: 534-538.

[90] 唐长孺. 唐代的客户 [M] //唐长孺. 山居存稿. 武汉: 武汉大学出版社, 2013.

[91] 台静农．佛教故实与中国小说［M］//张曼涛．现代佛教学术丛刊（第19 册）．台北：大乘文化出版社，1978．

[92] 陈世良．从车师佛教到高昌佛教［M］//《新疆文物》编辑部．吐鲁番学研究专辑．乌鲁木齐：敦煌吐鲁番学新疆研究资料中心，1990：140-153．

[93] 刘进宝．敦煌文书"寡妇阿龙牒"校释（初稿）［C］//百年敦煌文献整理研究国际学术讨论会论文集，2010．

[94] 嘉峪关市文物保管所．玉门花海汉代烽燧遗址出土的汉简［M］//甘肃省文物工作队，甘肃省博物馆．汉简研究文集．兰州：甘肃人民出版社，1984：15-33．

[95] 王尧．从一张借契看宗教的社会作用——P.T.1297（1）号敦煌吐蕃文书译解［M］//王尧．王尧藏学文集 4：敦煌吐蕃文书译释．北京：中国藏学出版社，2012：67-75．

[96] 王静．中国古代道德法律化研究［D］．保定：河北大学，2008．

[97] 燕海雄．敦煌吐鲁番借贷契约比较研究［D］．西安：陕西师范大学，2006．

[98] 赵晓芳．互动视角下唐代西州基层社会研究［D］．兰州：兰州大学，2012．

[99] 张域．担保法律制度与习俗的文化解读——以中国史上的"人的担保"为中心［D］．长春：吉林大学，2007．

[100] 耿雪敏．唐代的民间高利贷［D］．昆明：云南师范大学，2007．

[101] 夏婷婷．中西古代契约制度、观念的比较——以借贷契约为中心［D］．长春：吉林大学，2006．

[102] 王乔敏．唐代借贷契约国家干预制度研究［D］．南京：南京师范大学，2011．

[103] 武航宇．古中国与古罗马契约观念及实践的比较研究［D］．长春：吉林大学，2014．

[104] 马军．唐代长安、沙州、西州三地胡汉民众佛教信奉研究［D］．北京：中央民族大学，2010．

[105] 董永强．四至八世纪吐鲁番的多民族问题探索［D］．西安：陕西师范大学，2007．

[106] 黄雷．唐代敦煌的教育研究［D］．甘肃：兰州大学，2016．

[107] 匡艳．费孝通乡土交往思想伦理研究［D］．衡阳：南华大学，2014．

［108］杨宏力. 本杰明·克莱因不完全契约理论述评［D］. 济南：山东大学，2012.

［109］郭宇. 孔子与佛祖之间：敦煌话本中的儒佛互通［D］. 曲阜：曲阜师范大学，2018.

［110］罗昌瀚. 非正式制度的演化博弈分析［D］. 长春：吉林大学，2006.

［111］陈玺. 唐代诉讼制度研究［D］. 西安：陕西师范大学，2009.

［112］黄金东. 唐五代时期敦煌地区童蒙教育研究［D］. 北京：中央民族大学，2006.

三、国外论著

（一）外文文献

［1］玉井是博. 支那西陲出土の契［J］. 支那社会经济研究. 1941：291-339.

［2］仁井田陞. 中国法制史研究——土地法、交易法［M］. 东京：东京大学出版社，1960.

［3］堀敏一. 唐宋間消費貸借文書私見［C］//鈴木俊先生古稀記念東洋史論叢編集委員会. 东洋史論叢——鈴木俊先生古稀記念. 东京：山川出版社，1975：382-386.

［4］武内紹人. 中央アジア出土古チベット語家畜売買文書［J］. 神戸市外国語大学外国学研究，1990，21：33-67.

［5］Takeuchi, T. Old Tibetan Contracts from Central Asia［M］. Tokyo：Daizo Shuppan，1995.

［6］Bacot, J. , Thomas, F. W. , Toussaint, G. C. Documents de Touen-Rouang：relatifs à l'histoire du Tibét［C］//Annales du Musée Guimet/Bibliothèque d'études. Geuthner，1940.

［7］Taenzer, G. The Dunhuang Region during Tibetan Rule（787-848）：A Study of the Secular Manuscripts Discovered in the Mogao Caves［M］. Wiesbaden：Harrasowits Verlag Press，2012.

［8］North, D. C. Institutions, Institutional Change and Economic Performance［M］. Cambridge：Cambridge University Press，1990.

［9］North, D. C. Institutional Change and Economic History［J］. Journal of Institutional and Theoretical Economics（JITE），1989，17（9）：238-245.

［10］Telser, L. G. A Theory of Self-enforcing Agreements［J］. The Journal of

Business, 1980, 53 (1): 27-44.

[11] Klein, B. Transaction Cost Determinants of "Unfair" Contractual Arrangements [J]. The American Economic Review, 1980, 70 (2): 356-362.

[12] Klein, B. Why Hold-Ups Occur: The Self-Enforcing Range of Contractual Relationships [J]. Economic Inquiry, Western Economic Association International, 1996, 34 (3): 444-463.

[13] Schultz, T. W. Institutions and the Rising Economic Value of Man. American Journal of Agricultural Economics, Agricultural and Applied Economics Association, 1968, 50 (5): 1113: 1122.

[14] Ruttan, V. W. Induced Institutional Change//Hans P. Binswanger Vernon W. Ruttan. Induced Innovation: Technology, Institutions, and Development. Baltimore: Johns Hopkens University Press, 1978: 327-357.

[15] Menard, C. Institutions, contracts and organizations: perspectives from new institutional economics [M]. Edward Elgar, 2000.

[16] Greif, A. The Organization of Long-Distance Trade: Reputation and Coalitions in the Geniza Documents and Genoa During the Eleventh and Twelfth Centuries [J]. Journal of Economic History, 1991, 51 (2): 459: 462.

[17] Greif, A. Contract Enforceability and Economic Institutions in Early Trade: The Maghribi Traders' Coalition [J]. American Economic Review, 1993. 83 (3): 525: 548.

[18] Greif, A., Weingast, M. Coordination, Commitment, and Enforcement: The Case of the Merchant Guild [R]. Journal of Political Economy, 1994, 102 (4): 745: 776.

[19] Greif, A. Self-enforcing Political System and Economic Growth: Late Medieval Genoa [R]. Working Papers. 1997.

[20] Greif, A. Economic History and Game Theory: a Survey [R]. Working Papers. 1998.

[21] Greif, A. Contract Enforcement and Institutions among the Maghribi Traders: Refuting Edwards and Ogilvie [R]. Discussion Papers. 2008.

[22] Wu, H. More Order without More Law: A Theory of Social Norms and Organizational Cultures [J]. The Journal of Law, Economics, and Organization, 1994, 10 (2): 390: 406.

（二）译著

[1] ［法］童丕. 敦煌的借贷：中国中古时代的物质生活与社会［M］. 余欣, 陈建伟, 译. 北京：中华书局, 2003.

[2] ［美］韩森. 传统中国日常生活中的协商：中古契约研究［M］. 鲁西奇, 译. 南京：江苏人民出版社, 2008.

[3] ［美］凡勃仑. 有闲阶级论［M］. 蔡受百, 译. 北京：商务印书馆, 2011.

[4] ［美］康芒斯. 制度经济学［M］. 于树生, 译. 北京：商务印书馆, 1997.

[5] ［美］科斯, 阿尔钦, 诺思, 等. 财产权利与制度变迁：产权学派与新制度学派译文集［M］. 刘守英, 等, 译. 上海：上海人民出版社, 1994.

[6] ［美］埃瑞克·菲吕博顿, 鲁道夫·瑞切特, 等. 新制度经济学［M］. 孙经纬, 译. 上海：上海财经大学出版社, 1991.

[7] ［法］梅纳尔, 等. 制度, 契约与组织：从新制度经济学角度的透视［M］. 刘刚, 等, 译. 北京：经济科学出版社, 2003.

[8] ［瑞］拉斯·沃因, 汉斯·韦坎德. 契约经济学［M］. 李风圣, 译. 北京：经济科学出版社, 1999.

[9] ［美］阿夫纳·格雷夫. 大裂变——中世纪贸易制度比较和西方的兴起［M］. 郑江淮, 等, 译. 北京：中信出版社, 2008.

[10] ［加］斯科特·马斯腾. 契约和组织案例研究［M］. 陈海威, 李强, 译. 北京：中国人民大学出版社, 2005.

[11] ［日］池田温. 唐研究论文选集［M］. 孙晓琳, 等, 译. 北京：中国社会科学出版社, 1999.

[12] ［日］池田温. 中国古代籍帐研究［M］. 龚泽铣, 译. 北京：中华书局, 1984.

[13] 中央编译局. 马克思恩格斯选集（第四卷）［M］. 北京：人民出版社, 2012.

[14] 中央编译局. 马克思恩格斯全集（第46卷下）［M］. 北京：人民出版社, 1980.

[15] 中央编译局. 资本论（第一卷）［M］. 北京：人民出版社, 2004.

[16] 中央编译局. 马克思恩格斯文集7·资本论（第三卷）［M］. 北京：人民出版社, 2009.

［17］［日］仁井田陞．唐令拾遗［M］．栗劲，霍存福，等，译．吉林：长春出版社，1989.

［18］［美］詹姆斯·科尔曼．社会理论的基础［M］．邓方，译．北京：社会科学文献出版社，1992.

［19］［德］马克斯·韦伯．新教伦理与资本主义精神［M］．于晓，陈维纲，等，译．北京：生活·读书·新知三联书店，1987.

［20］［美］熊彼特．经济分析史［M］．朱泱，译．北京：商务印书馆，1994.

［21］［日］青木昌彦．比较制度分析［M］．周黎安，译．上海：上海远东出版社，2001.

［22］［美］肖特．社会制度的经济理论［M］．陆铭，陈剑，译．上海：上海财经大学出版社，2003.